変貌する「難民」と崩壊する国際人道制度

21世紀における難民・強制移動研究の分析枠組み

小泉康一
Koichi Koizumi

The Transformation
of Refugees and
the Collapse of
the International
Humanitarian System

ナカニシヤ出版

まえがき

はじめに――事態は本当に危機なのか？

私たちはこれまで見たことのない人間移動の危機を目にしていると言われる。しかし現代のこの状況は〝危機〟、あるいは〝グローバルな緊急事態〟なのであろうか。マス・メディアが現実を過大に報道したこともあるが、むしろ根底にあるのは過去からある問題が累積し暴発した結果であり、解決を先延ばしにしてきたつけがまわってきたというべきではなかろうか。解決への適切な道がとられず、先送りされてきた問題が暴発したのであれば、それはまさしく危機の名に値する。

ともあれ、ことの発端は二〇一五年四月。イタリア・ランペドゥーザ島（Lampedusa）への小船が沈没して七〇〇人あまりが溺死した時、マス・メディアは事態を〝グローバル難民危機〟と呼び始めた。

ＥＵ（欧州連合）は、戦火や経済面、環境面で圧力を受けている場所から、難民や移民の巨大な動きに直面した。事態は近年のテロリストの攻撃と同時に起こり、情勢が不透明なために、ＥＵの移住枠組みが有効かどうかについて、多くの人々に疑問をなげかけた。ＥＵの各機関とＥＵの隣国の行動に注目が集まった。

国連難民高等弁務官事務所（ＵＮＨＣＲ）は予想外の難民状況に直面。被迫害者用に作られた従来の一時保護の仕組み、すなわち「難民キャンプ」（以下、単にキャンプともいう）が事態と合致していなかった。やってきた人々は、一九五一年国連難民条約（以下、難民条約）にいう被迫害者ではなく、暴力から逃亡した大量の人々だった。緊急事態に対応して、UNHCRはどこでも迅速に設置可能な従来型の〝キャンプ〟を設営したが、事態の進展には追いつかなかった。

移住は世界で益々、政治的な話題の中心となってきている。UNHCRは二〇一七年現在、世界中に六五六〇万人の強制移動民（他から強いられて移動を余儀なくされる人）がいるとした。この数字は第二次世界大戦後、最も高い数字であると言われるのに加えて、NGO等の人道組織、国際機関、各国は、この数字が示す個々の人々のニーズにどう対応すべきかが問われているとも言われる。非惨な状況が起こるのは、難民問題が、あいまいでしばしば争いの種となるグローバリゼーションや移住ともつれあっているからである。〝難民〟とよばれる人々の中身が益々、多様で複雑になっている。

全世界の難民六五六〇万人の大部分は自国内にいるが、それらの国はシリア、アフガニスタン、ソマリアのような慢性的に弱体の国である。難民は他の移民とはちがい、何かを得るための移動ではなく、他に選択の余地がないために国外に安全を求めている。難民の約九〇％が同じような貧しい途上国に難を逃れ、これらの諸国のうち、わずか一〇ヵ国余りが世界の難民の約六〇％を受け入れている。

世界各地で、難民の基本的な権利規範が益々、守られなくなっている。難民規範への国家の関与と遵守はどうなっているのか。政府はなぜ、難民への国際的な法的義務をある時は守り、ある時は破ろうとするのか。世界で最も寛大に難民を受け入れている国々が、難民条約へ未加入であるという矛盾をどのように説明したらよいのか。世界の難民の大半は、自身や自らの社会を立て直すための基本的な自律性をもたされていない。日々をただ無為にすごす制度の中におかれたままである。

二〇一六年の「世界人道サミット」では、〝革新的な転換〟がテーマの一つであった(1)。国連により高位高官の一連の会議は開かれているが、グローバルな難民制度への戦略はなかなか見出せない。

第二次世界大戦後の一九五一年、国連に集まった国々は、難民条約を採択し、政治的迫害から避難を求める人の権利を認め、難民保護の役割を分担するために、全ての国が義務を持つことを認めた。各国は、迫害され絶望的な状態にある人々に戸を閉ざさず、第二次世界大戦以前と最中に行なったように、彼ら難民を死や危険にさらす場所に送り返さない責任があり、そのようなことが二度とないことを約束した。その精神と条約の目的が、侵害されている。

シリアやウクライナでの近年の紛争に対し、国際的な対応をめぐりヨーロッパ内外で熱い議論となった。しかし難民を受け入れるべきか否かについての議論は世界中どこでも起こらなかった。国際難民制度は、制度本来の保護ではなく、物資の配布という、長期にわたる「人道援助」に変質してきた。そして、短期の緊急事態用に計画された対応策は、しばしば長期化している。

今日、世界の難民の半分以上が一時的に避難した場所に滞留する状況にあり、平均滞在期間は二〇年を超える。人々はキャンプで生まれ、キャンプで成長し、キャンプで大人になる。解決策への見通しは殆どなく、彼らの生活の主眼は希望を持つことよりも、日々の「生存」をどうするかにある。

気候変動から難民危機まで、多くの問題についてグローバルな協力の必要があるにもかかわらず、国々や他の行為主体者の間では益々、問題の対処をめぐり、それぞれの役割や責任について合意を得ることがむずかしくなっている。人道主義制度は今日、明日、そして将来の危機に的確に対応できる能力と先を見通す力を持っているのだろうか。

今ある、難民の概念や定義は、歴史的な変化に根ざしており、第二次世界大戦後と冷戦中に難民移動を引き起こした政治的、法的、社会的な歴史変化に根ざしている。しかし、二一世紀の多様で複雑な強制移動に適合しているかは、疑問である。

シリア難民とEU

歴史上、難民が生み出され、現代は武力紛争から逃げ出し、欧米先進国に避難場所を求める人々の移動が続いている。ヨーロッパで繰り広げられた近年の難民危機では、歴史上初めて、域外から難民の大量流入を受けた。大半はシリアからだったが、サブ・サハラの国々のほか、アフガニスタン、イラクのような弱体国家から人々はやってきた。最初、ヨーロッパへの主要なルートは、地中海中部であった。人々はリビアから小型船にのり、イタリア・ランペドゥーザ島をめざした。次いでルートは西バルカンに移った。トルコからエーゲ海を渡ってギリシアへ、そして徒歩でドイツに向かうシリア人が増加した。より多くの人がシリア以外からもやってきた。

ギリシアやトルコは主要な受け入れ国（庇護国）となり、その島嶼部は難民で一杯となった。殆どの難民はしかしそこに留まろうとせずに、北へ向かった。ドイツのメルケル首相は他の国もドイツにならって受け入れることを期待していた。思惑は外れた。ハンガリーをはじめ、他の国々は彼らを締め出すべく、国境に頑丈な金属製の塀をたてた。

ヨーロッパと言わず、世界中の人々が庇護制度を信頼し期待していたのは、現代の複雑で広範囲にわたる人の移動から、「難民」を区別するというものだったが、それが崩れた。極右勢力が支持をひろげ、二〇一六年初めまでには事実上、ＥＵの国境は閉じられた。

危機は人数の多さによる危機というより、政治的な危機であった。悲劇と混乱がヨーロッパを襲い、ヨーロッパ各国は一貫した協力の代わりに、あわてた国々が個々に独自の決定を下した。政策は、ＥＵが集団としてまとまった解決策をとるというより、各国の時の国内政治事情で作られた。受け入れ国は、実施上でとる選択肢に限定を設けた。受け入れ国にとって、難民は治安上の脅威であり、経済負担だとみなされた。ＥＵが集団として、一貫した方法で難民に対応することに失敗した結末であった。

ＥＵの難民危機は先例のないものだと言われる。ＥＵ各国は外的国境や内部で庇護を求める人（以下、庇護民。難民認定申請者とも使う。同義）や難民に十分な保護を与えられなかった。庇護を求める手続きは、いくつかの国でできなくなった。他の国でも受け入れ容量は底をつき、ダブリン条約の制度は一時停止された。危機は庇護危機であり、〝人道危機〟であった。

過去数十年、ＥＵ各国は共通の庇護政策を採用し、実施してきた。庇護民と難民に高い水準の保護を保証して、調和のとれた方策を維持してきた。

しかし、現実はヨーロッパの危機であった。ＥＵの統一されたやり方はなぜ失敗したのか。難民流入の高まりは、ＥＵの庇護政策の構造的弱点を表わしていた。共通の政策は、各国の間に公平な庇護の分担ができるようには作られてはいなかった。採択された法的な取り決めは、拘束力に欠け、その結果、各国の庇護制度の間でくいちがいが生じた。危機は、庇護民や難民にＥＵへの入国を許可する新たな方法が必要なことを浮かび上がらせた。

他方、大惨事はマス・メディアと政治家の関心を呼び起こしたが、途上国世界に残る世界の難民の九〇％は無視された。ヨーロッパへ移動する手段のない大半の弱者は、機能不全な難民制度の中に取り残された。ヨーロッパの庇護民一人当たりに使われた公共資金はＵＳ一三五ドル、途上国ではそれがＵＳ一ドルだった[2]。政治とマス・メディアは、途上国に残る九〇％の難民よりも、先進国にたどり着こうとする一〇％の難民に焦点をあわせていた。そのことは、〝難民はヨーロッパに直接やってくる権利があるのか〟が公的な議論の主要なテーマとなったことにも現われている。

難民条約と保護の乖離

現在ある難民制度は、一九四〇年代末に構想された。一九四八年に冷戦が始まると、東欧諸国は鉄のカーテンの向こうに身をひそめた。アメリカに率いられた西欧民主主義にとって、ソ連の共産主義は敵であった。難民制度の基盤には、これらの体制で迫害された人々はどこかに移り住む権利を持つべきであり、新しい住居が見つかるまで十分世話されるべきだという考え方があった。

明らかなことは、難民条約はその時代と場所の産物であり、一時的で、ヨーロッパの人々にその時のみ、適用されることが意図されていた。しかし避難自体は一九四〇年末のように、今現在も相変わらず続いている。ただし、苦難・逃亡の原因と、苦難にあった人々の対処の仕方では、根本的な変化が進行していた。何人かの人々は依然として国家の迫害から逃れているが、圧倒的多数の人々は国内の無秩序の混乱から逃れ出ようとしている。国家の崩壊で逃げ出す人々もいる。必要とされる援助は、一時的な食料と居住地だけでよい場合もあれば、新しい国での永続的な定住が必要な場合もある。大半の人々は、秩序が回復し帰れる時まで、生計をたてられる安全地を望んでいる。

ヨーロッパ中心主義の難民条約は、今となっては古典的な形で、戦後ヨーロッパでの個人への国家による迫害に的をしぼった条約だが、一九六七年の「難民の地位に関する議定書」（一九六七年国連難民議定書）により、該当する地理の拡大という修正を経て、グローバルに永続的に適用され続けている。中東とアフリカ地域は数十年にわたり、国家間及び国内紛争に直面し、強制移動民を生み出してきた。特にアラブ地域は深刻な人道問題と、遅滞する開発があいまって、人類史上で最大の難民流出と移住を経験している。中東、アフリカの国では、自地域に関わる難民が、同条約では現実にあっていないと感じるために、難民に避難所は与えているものの、わずかな国しか加入していない。自分たちの状況に合うよう、アフリカ、南アメリカ地域の国々では、難民の定義が拡大され、再解釈されている。各国の裁判所の裁定は、先進国や途上国を問わず、難民をめぐる法的解釈に大きな違いがあり、世界的に難民政策としての一貫性が失われている。

レバノン、ヨルダン、イラクのような国々では、難民の法的地位は殆どなく、難民をとりわけ弱い立場に置いている。トルコ、エジプトのような難民条約の加入国でさえ、「難民の地位」は非常に問題が多い。そのため、危機により脆弱となった様々な移民グループを保護するうえで、同条約とはかなりの乖離がみられる。これらの乖離にはどう対応したらよいのか。

おわりに——本書のねらい

現代の〝危機〟の下で、難民に関して、一貫し統合されたグローバル統治の枠組みは存在していない。当面は、国際的に横断して、今ある制度を、より良く機能させるようにする創造力が求められているのが実情である。目を転じると、世界の秩序は益々不安定化し、紛争が増える方向に動いているように見える。アメリカの外交政策に不透明さが増して、各地域内、国内の秩序が混乱していると感じられる。地政学と高まるナショナリズムへの回帰がみられる。世界経済の構造的な不安定さとグローバル資本主義の不均等な発展があり、社会・政治の破壊的な動き、国際制度の断片化から、国際法による効果的な規制が問題になっている。

避難の問題は政治化し、移民ルートにあるメキシコ、トルコ等の一時通過国の都市では思わぬ影響や一時滞在への政治的関心の高まりがある。国際的な地政学上の関心は、こうした国際移民にどんな影響を与えるのであろうか。その結果、都市の社会的、空間的構造はどう変化し、その土地での難民・移民編入の形はどのようになるのか。

何が現在の危機を動かしているのか。二一世紀の世界は、難民について何をすべきか。グローバルに難民の世界を比較分析して、この世界を支配する力や制度を批判的に検証する必要性が感じられる。グローバルな難民制度は今日、なぜ働かないのか。道徳的な規準を守れと主張するのは勿論大事なことだが、それだけではなく、難民が求める基本的な必要物をみたすために、最小限度の道徳をどう確保するかが重要である。道徳は、危機に瀕した時に例外的に思い出され使われるのではなく、むしろ普遍的な基準だと考えたい。難民とその家族に、ごく普通に保護が与えられるよう、安全で早急な法的措置と制度を作り出さねばならない。

本書の目的は、難民の問題を、私たちが十分引き受け可能な範囲内で対処するために、人の避難という事柄を、解決可能な問題として正確に位置づけることである。〝危機〟という言い方で、マス・メディアや政治家は、難民、庇護民、移民を一緒にし、脅威というイメージを推論的に作り上げている。〝危機〟という言い方に対する、別の選択肢を考えることが必要である。十把一絡げで世上では難民とよばれるが、内実は「難民」でもない「移民」でもない人々が、大多数を占めている。学問的にはまだ定まっていない名前だが、彼らは「危機移民」とよばれる。本書では便宜的に、難民という用語を概括的な意味で使用しているが、本書が主として対象としているのは、この危機移民である。

ブラックホールのような危機にふち取りし、状況からぬけだす環境を整えることが大事である。そしてそのための根拠となる、理論的な見通しを持った革新的な研究への足がかりを作ることが本書の目的である。

変貌する「難民」と崩壊する国際人道制度

——21世紀における難民・強制移動研究の分析枠組み——

＊

目次

第2部　難民・強制移動民の現状と研究の枠組み

第3部　解決を迫られる緊急の課題

第4部 グローバル・イシューとしての危機移民

変貌する「難民」と崩壊する国際人道制度

――21世紀における難民・強制移動研究の分析枠組み――

第1部　生き残りをかけ移動する人々

第1章　様々な危機移民、様々なニーズ

現代世界では、実際に何百万もの人々が自分の命を守るために、友人や親戚を裏切るか、堕落した独裁政権に黙って従うか、事実上の奴隷として生きるか、故国を捨てるかという決断を迫られている。（ジャレド・ダイアモンド『文明崩壊（下）』より）

1　はじめに

近年まで、一般に世界は難民の逃亡・避難や窮地には比較的関心がうすかったと言われている。援助の主要な担い手である先進国側は緊急事態になってはじめて、国連の人道機関に資金をだすことが続けられていた。この資金で難民キャンプが建てられ、食料、衣服、家が、人々が帰国できるようになるまで与えられた。キャンプは常に、短期間の使用を想定して作られた仮のものだったので、住むには衛生状態は悪く、状況はあまり十分とは言えなかった。難民は行動を制限され、働くこともできず、自由に移動することもむずかしかった。地元民、世間の目からは隔離され、一般に関心を持たれることもなかった。

人は何のために「避難」するのか。人に政治的共同体がある限り、難民は存在する。避難場所を求めて、古代

から人々は逃れてきた。一六四八年、ヨーロッパでウェストファリア条約が結ばれ、域内に国民国家が作られると、国内では宗教的迫害、革命、新国家の形成、紛争のような要因が、生きるために人を逃亡にむかわせた。避難という言葉の中心にあるのは、人が自国で深刻な危害に直面したとき、逃亡は許され、少なくとも帰れるか、どこかに永続的におちつけるまで、安全な場所が得られるという原則だった。

時代はくだって現代、例えばヨーロッパをめざす小型船の犠牲者は、シリア、イラク、アフガニスタン、エリトリア、リビア等からの難民である。彼らはトルコの、難民、無国籍者、パレスチナ難民を扱う一時保護制度を混乱に陥れた。トルコでの庇護が十分ではないために、難民は密輸斡旋業者の手をかりて地中海やエーゲ海を渡り、EU内の負担分担に政治的な緊張を引き起こした。シェンゲン協定（the Schengen Agreement）による域内の自由な移動は大きな問題となった。理論上では、域内の管理では難民に一時保護を与え、関連する負担分担をすべきであった。しかし実際上の政治決定では、分担はおろか、一時保護も不可能となった。現在は一九四〇年代末のような状況ではない。冷戦は終わり、主義の極端な主張は、イデオロギーから宗教に代わって、恐怖の内容が全く変化した。

第二次世界大戦後、ヨーロッパへのイスラム教徒の移住は、イスラムの規範的な考えに根本的な変化があったため、可能となった。戦後の国連の仲介と、西欧で小規模のイスラム社会が形成されたため、イスラムの宗教学者は、イスラムと非イスラム世界の平和的関係について新たな解釈をほどこした。古い二分法は廃棄され、宗教の信仰の自由など、一定の条件下で、非イスラム国家で、イスラム的に受容可能な居住、帰化、市民権への道がひらかれた。先例のない数のイスラム教徒が彼らの故地から非イスラムの土地へ自発的に移動した。

EUは長い間、ポストモダンの超国家的統治制度の成功例と考えられてきた。しかしイギリスの近年のEU離脱の決定と、経済的に殆どの国が停滞していることに加え、そこに難民流入が発生したため、事態への対処をめぐって、国々の間で意見が分かれた。欧米の先進国社会を横断して、難民庇護への国民の支持がくずれている。ヨーロッパは潜在的なリスクの源になっている。

目を世界に大きく転じると、何が現在の避難移動の政治的、経済的、環境的、社会的、文化的な推進因なのか。考えられる項目は、紛争、統治、人権、低開発、不平等、人口、労働市場、気候変動、砂漠化、旱魃、宗教的・民族的差別、外国人嫌い……。この中で何が傾向として突出しているのか。移住と庇護の過程が秩序だって進められ、人間的な思いやりがあるようにするには、国際法、域内法や国内法はどうすれば有効度を保てるのだろうか。

2　危機移動
――形態からの分類――

難民・強制移動民現象は、激しさと厳しさ、複雑さを増している。〝新しい戦争〟が広範にひろがるにつれ、逃避行は一層危険になり、情報仲介業者として、人身売買者や密入国斡旋業者の役割が増大し、この業界を繁栄させている。紛争地など危険な場所から脱出し、安全な土地に到達した後でさえ、難民は極度の不安定な状況に直面し、生存の見通しはさらに損なわれる。これらの現実を理解することが緊急に必要になっている。

個人に的をしぼった迫害は、今現在も真に脅威のままだが、数としては多くない。難民と言われる人々の圧倒的多数は、弱体国家の不安定・危険から逃れる。実際の脅威は、国家に標的とされた個人の迫害より、むしろ暴力地域を逃れた集団の数量的な大きさである。

紛争や災害で国内、国外へ避難した人々のこうした移動は、「危機移動」（crisis migration）とよばれる。危機移動は、移住、人権、開発、安全保障、人道など、多くの政策分野にまたがっている。この移動について、難民の分野以外では、事象を包括的に扱う国際的な組織はない。危機移動の大方については、一時的な対応がとられ、実際上でも対応が一貫していない。

危機移動は、広範な事象の描写的な用語である。人道危機に関する移動を分類しようとする時、多くの矛盾点がある。完全に自発的な移動も、完全に強制的な移動も、現実には殆ど存在しない。移動は全て、何らかの「強制の度合い」をふくみ、移動しようとする人には何らかの選ぶ余地がある。[1] 逃亡・避難の因果関係を知ることは、対応策を枠組みづける主要なポイントであり、移動を分類する手がかりとなるが、しかし旱魃や紛争といった要因にのみ集中しすぎると、現在適用されている難民の分類からは外れる人々[2]が出てくる。彼らが被る苦しい経験や必要な援助は見えなくなり、無視される怖れがある。

「危機移民」（危機移動する人）の実情を理解するために、次にいくつかの例をあげる。

【事例1】[3]　二〇〇六年～二〇一一年、ジンバブエでは移動の動機と状況が複雑な、かなりの人数の「事前の予測移動」が発生した。人々は二〇〇八年の選挙前、大規模な暴力事態が発生することを予想して、大挙して逃亡した。彼らの逃亡は難民条約の難民に該当せず、制度の枠外だが、深刻な人権侵害を怖れて逃げ出した。彼らに対しては、国際的に保護する必要があった。流入された隣国の南アフリカは、ジンバブエ人に庇護を与え、庇護申請を審査する間、労働権をみとめ、自主的に定住させた。しかし二〇〇九年まで、彼らへの難民認定率は極端に低かった。

審査の決定が出ると、多くの場合、彼らは逮捕、拘留され、国外追放された。その後、事態は若干変化し、〝公共秩序の著しい混乱〟という、アフリカ諸国の一九六九年ＯＡＵ条約の「難民の広い定義」を適用するということになり、二〇〇九年四月以降、幾分変更された。

UNHCRは一貫して、大半のジンバブエ人は難民ではないとみなし、UNHCRの委任事項の範囲内で、庇護を望む人に庇護許可を与えることだけを行なった。南アフリカでのジンバブエ人の保護は、各国際機関の異なる委任事項の裂け目におちこんだ。ジンバブエ人に保護を与え、ギャップをうめたのは地元のNGOや教会組織だった。国際的にも、国内的にも保護がない中、難民は自助でギャップをうめあわせることを余儀なくされた。

【事例2】 マリ、ニジェール、セネガル等のサヘル地域（Sahel）は、めったにニュースにはのぼらない。二〇〇〇年代初めまで、地政学上の関心はうすく、人道活動にも関心が払われなかった。今日サヘルには、様々に関連する要因による危機があり、危機は地域をはるかに越える可能性がある。紛争、強力な反政府勢力、国際的な犯罪網とテロ活動、地域の長年の構造的問題、気候変動の影響、統治能力の弱さがあり、人々の地域内外への移動が増している。

雑多で、相反する人々を含む混成の「危機移動」という概念は、強制移動（いわゆる難民）と自発的移動（いわゆる移民）の間を、理論的に移動の原因で分けるうえで、固有のむずかしさがあるところから生み出された。危機状況では、多くの移動原因が入り混じって現われる。多くの原因が交錯し、避難する人は分類上で、移民、難民、避難民、不法滞在者、外国人など、同時に二つか、それ以上の名前でよばれる。二〇一一年のリビア危機では、沢山の外国人労働者が避難民となった。逃げる各個人はそれぞれ異なる動機を持つが、脱出の際には同じルートをたどり、同じ形態をとる。分類すれば、中身は種類が明らかに異なるが、逃避行では類似した対処法をとり、彼らが落ち着く先、例えばどこかの都市では、農村から都市への移民、難民、帰還民、旧兵士、ギャングがスラムでともに暮らし、似たような障害に直面することになる。

移動形態に基づいて難民・強制移動民を分類してみたが、勿論原因が重要ではないということではない。既存の枠組みの妥当性を分析し、対応を評価し、新しい対策を立てようとするとき、多様な要因が調べられねばならない。むしろ、人々はなぜ動くのかの理由を確かめることこそ、事象を評価し、対策を立てる上で重要である。特に彼らのニーズや将来の方向、選択肢を考える際には欠かせない。〈原因－結果〉の関係を考えることは、どんな形の解決策が適切で、実行可能かを決定するうえで重要である。

3　避難の決断
――避難する人と避難せず残る人、事前に予測して避難する人――

危機移民の避難・移動は、生存への差し迫った脅威、知覚しうる脅威、物理的安全、健康や最低限の生存生活が危うくなるために起こる。避難は一時的か、長期化するかもしれない。

緊急の暴力、紛争、災害に直面し、「急な避難を強いられた人々」は、緊急事態にもかかわらず、限られた可能性の範囲の中で、どこへ避難するかを決めている。目的地を選ぶことを含め、その後の第二次移動の場合には、生活の改善・向上、その他に良い機会があるかを熟慮して決めている。巨大な人道的緊急事態の中でさえ、多くの人々はいくつかの選択肢を持っている。

環境変化の状況では、移動は適応の形として見ることができるし、資産が少なければ、危機の際には非常に弱く、動く能力も低い。移動に直接影響するのは、資産あるいは交通手段の有無、そして危機地域を越えた社会連絡網が利用できるかどうかである。(4)

何人かは、家を離れ、生命を危険にさらすよりも、「そのまま留まる」ことを選ぶ。彼らは、金銭的、治安状況のため、避難という難事業のため、健康状態その他の理由から、「動けない（動くことができない）」あるいは「動かない（動きたくない）」。それまで大きな災害がなければ（彼らの記憶の範囲内での話だが）、今後災害発生の可能性が高くとも、その土地を離れることをためらう。

ただし、「留まることを選ぶ」のは、「動くことができない」のとは本質的にちがう。動きたくない時には、彼らに最新の情報を知らせ、彼らの選択にまかせるべきであって、移動を迫る措置をとるべきではない。ここで大事なのは、「留まることを強いられた人」である。例えば紛争は、その時とり得る移動の型をこわし、さらなる移動を妨げる一つの要因となる。

一九九〇年代のボスニア、スリランカ、ソマリアその他では、最も人道ニーズが高い人々は、難民か国内避難民として動いた人々よりも、むしろ紛争や暴力から逃げられない人々であった。このため、国際援助者はこれらの国々の中に、「安全地帯」（safe havens）を作ることを求めた。しかし実際上では、これらの場所は必ずしもスレブレニツァ（Srebrenica）のように安全ではなかった。(5)

「留まることを選ぶ人」と「留まることを強いられた人」は異なり、両者を区別するには、十分に根拠のある理由が必要になろう。

一方、そうした危害を予測して移動が起こる場合もある。脅威をあらかじめ「予測して避難する人々」は選択を行なうが、彼らは制約された条件の中で選択を行なうし、殆ど代替案がない。

近年、環境変化で移動できないという事態が見られだした。バングラデシュでは、移動は災害後の対処戦略として使われてきたが、実際には災害は、元の場所での労働ニーズを増し移動を減らすか、移動に関わる必要資源を失わせることで、移動自体を減らしている。さらに移動を妨げる政策があれば、益々移動は減ることになる。

同政府の公文書には、「環境難民」や「気候の犠牲者」のように記述されるが、政府の施策は事後的な物資援助に限られている[6]。

問題は気候変動や他の危機にあいやすい場にいることではなく、危機にあいやすい場でそれについて何もできない人々である。最も緊急なのは、危機状況にとらわれた個人の生活をどうしたら軽減できるかを見出すことである。

個人レベルでの判断を考えた場合、避難は、「移動距離」、「資産」、「累積的な事柄」の三つの要因が、移動の決断を説明するのに有効だ[7]、と言われている。明確になっていないのは、危険地域に住む人が、事前に潜在的影響を考えて動くべきかどうかである。事態に適応するか、あるいは災害が起こるまで待つのが最上の選択かどうかの好機の選択や、どの程度の規模・大きさを考えて避難を行なうかがわからない。

ただし、移動の実行に注意を払いすぎると、非自発的に（自分の意思とは相違して）動けないことが見えなくなる。完全に可動性を断たれた人々は、様々な種類の資産の欠如であれ、紛争、危害、政策のような阻害因であれ、全般的に弱さを持ちがちである。そのことはめったに知られることもないし、対策も殆ど講じられない。

内戦中のモザンビークの乾燥した農村では、もっぱら隣国の南アフリカに労働移動する男性集団という型ができあがっており、経済的に出稼ぎを強いられ、それで収入を得ている。他方、後に残された異常な数の女性集団は、暴力が激化したため、一九八〇年代初期の長期的な旱魃に際し、通常行なっている小規模移動ができないため、貧しさの度合いが増してしまった[8]。

移動が選択肢になる場合には、多様な制約がつながって、強制的に動けなくなる要因が増す。モザンビークでの紛争関連の暴力や旱魃のように、環境災害と抑制的な移住政策が結びつき、移動を押しとどめ、人々に大きな負担を課している。

詳細は第6章で述べるが、多くの研究が示しているのは、気候や環境変化に関連する衝撃は、避難の決定に影響する他の促進因に影響を与え、その因子の力を強める働きがある。環境変化により生じる衝撃は、避難の引き金になるかもしれないが、必ずしも原因ではないことが言われている。

政治的緊急事態や環境災害のような危機状況では、移動するという意思決定が緊急に必要な場合でも、単に動くべきだというニーズの話だけでは、ことは終わらない。明らかに避難すべしという人道的な要請がある所でさえ、何人かは留まることを望み、極限的な状況におかれてさえ、動くか否かは明白な選択の結果である。「動けない」と「動かない」の決断の背後にある理由への理解を進め、現実を考慮に入れることが、まず最初に行なわねばならないことである。

4　保護のギャップと「権利をもつ権利」

危機移民のニーズは多岐にわたる。ある人は切迫した危害のある地域から、「脱出」という即座の保護が必要となる。またある人には、保護の必要は短い期間だけで、家に安全に戻ることができれば終わる。他方、ある人には、より持続する介入が必要な場合もある。帰還の場合でさえ、補償措置や根本的な人権を守る仕組みを回復することが必要になるかもしれない。

UNHCR規定によれば、UNHCRには二つの主要な役割がある。①難民に保護を与えること、②逃亡に対し、長期的な見通しに立った解決策を見つけること。しかし現実は、どちらも十分に果たされてはいない。保護は、難民にとって、核となる権利が与えられ、亡命中の必要物が得られるようにすることである。しかし、世界の人道援助計画はひどく資金が不足していて、基本となる食糧の配給でさえ、年々減らされている。(9)

通常の人々が抱く思いとは違って、大半の難民（その多くは、危機移民）はもう難民キャンプにはいないが、この状況にまだ、国際機関は十分に対応できていないので、難民が逃げ込んだ都市での援助はさらに限定される。今や難民の大半は、キャンプではなく、ナイロビ、ヨハネスバーグ、ベイルートのような大都市に住んでいる。

保護（protection）は、長い歴史を持つ概念であり、今日多数の形がある。外交・領事的保護、補足的保護、一時的保護、人道的保護……など。実務上で最も広く受け入れられ、人道援助者によって使われている保護の考え方は、赤十字国際委員会（ＩＣＲＣ）による一連の作業や協議をへて発展してきている。その概念は、国際人権法、国際人道法、国際難民法の精神に従って、個人の権利に十分に敬意を払うことを目的とした活動に適用される。

保護で、移動する危機移民に関連するのは、移動の自由を含む政治的、市民的、社会的、経済的、文化的権利を守るほかに、安全、尊厳、脆弱性の軽減に関連している。

危機移民は、三つのことを期待する資格がある。救援、自律性、どっちつかずの不確実な状態からの最終的な離脱、である。責任の所在が明確でなく欠けていると、保護にギャップが生まれる。最も重要な問題は、一体どの国が国際保護の責任と義務があるか、である。[10]

アフリカ、そして中東レバノンから東南アジアのマレーシアまで、世界の難民の大多数は、難民保護の中核となる難民条約に加入していない国々がつらなる場所に住んでいる。また、難民条約に多くの国々が加入している地域の場合でも、それらの国々が国内法にその義務を組み入れていないこともある。実例が示すのは、政府が他からの圧力で限られた政治意思と努力をして、もし加入したとしても、実施段階では保護に対し、あまり努力が払われることがないことが往々にしてあることである。この問題の解決は容易ではない。

そうした国では、難民は法の枠外として扱われ、差別、暴行、その他の深刻な人権侵害の対象となる。法の枠外とされた結果、家主や雇用主からの差別的取扱い、性的嫌がらせ、官吏による刑罰にならない程度の脅迫暴行、任意の逮捕、無期限の勾留（留置環境は応々にして非常に厳しく、生命の危険がある）、身体的刑罰など、様々な虐待を受ける。

国によっては、難民に法的、社会的な援助を与えるが、他国では彼らを国外追放したり、刑務所等の施設やリハビリセンターに強制収容したりする。そこでは犠牲者は生きる意欲を失う。殆ど全員が、経済援助と補償措置が与えられないまま、見捨てられている。こうした話は、マス・メディアでは報じられない。第一次庇護国（難民が最初に受け入れられた国。一般に途上国）では、保護を与えるうえで現実には空白（ギャップ）があるため、何百万もの難民が先進国で難民の地位を求めることにつながっている。

ハンナ・アーレント（Hannah Arendt）が唱えた「権利をもつ権利」を強制移動民である難民・避難民が、いつ、どのようにして、なぜ持つのかを考えるとき、これらの極度に政治的に微妙な問題への答えは、深い分析に値するテーマである。

第一次庇護国において難民・避難民がもたらす影響は複雑であり、彼らは地元民と資源をめぐる争いがあるものの、正負の両面がある。庇護国社会へ彼らがもたらす潜在的に肯定的な点としては、地元市場の活性化、安価な労働力の提供、インフラへの投資、市民社会の強化があげられる。

逆に否定的な点としては、保健医療、教育などの社会インフラへの過度の負荷、物価の高騰、環境悪化の進展などがある。難民自身が生活のために、犯罪、売春などの負の対処戦略をとれば、社会不安が発生する。

難民自体の保護に、深刻なギャップがある中で、その難民制度の枠外にある〝脆弱な移民〟（vulnerable migrants）、すなわち危機移民をどうしたら保護できるかという問題が浮上している。その論議の中で、あらためて「脆弱性」（vulnerability）という言葉に関心が集まっている。しかし〝脆弱性〟の概念はこれまであまり批判的に、深く吟味されることもなく、しばしば、ジェンダー、高齢者や身体障害者を指す言葉と同義でつかわれてきた。むずかしく言えば例えば、「状況的脆弱性」と「具現化（肉体化）された脆弱性」の間の違いはあまり考慮されていない。脆弱性の概念は、世界の各地域内においても普遍的な国際条約でも、明確には定められてこなかった。

全ての危機移民は、彼ら特有の脆弱性を持っている。環境悪化、特に気候変動の場合には、国内的にも国際的にも保護の権利が侵害される可能性がある。実際上、権利の話はしばしば、より重要な政治的権利よりも、物質的権利に次元が下げられてしまう。物質的な観点から見れば、保護は、洪水の衝撃に打ち勝つ、定住用の住居を用意するといった点からばかり見られるようになる。避難状況での考えは、権利保護の物質面になってしまう。人々の権利と保護が得られるようにすることは、環境による事象を管理する問題の一部である。

権利を保護するには、その土地の権力構造からも考えられねばならない[11]。災害に対し弱いのは、構造上、制度上でその背後に、その土地特有の不平等と危険があるためである。土地所有権や災害への補償のやり方など、政治的に固有な問題が存在し、はるかに深刻である。「危機移動と権利の政治」の分析を通じて、政府は避難民になぜ、人々の権利を与えないのかを理解する必要がある。

換言すれば、援助を一律に上から与えるのではなく、保護で何が必要であるかと、彼ら自身の対処能力とを考えに入れねばならない。優先順位をつけ、誰に保護が必要で、その際どんな地位と保護内容が必要になるかを決めねばならない。対応にあたっては、原因国、一時滞在国、最終目的国の役割と責任が明確にされ、そして各国際機関の委任事項と今ある枠組みの下で可能な保護が考慮されるべきである[12]。

5　強制送還

――安心・安全もつかの間、追い返される人々――

庇護申請（難民認定の申請）が却下されると、申請者は元の国に送り返される（forced removal）。[13] その後、彼らがどんな運命をたどったかは、殆どわからない。この節では、ＥＵ諸国から近年送還された難民（大半は危機移民）を例にとって話をすすめる。

突然に、大量の人々が入国したＥＵは、その衝撃にたえきれず、送り返しという方策をとるにいたった。ＥＵはトルコと交渉し、二〇一六年三月、トルコに対し、ＥＵへのトルコ国民の入国ビザの緩和や資金援助などを条件に、不法な手段でギリシアの島々に渡った人々の送還に合意した。陸や海からの新しい難民の入国を防止することも合意された。

トルコに送り返されたシリア人は、同国内の都市アダナ（Adana）に移される。シリアの都市アレッポ（Aleppo）から二〇〇キロのトルコ側の都市にあるキャンプである。シリア人の勾留は、公的には身元確認と治安上のチェックである。彼らは勾留の理由や期間を知らされず、適切な医療も受けられない。シリア人に対しては、トルコの一時保護法に修正が加えられたが、アムネスティによれば、弁護士との接見を拒否され、トルコでの一時保護についての情報は与えられていない。[14]

合意はまた、シリア人以外の人々をトルコに送還する道をひらいた。ＥＵとの合意後、トルコは送還のため、ナイジェリア、イエメン、パキスタンなど、様々な国と再入国許可の交渉を始めた。[15] 非シリア人がトルコに送還された場合、非シリア人はトルコに到着後全員、警察と欧州対外国境管理協力機関（Frontex 二〇〇四年設立。本部ワルシャワ。欧州連合の専門機関の一つ）の係官により、国境付近の送還センターに送られる。勾留され、法的扶助と保護はなく、国外追放される。[16] 庇護を申請する機会は、ギリシアでもトルコでも与えられていない。

トルコに戻された人々には、以上のように法的扶助や国際保護はなく、国外追放の危険がある。トルコでは、仕事の機会も必要な保護もなく、若い男女は再び、エーゲ海を渡ろうとし、生命への危険が続いている。この合意は、公正で効率的な庇護手続きをなしくずしにするとして、学者や人権団体から強く非難されている。[17]

他地域でも、難民の流入を阻止するために同様の過酷な措置がとられている。場所は過去、難民に寛大な対応をとってきた移民国オーストラリアの事例である。

(1) ナウルの強制収容所[18]

ナウル（Nauru）は太平洋に浮かぶ、ちっぽけな島。車で三〇分もあれば島を一回りできる。この国の最大の収入源は、オーストラリアが建てた入国管理の勾留センターからきている。

二〇一二年八月、庇護民の殺到でオーストラリアの国民は不安になり、同政府は海からの不法な入国者全員（密航船で漂着する庇護民）は、パプア・ニューギニアのマヌス島（Manus Island）か、ナウルに送り、庇護申請を審査するという法律を作った。同年九月には、二〇一二年八月一三日以降、船で漂着した難民は定住の際、家族呼び寄せができないとした。

ナウルに送られた庇護民は、庇護申請が審査される間、島内各所の収容施設で暮らす。センター外では、暴行襲撃、強姦が起こる。貧弱な学校教育と子供のいじめ、貧弱な保健医療しかない。庇護民には社会心理的なストレスがたまり、精神のリスクが高まる所である。

二〇一六年一〇月には、オーストラリア政府は二〇一三年七月からマヌスかナウルに送られた人は、いかなる状況でもオーストラリアへの定住は認められないとした。到着日と入国時の輸送手段が問題となり、定住の道はとざされた。庇護のプロセスは明らかに公正さを欠くが、収容者は意欲の低下と精神衰弱をわずらうようになった。

人々が庇護を求める理由は様々だが、共通するのは、逃げる必要があったというのがまず一番にあり、次いで生活が良くなるという希望があった。多くの庇護民にとって、オーストラリアは彼らが望む全てを提供してくれるように思われた。それがついえて、収容者の日々は、希望と絶望の繰り返しになり、徐々に精神は蝕まれていく。庇護民は希望を失い、無力さを感じ、絶望し、精神的な危機に陥っていった。数ヵ月が数年となり、年月がただ経過する。オーストラリアか他の国へ受け入れられるというのが、唯一の希望となる。一つの大きな希望は、ナウルを離れることである。

収容所で働くカウンセラーが悩むのは、望みがない状況で収容者に希望を促すことの罪悪感であり、誤った希望を与えるおそれがあることである。カウンセラーがとる方法は、収容者の気持ちをナウル脱出の一点だけに集中させないようにし、他の道を考えるようにして、彼らに精神の安定が得られるようにすることだ[19]、という。

次に、難民が送還されたら、その後どのような状況が起こるかを見ることにしたい。

(2) 送還後の状況

強制的に送還された後の監視活動は殆どなく、実態は不明である。勾留の事例は数えきれない。シリア難民に関するトルコとEUの合意では、帰還させられた個人の人権状況を追跡、監視する独立の機関は設置されなかった[20]。

過去、地中海のマルタから送還されたリビア人は、自国に着くと、逮捕され、拷問され、何人かは殺害されたおそれがある。

フランスで庇護申請を却下されたコンゴ人の大半は帰還後、投獄、拷問、賠償金の支払いを迫られ、性的暴行を受けた。イギリス内務省の調査では、コンゴ民主共和国に送還された人々は、自国の空港に到着時、移民局に尋問される。時には、国家情報機関の尋問を受ける。係官からUS六〇〇〇ドル～二万五〇〇〇ドルが強要され、弁護士なしの厳しい勾留状況におかれている[21]。

フランスから追放されたエリトリア人は自国到着後、貧弱で過密な房に留置された。当局には、どこかに庇護を求めることは、不法にエリトリアを離れ、また同国での迫害の事実をしめしたというふうにみなされた。また国外の反政府グループと関わったという疑いを持たれてしまう。同じく、フランスから追放されたスリランカ・タミール人は、送還後、空港か自宅で逮捕され、一週間から半年勾留されている。西側諸国で過ごしたという事実によって、当局には危険人物とみなされた[22]。

いくつかのEU諸国は今も送還を続けているが、親と一緒ではなく単独で入国した子供[23]の場合には、送還されても受け入れ先がない場合がある。送還を行なう国の移民局、警察、情報機関と、送還先の国の間で緊急の旅行文書をめぐって協力する仕組みが整わず、庇護申請を行なったという機密性を損なうおそれもある。彼ら被送還者の状況は悲惨なものになる。

過去九年、イギリスは二〇一八人の若いアフガン人を送還してきた[24]。彼らは親とは別に単独でイギリスに来て庇護を求めた子供たちで、既に十代をイギリスの養育制度の下で過ごしている。養育の必要な子供から、ある日突然、限られた権利しか持たない成人の難民認定却下者になる。彼らは様々な支援から外れ、不確かな未来に向き合わされる。

自国に到着後、彼らは庇護申請をしたこと、帰還者だという問題で迫害され、危険な状態におかれている。家族とのつながりは希薄か、行方不明の場合が多い。社会連絡網は既になく、新しい社会連絡網を築こうにも、汚名と差別に対するおそれがあり、行動は抑制され孤立化する。

彼らが安定した仕事を得ることは至難の業だが、生きる資は稼がねばならない。しかし自国の既存の支援制度は利用がむずかしく、イギリスにいる人々からの、回数に限りがある仕送りに依存している。自国での通常の教育年限が欠けていることと、イギリスでの教育は不適切と見られることがマイナス要因である。しかし費用がまかなえず、自国で教育を継続することは殆どむずかしい。精神的な病を発症するが、支援や治療はかぎられる(25)。

若いアフガン人は、庇護申請の内容にかかわらず、単に彼らが帰還者であるために、自国で迫害の危険にさらされている。イギリスでは庇護審査の最後で、同国に留まる全ての選択肢がなくなった時点で、彼らを実践的に新しい方向にむけさせて、意思と態度をかためさせる、社会心理的支援が大事になっている。送還後も生活が可能な、時宜を得た情報を与える取り組みは現場段階で十分行ないうる。

6　脱出不可能な状況におかれた非市民（外国人）

送還が実施される時、現実には避難は終わらず、むしろ倍加する危険と脅威が待っている。送還にあたっては、庇護申請が却下された確たる証拠に基づいていることが大事である。送還したあとの危険度がレベル以下と判断された時でさえ、送還国は人々を送還後、彼らを不当な扱いにさらすことを避ける責任がある。

人権侵害が起きる中で、ＥＵは帰還で決められたハルツーム・プロセス（the Khartoum Process）の条件下での送還を守っていない。送還された人々が直面する深刻な危害を見る時、継続的な監視は不可避である。

非市民（市民ではない人。一般には外国人）が人道危機にあった時、彼らを援助し、守る仕組みと能力は、現在のところ欠けているのが実情である。過去には、レバノンへの武力侵入（二〇〇六年）、南アフリカでの外国人嫌いの暴動（二〇〇八年）、リビアでの革命（二〇一一年）、コートジボワールでの内戦（二〇一〇年～二〇一一年）、シリアでの紛争（二〇一一年～）があるが、非市民の脱出は困難をきわめた。非市民が避難する際の困難さ、様々な弱さは、彼らが庇護申請者、難民、無国籍者なら、一層強められる。

非市民はその土地の言葉を話せないし、文化・習慣が理解できない。生活と職が不安定で、土地の社会安全ネットを持っていない。しかし危機が生じたとき、元の国へ帰れないか、帰りたくない場合もある。資産を既に持っていれば、資産を取り戻したり、証明書の取得の困難さに直面したりもする。

レバノンの事例では、既に厳しく弱い状況にあるパレスチナ難民四〇万人が影響を受け、南アフリカでは国籍が異なることを根拠に襲撃の標的とされ、被害者による庇護申請が行なわれた。リビアでは庇護民三五〇〇人と難民八〇〇〇人が暴動の前に、ＵＮＨＣＲに登録されていた。シリアではイラク人九万四〇〇〇人、パレスチナ人三六万人やその他の難民が、緊急人道援助を必要とした[26]。

危機で脱出ができず、閉じ込められた状況（trapped）にある人は、脱出をのぞむだけでなく、身の安全のために移動する必要があるが、にもかかわらず移動する能力を欠く人である。移動する能力は明らかに複雑で多面的だが、閉じ込められた人の場合を考える時には、動く能力と望みと、必要性の間を区別せねばならない[27]。

「動きたくない」と、「動くことができない」の間を区別するときの理論上の問題は、前述のように「動くことを望むが、元の場所に留まる人」を、「動くことを望まない人」から区別することはきわめてむずかしいということである。動く必要があるかどうかの見極めが、特にきわめて短い時間の中では変わり得るためである。

危機の際の非市民の権利は、国際法や関連の条約には明確に述べられていない。危機で避難する非市民の権利については、国際人権法や国際人道法に間接的には存在するが、そのどこにも明確な形では述べられていない。したがって、彼らの権利を守る責任はなく、国際法の中でその権利を保障することはむずかしい。避難をカバーする条約は非市民を扱っていないし、非市民をカバーする条約は避難を扱っていない(28)。

国内法や政策は、国際的な指針をひくが、危機の際の非市民の権利には、同じく沈黙している。さらに多くの被災国（原因国）は、今ある法や政策を実行する基本的な能力を欠く場合がある。二〇〇八年、南アフリカで起きた避難への人道的対応の際には、経験も制度もなく、危機の初期には政府の指導力も欠けていた(29)。全体として、国際組織には、非市民が特別のニーズを持つという認識がうすく、これまで他の避難民と同列扱いにして、非市民を助けてきている。

閉じ込められた人々のもう一つの例は、足止めされ〝滞留状況〟にある人々である。これは特に、キャンプに収容された、難民や国内避難民の場合が該当する。人々はキャンプにたどりつくために、一定の移動を行なうが、これは通常、保護の面で当面の解決となる。しかし一方で、キャンプに長期間とらわれるために、将来への活力を消耗させてしまう。難民が滞留する状況では、部分的に移動がおこるが、しかしそれでも全世界の難民の四〇%以上が、どこにも行けず、キャンプに現在、滞留を続けている。彼らは五年以上も避難したままである。

また、もう一つの例は、ヨーロッパをめざして西アフリカを出た人々が、ヨーロッパへの厳しい入国規制のため入国を果たせず、北アフリカの国々に留まらねばならないのは、移民にとっては普通のことである。他には、シナイ半島のスーダン人、アメリカへの移住を希望してメキシコ北部にいる中央アメリカ人の例がある。

この型の移動を封じると、彼らはかなりの長期間、待機を強いられ、きわめて困難な状況に追い込まれる。目的地への途中で、特定の地点で足止めされる。資源を奪われ、意思の力を奪われ、移民管理にはばまれ、引き返して家に戻ることもできない。

閉じ込められた状態の人々については、危機の中での移動について、理論面と実践面で問題にする必要がある。危険から逃げるという決断を下せなくなった人々は、さらに多くを失う。個人が危険を逃れるために動くことができなくなる状況には、懸念に値する明確な人道的理由がある。動けないことは、人を弱体化させ、人道援助者からの救援を抑えるようになるかもしれない。

非市民の避難の問題は、将来には、より普通のことになるかもしれない。気候変動は、より多くの人が仕事で出かける多くの途上国の場合、出かけた人が、自然災害の影響を受けやすくするかもしれない。サブ・サハラの中国人をはじめ、政治的に不安定な国々で働く、大量の数の移民がいる。(30) 加えて、世界中の多くの国で起こる〝外国人嫌い〟という事態は、移民に対する暴力とつながっている。そうした送り出し国は、国外にいる自国民を効果的に守る能力を欠いている場合が多い。貧しい途上国が移民労働者を送り出すので、危機が起これば、保護と援助の負担は国際社会にかかり続ける。

一定の状況下で足止めされた移民は、滞在する庇護国で経済機会を求め、生活する道を見つけ出すことが決定的に重要である。様々な苦難に直面した彼らに最も必要なのは、政治的に受け入れ可能な人道的解決である。援助機関、特に開発機関が益々、彼らの生計手段を支援している。

7　拷問、ジェンダー、人身売買

逃亡する人は、逃亡前や逃亡中に様々な形の暴力を経験することが多い。

拷問からの生存者は心理的に心身を破壊され、社会復帰と社会統合を阻害されている。難民認定の申請者は、申請の際、その証拠として、拷問の事実を証明するものを求められる。しかし実際上、証明するものは何もない。

心理的トラウマで、彼らに何が起こったかを筋道立てて包括的に話すことは、特にむずかしい。

イギリスでは事例の八四％で、庇護を審査するケースワーカーが、拷問の事例に否定的な判断をし、医学的証拠を退けていた[31]。ケースワーカーが医療者による、「拷問による傷」と「物理的な傷」の評価・決定に従わず、別の見方をしていると言われる。

イギリス内務省は、医学的証拠を十分考慮する前に、「庇護民の言い分を信用しない」という決定を下してはいけないとしている。内務省の決定は裁判官の手で訂正されることがあるが、控訴での成功率は平均三〇％と言われる。内務省の指針は良いものだが、運用面での不備を指摘され、信頼度に疑問符がつけられている[32]。

拷問の証拠をめぐる不適切な扱いがあるとすれば、難民認定の審査は長期にわたり、費用のかかる控訴につながり、何ヵ月も何年も控訴者を苦しめ、庇護制度は資金的にも膨大な金額を支払わねばならない。公共サービスが既にパンク状態にある中で、不必要な資金をさらに追加するおそれがある。

社会的に形成された概念であるジェンダーは、その現われ方がその社会の文脈ごとに異なり、歴史的な時期でも異なる。過去二〇数年、ＬＧＢＴＱ（レズビアン、ゲイ、バイセクシャル、トランスジェンダー、クエスチョニングの頭文字をとった略称）の個人の状況は、グローバルに関心が高まり、いくつかの国では性的志向やジェンダー・アイデンティティをもとに、迫害から逃亡した個人に、庇護と難民としての保護が拡げられてきている。難民法の文脈の中で、性的志向とジェンダー・アイデンティティの概念の分析と解釈が近年進展し、世界中でＬＧＢＴＱのある難民が庇護要請をするようになってきた（UNHCR 2008）。

性的に少数な強制移動民に対する調査は、ごく近年始まったばかりであるが、発見された事実が示しているのは、性的少数者への社会的、法的保護のない国での子供や青少年への性的虐待、過去のトラウマ的出来事や、急迫した事情での庇護申請、受け入れ国での定住プロセス中の精神衛生の問題がある。ＬＧＢＴＱの人々と宗教・

信念の間の矛盾した関係、アイデンティティと所属も問題とされている。

これらの弱い少数者たちは、貧困、飢餓、貧弱な保健・医療、失業状態の他に、彼らを抑圧する受け入れ国の優勢な文化習慣の圧力から身を守ることを強いられる。他方、自らを抑圧する固有の文化習慣から身を守らねばならないこともある。それは例えば最も問題とされる、女性器の切除、強制結婚のようなものから、全身をおおうベールの話まで多岐にわたる。

シリア難民に例をとれば、地元民と難民の結婚である。シリア人家族の多く（特に極貧者）は、非常に若い年齢で、シリア人少女や女性を庇護国の地元民と結婚させている。花嫁のより安全な将来のためにと言われるが、家族への見返りであるお金の入手の手段でもある。結婚のあり方には、結婚年齢と当事者の意思の尊重に根ざし、透明性が確保された、公式の制度的条件が作り出されるべきであろう。

ジェンダーや難民性が、人道機関や難民によってどのように形成されるかは重要である。脆弱性に焦点をあわせると、それがどのように現われたり消えたりし、異なる政治文脈のなかで、どのように異なった意味を持つかが重要になろう。そのほか、女性の経験について、ジェンダーと階層の間の交差の影響を知ることも重要な点であろう。

マス・メディアや官吏、NGOは典型的には、人身売買とその犠牲者の惨状に焦点をあわせるが、救助後の生活にはあまり注意を払わない。同様に、援助という事業上の力点は、人数という量的面が優先され、人身売買の犠牲者の生命、生活の理解といった内容的な質の面がおろそかになっているように見える。ソーシャルワーカー、弁護士、援助関係者と犠牲者は、個人の身体が売買された後、法的に不確実な状態の中で、搾取され、多くの人が経験する貧困について熟知している。しかし、人身売買が話題としてのぼるようになっても、これらの問題は依然、適切に対応されているようには見えない。

もう一つの危機的な問題は、国際結婚による強制的な移動（forced marriage）である。この移動による影響は、全ての国と地域に及び、特に経済開発の進展と受け入れ国の人口学的変化の結果と見られる。受け入れ国には、途上国から大方は女性の移動が発生する。この現象は一般に、ジェンダー分野や治安問題と見られ、強い法規制が必要と見られている。しかしこの現象は、より複雑であり、ジェンダー化され、開発問題としての側面がある。不平等という社会経済要因がある。国家が計画して、移動させていることもある。力の不均衡や国家による社会的、政治的改善が必要な問題でもある。規制モデルと治安、法との関係があり、また民族性とアイデンティティ、国籍／市民権の関係の問題もある。

グローバルな状況の中で、ミクロとマクロの段階での対応と乖離、地域ごとの共通性と違い、国際および各域内での協力モデルを探る必要がある。

8　おわりに

二〇一五年四月、突然何かが変わった。二〇一一年からのシリアでの大規模な内戦により、一〇〇〇万人以上が避難させられ、六〇〇万人が国内を流浪し、四〇〇万人が近隣諸国へと逃れた。大半の人々は当初、ヨルダン、レバノン、トルコ以上に動くことはなかった。しかしこれらの国々には、シリア難民にとって機会が限られたので、流れが変化し始めた。ヨーロッパには歴史上初めて、域外から大量の難民が流入した。

ヨーロッパ各国は、〝不法な〟手段でやってくる難民を勾留し、難民審査もそこそこに押し返した。難民条約第九条は、国家に対し、戦争やその他の深刻で例外的な状況の時には、一時的に仮の措置が可能としている。ヨーロッパ各国政府は、この条項の誤った利用をしたのではないかという疑念が浮かんでいる。

難民条約には二〇一五年四月現在、一四五ヵ国が加入している。しかし世界中の国々は、ほぼ共通して難民条約上の社会的・経済的権利を守っていない。大半の受け入れ国は、働く権利に深刻な制限措置を課し、これのみが条約無視というわけではない。ヨーロッパのみならず、オーストラリアからケニア、ヨルダン、ハンガリーと世界各地域の政府は、難民を国境で脅して追い払い、彼らの難民申請を審査さえしようとしない[33]。他方、難民をキャンプに無期限に閉じ込めて、あたかも「倉庫に物をおくようにすべきではない」というのは、広く受け入れられている考え方である。

ただし人道危機が起きた時、世界中の全ての国が自国民を援助できる能力を持っているわけではない。カナダは一九八六年、インドシナ難民その他への援助で、全国民を対象としたナンセン・メダルを唯一国連から受け取っている。しかし国内的には、まだまだ不十分な点が言われる。ミャンマー、ジンバブエの場合には、危機の際にはそれぞれ市民が、隣国のタイや南アフリカに避難させられるが、タイや南アフリカは難民・避難民を受け入れても、一般に助けるというまでの政治意思は持っていない。これらの国々は、単に助ける能力を欠いている。難民への義務と責任を受け入れることに対し、心理的な抵抗が見られる。

難民条約に加入していない国へ逃亡した人は、難民なのか。難民でないなら、彼らはどんな権利を持つのか。どんな保護を新しい居住国は負うのか。法や司法機関は、そうした個人の苦難、ニーズ、法的資格にどう応える必要があるのか。

ＵＮＨＣＲ規定の第一一条では、難民高等弁務官は経済社会理事会を通じて、国連総会に報告するとしている。ＵＮＨＣＲはこうした保護のギャップを報告する時、ＵＮＨＣＲと協力する責任を国家に義務づける効果的なやり方をめぐって苦悩する。ギャップが報告されたら、国家の協力が増すのは当たり前で、強制の仕組みはそもそも必要なのだろうかという、疑問が残る。

人道的方法・措置やサービスが多くの場合、現代の緊急事態にうまく適合していないと言われる。難民キャンプの前提は、大半が農村キャンプの設定で、それも一時的である。しかし現在、難民全体の半分以上が、都市に住み、援助側は従来と非常に異なる援助方法を開発し、ニーズに応えるよう迫られている。このような活動現場の劇的な変化にもかかわらず、人道援助制度は、本質的に閉鎖的で、構造上の変更は見られない(34)。

シリア難民の四分の三以上が、隣国の都市に住んでいる。しかし援助は限られ、働く権利は通常制限され、窮乏生活はふつうのことである。大半の受け入れ国は彼らの永住を拒否している。そこで難民は、難民キャンプ、都市居住に次ぐ、第三の選択肢を考えざるをえない。シリア難民がとったのは、死をかけての別の国への逃避行であった。リスクがあっても、何とか家族に将来の希望を与えたい。それが、私たちがヨーロッパで見たことであった。

長期にわたる難民キャンプでの滞在、都市での絶望的な極貧生活、危険な逃避行、難民にとって、これらがグローバルな難民制度が与えてくれるものである。永続性のある解決策で避難生活が終わり、生活を早期に回復し、円滑な社会統合をすすめるにはどうすればよいのか。

ヨーロッパ諸国とEUは少なくとも、状況に対応する政策として、トルコ、レバノン、ヨルダン、イラクその他の国々の関心に沿った域内合意を作りあげ、それを土台に実行可能な計画を作成するのを支援すべきであろう。進行中の危機に対し、効果的に順応し、対応するには、非公式ながら、より柔軟性を持った協力枠組みを作ることが大事であろう。

第2部　難民・強制移動民の現状と研究の枠組み

第2章　グローバリゼーションと難民・強制移動民

1　はじめに

世界には現在、経済的不安定、テロや安全保障への懸念があり、国境管理が強化され、国内避難民、無国籍者、不規則移民（不法移民）、庇護申請者、難民の状況が悪化している。人の避難は、グローバルな力学に深く影響されており、移動を強いられた人（強制移動民）の保護は、緊急に必要とされている。

しかし受け入れ国（庇護国）側は、どこでも厳しい入国管理措置をとり、人の移動に国家の管理を強め、公共政策の論理が変えられている。それは難民・庇護民に対する保護の基準を低め、彼ら強制移動民の立場を弱くしている。移住についての論議は、必ずしも合理的なものではなく、国々は、移住により人口比の今あるバランスや政治的・文化的優越性が崩れたり、人口の密集や貧困、失業、外国人嫌いの問題が悪化させられることをおそれている。また、シリア難民の流入で揺れるヨーロッパのように、政治家による選挙民相手の説明、政治的な大衆迎合主義、扇情的な意図を持ったメディアの報道が、この問題の真の論議を毒している。その結果人々は、難民・庇護民に対し、恐怖と不寛容と拒否の感覚を持つようになっている。

国が入国資格を決める権利を持つ時、リベラル派は選別する基準が、宗教、民族出自、特に人種に基づく場合、不安を覚える。国が移住に対し、自国の経済開発などへの影響を重視する実用的なやり方に傾けば、難民の統合と人としての平等な待遇というのは危うくなる。難民と認定されても、庇護を与えられた国に留まることができなかったり、社会に統合されない人々が出てくる。難民は居住する国で、十分権利のある市民になるべきであり、そのため難民保護の主要機関であるＵＮＨＣＲは現在、自国での逃亡の原因が消滅しても、庇護国に留まって仕事が続けられるように、庇護国で合法的移民の地位を要求するよう人々に勧めている。ＵＮＨＣＲはまた、不規則で危険な移動を止めるために、正規の移住機会を増やすことに関心をはらってきた[1]。

世界に人権侵害があるとされる国々がある中で、寛大な民主主義国家は、困難な目にあっている世界の多くの人々に、国境を開かねばならない。これは、少数者集団に対する不当行為をおこなう原因国にも、自国民の要求に応えつつ、増え続ける移民人口に対する人道上の要求を満たさねばならないという板挟みに直面する受け入れ国にも、道徳上の意味を持っている。

2　人権を基礎にした多様な選択肢の模索

人権には、〈普遍性〉と〈不可分性〉がある。自国を離れる全ての人の権利を尊重する必要があるというのは、ある意味、自明のことかもしれない。しかし、現実はと言うと、難民条約にうたわれている数多くの権利――特に移動の自由の権利、労働する権利——、そして様々な国際人権条約にある権利にもかかわらず、難民の権利は益々長期化する亡命生活の中で守られていない。

難民キャンプは、確かに避難する人々への国際人道制度の主要な対処手段の一つではある。しかしキャンプは、決して効果的に難民への保護を与えていない。例えばタイにいる難民は、キャンプを離れることを禁じられ、土地を利用できず、仕事を見つけることも禁じられている。これらの権利を否定することが、さらに難民の脆弱性を増している。難民は、最低の生活水準でしかない援助に甘んじて依存するようになり、生活が貧しくなる。難民は、自己の持つ可能性を実現できず、欲求不満となっている。一方、国際社会は時の経過で、彼らの状況への関心を失う。資金は枯渇し、難民が生きる上で必要な食料、住居、その他の社会・経済的な必要物は、国際援助では満たされていない。

キャンプ、特に難民が長期に滞留しているキャンプでは、亡命状況の難民の保護に失敗する一方、キャンプから都市に移動した難民に対するＵＮＨＣＲの近年の都市難民政策の意味内容と、弱者の保護への新しい戦略は、今のところあまり明確ではない。重要なのは、保護の意味と「難民キャンプなしの避難所」を作る可能性を考えるために、難民キャンプに代わる別の選択肢を探すことである。

一九九〇年代以降、国連では、機関間の協力、制度面での責任の明確化があり、国内避難民（ＩＤＰ）への援助で重要な進展が見られたが依然、キャンプ滞在のＩＤＰよりも、都市に住む国内避難民（都市ＩＤＰ）は注目度が低い[2]。難民への援助はもはやキャンプで演じられるというものではなく、私たちは都市にいるＩＤＰの状況を理解し、実行可能な政策を開発することが必要となっている。都市での彼らの生活状況を分析し、必要な計画の分野を見出し、うまくいっている有望な計画の事例を見出すことで、知識の空白部分を補うことができる。

新着集団を国民の中に組み入れていく過程は、途上国、先進国を問わず、教育、公衆衛生の今ある制度・構造と環境への挑戦とならざるをえない。政府予算はどこでも潤沢なわけではないし、必ずしも資金的に代替可能なわけでもない。例えば先進国では、国内費用は一般に、社会保障や社会福祉担当の省、もしくは内務関係の省が支出する。対して、各国のUNHCRへの資金拠出は一般に、開発援助担当の省か外務省が支出する。一つの機関から他機関への資金移動の可能性は、政府予算の中で非常に限られている。

しかし新着者は、国民の文化を豊かにし、新しい技術や経済機会をもたらす潜在的な可能性ももっている。個々の国の難民社会内の生活戦略に沿って、生活訓練の機会（見習い制度、起業訓練、商業技術の訓練）が多様化されねばならない。援助団体からの生計アプローチは、彼ら難民自身には持続性はないかもしれないが、短期的には生活のため、中期的には生活に強靭性を作ることが目的とされている。カギとなるのは、低所得者向けの都市計画を作り、青年の雇用のように、関連分野からの新しい考えを生み出し、難民の意向に適合する形にして、彼らの生計計画を支援することである。

難民の諸権利のために、受け入れ国政府にこうした計画への参加を呼びかけるのはUNHCRのカギとなる役割だが、難民が自発性を発揮できるようにすることが、都市にとって難民を、社会的及び経済的資産に変える環境を作り出すと考えられる。生活への物的支援は、「都市難民」政策のカギとなる一方、それだけでは十分ではなく、そうした支援は、難民の権利の保護という政策文脈の中でのみ成功しうる。

重要なことは、難民関係組織が政府と関わる時に、各々が独立して行動するのではなく、情報を共有し、合意された共通の戦略をとることである。NGOとUNHCRは生計計画を調整し、実施することが可能である。援助機関は、互いに成功を損ねたり、争いとなる言い分や事柄を生まないよう、十分に統合された活動を行なう必要がある。関係団体の間で戦略が調整されていれば、計画は透明性を増し、関与する機関は今何が行なわれているかを知ることができる。そして現場においては、特定の方向に押したり、引いたりする実務上の按配を知ることができる(3)。

UNHCRは、難民個人の技術、経験といった生活能力について体系的にデータを収集し、計画の成果を監視し、評価することができる。援助側は、まず第一に〝効率性〟という基準に価値をおくが、しかし効率性は、対象が人間相手の場合には、必ずしも最も公正で公平な解決とはならないことも頭に入れておきたい。

3　グローバル化と人道主義

地球上の空間をめぐる現代の争いは、新しい現象ではない。移動する人々への非入国制度は、脱植民地化と冷戦終結以後の地球上の空間をめぐる争いの、単なる新しい局面である、と言われる(4)。グローバル化は一六世紀以来進んだが、その過程で地球上の地域では貧富の差が生じた。さらにグローバル時代の中で近年、避難と安全保障の間がつながり、強制移動民の移動の自由へ規制がかけられ、定住への〈適応〉と〈統合政策〉を再定義する必要が出ている。移民の選択が変化したことによって、近年は受け入れ国の社会的な凝集性に否定的な反応が生じている。国家は益々、入国する移民がもたらす経済的便益を極大化するための政策を入念に追求している。

現在の躍動的なグローバル過程の諸側面において、人の移動は避けられない事柄である。法的、行政的に範疇が異なる一時移民が、互いに異なる権利と資格を持って出現している。庇護民はしばしば、受け入れ国で市民権の取得が制限され、不安定な立場におかれるおそれがある。こうした危険な状況は、定住政策への課題となっている。庇護申請者、不規則に入国を図る人々を、社会に包含するための定住政策と市民権を検討する必要性も出てきている。定住、適応、そして統合の政策は、地域で、国内で、国際段階で、この状況に働きかけ、排除を防ぐ重要な役割をもっている。

グローバリゼーションは、人間移動のこれまでの型を変えてしまった。人口学的、経済的、社会的、政治的、そして環境的な発展が、その変化のスピードを加速している。グローバルな移動は、政治的安定、国家の安全保障、経済開発に影響を与え、各大陸で私たちが考えている国籍、市民権、文化的アイデンティティを変えていく。カギとなるのは、国際関係の急激な諸変化に直面して、中心となる論点を維持することである。

国際移動は、国境管理や移住政策のみでは管理ができない。他の政策分野からの適切な対応を組み入れた、より一貫し、包括的で、統合されたアプローチが求められている。移動した人々の法的、経済的、社会的な周縁化を防ぐために、包括的な統合計画を推進し、政策を再構築する必要性が緊急に存在している。

現代の難民危機を特異だとするのは、歴史的な見方を欠いているからである。大量の難民移動は、新しいものではない。特定の地域に限られたものでもない[5]。第二次世界大戦前、欧州大陸は東欧や途上世界で今日、起きているのと同じような難民流出を経験している。二〇世紀初頭、バルカンでは何百何千万の人々が強制的に移動させられたし、二つの世界大戦は破壊的であった。二つの大戦間の比較的平和な時期でさえ、何百万人もの人々が難民となっている。例えば一九二六年、推定九三〇万人が難民であった。二〇世紀、そして二一世紀と何百万人もの人々が家から逃げることを強いられてきた。この原因と結果（逃亡）に対する、国際的な反応は、まさに国際政治の中心にある。「国際強制移動の政治」である。

現代は、増大する人道危機の複雑さ、新しいアプローチを可能にする技術、及び通信手段の革新、新しい解決策を可能にする主権概念の変化、強制移動に関わる組織の責任と委任事項の変化がある。人の移動は、範囲、規模、複雑さの点で進化しているが、しかしその一方で、他の関係者、特に国家は益々、難民、庇護民、不規則移民をひとまとめにし、好ましくない現象の一部とみなしている。現在は、難民への地政学的な関心の低下と、家父長的な温情主義のために、〝人道的ガバナンス〟のあり方が一層批判されている。

そうした状況下、人道組織、とりわけUNHCRは現在、困難なバランスをとることに腐心している。UNHCRは、開発や平和構築が目的の事業に関わって、国内での避難民の保護や援助計画に参加するよう、圧力を受け続けている。それは、UNHCRの中核となる難民保護の委任事項を妥協させる危険性がある。UNHCRは元来、難民に特有の地位、権利、義務を強化することが重要であり、機関としての正当な関心を超えて存在する、より広範な移住問題へ委任事項を拡大することにはことのほか慎重であった。UNHCRは、中核となる原則や難民条約を維持せねばならないと同時に、現実に適応するには、革新的で想像力豊かな思考が要求されている。現実と委任事項、この両者のバランスをどうとるかが、益々大事になっている。

「人道主義」は、難民の権利を守る上で、思考方法と実施上の論理として、強力な支えとなってきた。人道主義は、国際難民制度と難民・庇護申請者についての政治課題を進歩的に追求するグローバルな市民社会の仕事の中心部に位置している。私たちは、現在及び未来に発生する複雑で、ダイナミックな強制移動（難民移動を含む）の課題に、十分に対応するための人道的諸原則をどのようにして作り変えることができるのか、が問われている。

4 道徳上の課題
――選好と差別――

移住政策と難民政策は、直接間接に強制力の行使を伴うので、道徳上の問題を浮かび上がらせる。人が国境を越えて自由に動くことを妨げるのは、「強制」措置である。強制は、難民を運ぶ船を海上で止め、送り返したり、難民をキャンプに閉じ込めたり、強制的に帰国させることで行なわれる。

多民族社会、それは一つのコミュニティの上に、もう一つの民族コミュニティの優先権を与えるが、市民の中に道徳的な区別を作り出す。移住受け入れへの政府の政策には大きな幅があるが、経済問題のほかに、国独自のアイデンティティがあり、コミュニティに誰を入れるのかという問題と密接に結びついている。国家の移住政策が何に優先度を与えるかは、一般に道徳原則の事柄ではないが、政治的に定義された国益や価値、つまり広い意味での「主権」である。国家は安全が危険になると、入国政策で容易に優先度を正当化できる。

主権国家の原則は、誰に入国を許可するかを選ぶ際、人種、宗教、民族を基礎に差別することを国家に認めているのであろうか。これまで、オーストラリアの白豪主義、アジア人を排斥した戦前のアメリカの政策、現在のEU諸国がロマ人（Roma, ジプシー）、イスラム教徒の入国許可に気乗り薄なことはあるが、今日そうした政策は道徳的に受け入れ難い、と広く見られている(6)。

国家が、集団的アイデンティティを基礎に個人を排除する政策は、道徳的には受け入れられていないが、それでも幾分かは受け入れられているものとしては、選択的な政策、例えばイスラエルによるユダヤ人の受け入れ、ドイツ出自の人々のドイツへの受け入れ、ヒンドゥー教徒のインドへの受け入れ、イスラム教徒がパキスタンへ、アラブ人がアラブ諸国へ、ネパール出自の人々がネパールへの例がある。また技術、学歴、親族、資産を持つ人々への選好もある。「選好」と「差別」の間の線引きは、道徳的に曖昧で、容易に境界を越えられる(7)。

移住政策はまた、公正の問題を生じる。市民権は生まれた国、もしくは両親の市民権によって決まり、選択できるわけではない。結果として、人に進歩・向上の機会があり、迫害のおそれがないのは、人が豊かな国ないし豊かな国の市民である両親の下で生まれたかによる。人の向上・目的達成の機会が単なる誕生という偶然により、永続不変に強く制約されるのは不公平に思われる。

難民に特有な諸問題を見出すことは、彼らが自分自身の解決に到達するための活動に注意を払う一つの道である。〝難民中心〟の解決か、〝国家中心〟の解決か、そのどちらをとるかで、解決の性格と価値は決まってくる。

第3章　難民・強制移動研究
――理論的枠組みと方法――

1　はじめに

人の国際移動は、我々の住む世界を形作るカギとなる要因の一つである。移動（移住）[1]は、現代が社会的、経済的、政治的に変化するグローバル化の中で、中心的な役割を演じている。移動は常に、これらの変化でもたらされた社会変化の一部である。グローバル化の状況下、その過程は速度を速められ、強められている。

過去二〇数年、人の移動は多様化し益々、グローバル化し、政治化されている。過去の大西洋を越えた新大陸への奴隷移動、第二次世界大戦後の反植民地戦争での移動、冷戦下での移動と比べ、今日の移動は社会的にも、人口学的にも多様となっており、移動の形も理由も益々、不均質となっている（モザイク状の移動）。移動は、既にグローバル化の影響化にある国・地域で、変化を速める触媒となっている。

国際移動の型は一層複雑となり、遠く離れた人々と社会を結びつけている。国際的に移動する世界人口の割合は過去三〇年、劇的に変化しているわけではないが、移動する人々の目的地、動機、旅行の態様はより多様になっている。

その中で、難民と認められる人（refugees）の数は、一般的な全ての国際移民の僅か五％である。その数に、難民に準じた人、庇護を求める人（asylum seekers）[2]、避難民（displaced persons）の数を加えれば、数値は二～三倍になる[3]。

現在は、法的な意味での難民という人々は、かなり人数的に少なくなり、国連難民高等弁務官事務所（UNHCR）が保護と援助の対象としている人の半分もいない。難民を含む強制移動民の数は変動し、二〇一七年現在で、全世界の難民・強制移動民の数は六五六〇万人だが、UNHCRによれば、過去のピークは一九九〇年で、一七〇〇万人であったが、二〇〇六年には、世界の難民を含む強制移動民の数は約八三〇万人。過去最低の部類であった。理由は、難民の帰還策で、かなりの数の難民が帰還（帰国）[4]したことと、主要な紛争[5]の程度が和らいだことがあった。

ただ注意しなければならないのは、このような難民数減少の理由の中には、国家の側に、例えば帰還しなかった人を難民と認めたがらないことがあるということである。そのため、難民とは分類されないが、難民のような状況にある人々が、数に含まれないことになる。一方、UNHCRに関わる国内避難民（IDP）の数は着実に上昇した。

過去二〇〇五年、単一で最大の難民人口は、アフガニスタン難民（アフガン難民）で約二〇〇万人。彼らは隣国のイラン、パキスタンにいる。難民で最も影響を受ける大陸は、アフリカだが、同年、UNHCRが援助しているIDPの最大人口はスーダンで、二〇〇万人。さらに、無国籍者の多くはパレスチナ人である。帰還者数の最大はアフガン難民で、約七五万人。

一方で、アフリカ・コンゴ東部でのルワンダ難民の事例のように、キャンプ内の武装勢力に援助物資が横取りされれば、難民援助は紛争と抑圧を永続させることもある。国際機関、政府、ＮＧＯの人道援助機関ではいつ、どんな形で、難民保護に対応するかを決める基準や指針作りが進められた。しかし各組織はそれぞれに、組織上の違いや専門分野ごとの特性があり、〝文化衝突〟がある意味で避けられない。そのために実際の援助活動が妨げられており、調整が続けられている。人道援助機関の〝組織文化〟と影響の研究は、重要な分野である。

難民の「定義」については、国際的に定められた難民条約のものよりも、広い解釈がとられる傾向がある。しかし難民研究の分野では、難民の用語が何を含むべきか否かについての明確な合意はない。

また現実には、難民キャンプに入らず、独力で受け入れ国の地域社会に居住・生活している人にとっては、難民の定義は価値あるものなのか、また彼らの状況を分析する研究にとっても有用かどうかの問題が存在している。

詳細は後述するが、難民研究の中から、強制移動研究は生まれている。そして難民は、強制移動民の中に含まれる。「国際強制移動研究学会」（ＩＡＳＦＭ）は、「強制移動」（forced migration）を広く一般用語として捉え、「難民や国内避難民（紛争により国内で避難する人々）の他に、自然災害もしくは環境災害、科学的もしくは原子力災害、飢饉や開発プロジェクトなどでの移動」と定義して、使用している。本章でも、この使用法を踏襲する。

強制移動には多くの原因があり、多くの形態をとる。人は迫害、人権侵害、抑圧、紛争、そして人災、自然災害で避難移動を行なう。多くの人は、自らの意思で生命を脅かされた状況から逃げる。多くの場合、人は政府や反乱武装勢力による地域の無人化、もしくは民族的、宗教的に人口構成を変えるために、土地から追い出される。いくばくかの人は自国を何とか逃れ、一時的または永続した落ち着き先を国外に見出している。多くの難民が以前より、より長い距離を移動するようになっているが、大半の人は比較的近い隣国へと短い距離を移動する。他方、多くの人々はまた、国内に閉じ込められるか、自国の状況が根本的に変わる前に、帰還を強いられている。一時的移動は、定住の前段階となる可能性もあり、一時通過国は、受け入れ国にもなり得る。〝南〟と言われる国々の中でも、南アフリカ、ナイジェリア、アルゼンチン、メキシコ、タイのように、地域的に移動の目的地が現われてきている。正確なデータは不足するが、これらの国々は〈南-南〉に移動する沢山の人々を引きつけている。

強制移動の問題は、難民キャンプで表現される従来のイメージよりも、はるかに広く複雑な現象である。移住一般に言えることだが、移動する人々には多様性があり、文化的にも多様である。彼らは、新しい国で定着し、自国とのつながりを維持する。地域、国家、そしてグローバルでの諸々の変化は、移動したいという希望を生みだしている。問題は、流出国（原因国）と受け入れ国に関わるグローバルな問題である。

運輸、通信手段の劇的な進歩は、移動民に国境を越えた社会的、政治的、経済的、文化的なつながりを維持し、発展させ、国を越えたアイデンティティと連絡網を作り出し、新たな生活を生み出している。移動するのは主に若い男性という過去の仮定は崩れ、女性を含む様々な年代の人々が移動する。これが新しい傾向かどうかはまだ不確かだが、いずれにしろ従来、女性、子供、年配者は、公式の移動や研究からは除外され、見えない存在であった。

グローバルな移動は、政治的安定、国の安全保障、経済開発に影響力を持っている。各大陸で、人の移動は継続し、それにより各地での社会的、文化的、政治的影響が強まり、従来の国籍、市民権、文化的アイデンティティの見方を変えていく。全体として、移動する人々は社会にどのような影響を与えるのか。研究目的の一つは、そこにある。

先進国の人々は、大半の難民が欧州や北米をめざすと考えているが、これは真実ではない。パキスタンやイランは、多くの難民を長期にわたり受け入れている。移住は、その過程を継続・維持する社会構造を作り出すので、移動は〝自己永続化〟する。強制移動は来るべき数十年、消えることはないし、むしろ高まると見られる。強制移動には、人の密輸、搾取、人身売買（human trafficking）[6]、受け入れ国での統合など、関連する多くの問題がある。しかし、移動を〝問題だ〟として見てしまえば、他の展望へのつながりの芽を摘み取ってしまうおそれがある。移動は、根本原因を探ってそれに取り組むことで、管理したり解決すべき問題として扱うのではなく、グローバルな社会の発展と変化の有機的な一部として、見ることが必要である。

本章は、難民研究の発展をリビューし、同研究と強制移動研究の関係、両研究をめぐる主要な論点、政策とのつながり、影響、その特有の問題群を明らかにする。

2　国際強制移動の現状
――特徴と問題点――

国際移動の多様性・複雑性と、変化する局面の包括的理解が重要である。グローバルな移動で今現われている傾向と、それに対する既存の学問成果と政策対応のギャップの分析から始める。

現代の特徴は、まず第一に、難民・庇護申請者数の増大である。庇護民は先進国世界、特に欧州で政治課題の最上位に位置づけられ、メディアで繰り返し大きく報道されてきたが、多分に危機が誇張された点もある。庇護の問題は、欧州では一九九〇年代の初めから注目を引き始めている。一九九二年には頂点に達し、その数約七〇万人、この数はさらに、旧ユーゴ紛争を逃れ西欧に流入した約一〇〇万の人々で、状況はさらに悪化した[7]。欧州各国は庇護民の数を減じるために、多くの新しい政策を導入し、流入する人々が真の庇護申請者であるか、偽装の人々かの区別に努めた[8]。多くの国の国民にビザが課され、航空会社は乗客全員のパスポートとビザのチェックを求められた。怠れば、罰金が科せられた。庇護手続きは、より迅速に申請者を処理するために、合理化された。結果として、欧州での庇護申請者数は激減した。二〇〇四年にはその数は、ＥＵ内の一五ヵ国で二三万三〇〇〇人にまで下降、ピーク時の一九九二年に同じ国々が受け入れた申請数の半分以下である[9]。それが近年のシリア危機で、申請数がまた大幅に増加した。

入国が困難になって、移動する人々の多くは益々、密輸業者の手助けで、密入国のような不規則な形をとるようになる。この移動は、メキシコ・アメリカ国境、地中海を越えて南欧諸国への移動のような、先進国と発展途上国を分離する国境地域を越えた移動である。国境の厳重な警備が進み、移動民は入国するために大きな危険を伴い、中にはそのために莫大な金を支払う者もいる。以上のように、「庇護移動」は「不規則移動」（いわゆる不法移動）と混合・合成されてきている。〈移住 - 庇護〉結合（migration-asylum nexus）といった、事態を包括的に捉える用語が一層、今日の先進国での庇護問題の表現として使われている。「強制移動」と「自発的移動」は相互に作用しあっている。一方には、経済移民のために移動ルートを作り出す難民の移動・流出があり、他方、難民のためにより安全なルートを作り出す経済移民がいる。両者は互いに複雑に入り混じった動機を持ちながら、〈移住 - 庇護〉関係を作り上げている。この文脈では、庇護民（asylum seeker）と不規則移民（irregular migrant）は交互に同じ意味で使われている。難民は、国際難民制度の下で、保護される資格のある人々だが、先進国での庇護制度の適用にあたり、生命の危険にさらされている。そして益々、不規則移民と認識され、そのように取り扱われている。背景には、概念的、政策的に〝偽の申請者〟から〝真の難民〟をどう区別するかという問題と、他方で不規則に入国する人々から、庇護民をどう区別するかの問題が存在している。

欧州では、一九八〇年代半ば以降、ＥＵ諸国間では、庇護の決定手続きを一致させる試みがなされてきた。しかし一九九九年まで、国家を横断した政策の開発は始められなかった。一九九九年に庇護法の制定が始まり、庇護法はいくつか存在するが依然、庇護制度の運用は各国政府の手に強く握られたままである。庇護法があるにもかかわらず、欧州各国での適用方法が違うために、難民の認定率は国ごとにかなり異なる。[10]〝難民の封じ込め〟は、現代世界のより大きな動きへの単なる一つの対応に過ぎないのかもしれない。チムニ（B.S. Chimni）は、強制移動の問題は今日、グローバルに世界を統治する西側プロジェクトの一部であり、強制移動研究はその一翼をになっている、[11]と批判的な見解を述べている。

第二の特徴として重要なのは、人数的にも、人道的視点からも、国内避難民（ＩＤＰ）と呼ばれる人々の存在の大きさである。難民よりも、ＩＤＰは数がはるかに多い。国内紛争による人々の避難は、ＩＤＰと分類され、数は大きく上昇している。また無国籍者（stateless）の数も増加しており、彼らはＵＮＨＣＲが関心を持つ援助対象者の数に加わっている。

二〇〇九年現在、世界には推定二六〇〇万人のＩＤＰの人々がいた。原因と見られるのは、①国内での紛争の増加と、②そうした紛争から避難・逃亡した異なる民族・国籍の人々を助ける気持ちが、国家には乏しく、減退する傾向である。いくつかの事例では、ＩＤＰは国家や非国家主体から国境越えを強く妨害される。その他、ＩＤＰは、紛争が終結したら、早期に家に戻れるよう、元の居住地の近辺に留まって、関係の維持を希望している。いずれの場合でも、ＩＤＰの大半は、貧者、老人、病人である。それゆえ、人道的な懸念は大きい。ＵＮＨＣＲは、増え続けるＩＤＰと、自国へ帰還した難民の世話を続けているが、ともすれば帰還民は、しばしば強制的に帰され、安全な再統合の機会が与えられていない。

ＩＤＰの数は、難民との関連で、紛争を逃れる個人のみを数える傾向がある。しかし各個人は、紛争以外の理由からも国内で避難する。ダムや道路、環境災害や土地の劣化のような開発プロジェクトでも、避難は発生し、原因はしばしば重複する。現在では、暴力紛争以外の、環境災害（洪水、地震、火山の噴火など）、原発、ダム建設で、家から追われる人々をＩＤＰに含めることもある。また援助や保護が必要な集団が、国際社会の注目を引き、彼らの特別な状況を定義するために、数多くの用語が使われている。(12) 例えば、〝環境難民〟（environmental refugee）という概念が論議の的になっているように多様だが、ここでは主に暴力紛争からの避難民を念頭において、述べることにする。

国際人道機関の失敗として見られたのは、ＩＤＰの保護と援助の問題である。国際社会が彼らを保護する公的仕組みが全く存在していない。基本的な問題である、〝誰が責任を持つのか？〟をめぐって、ＩＤＰの問題は何年もの間、政策調整が続けられてきた。ＵＮＨＣＲは委任対象を難民に限られ、保護も援助もできない。難民と比べ、ＩＤＰを扱う委任事項を持つ国連機関はない。ＩＤＰに保護を与える国際条約もない。その一方で、一九八〇年代末以降、ＵＮＨＣＲはＩＤＰを一時的な形で支援してきた。

コーヘン（Roberta Cohen）とデン（Francis Deng）は、彼らの著名な書物『見捨てられた人々』（*The Forsaken People*, Brookings Institution, 1998）の中で、国内避難民が最初に数えられた一九八二年、ＩＤＰの数は一一ヵ国に一二〇万人としている。ＩＤＰは一九八〇年代には殆ど認識されていなかったし、開発が誘因となった避難民の影響も少なかった。その後、ＩＤＰや開発移転民は、はるかに条約難民の数を越えた。

一九九七年までには、ＩＤＰは激増し、少なくとも三五ヵ国に二〇〇〇万人以上になった。この数は、アメリカのＮＧＯ、アメリカ難民委員会（後にアメリカ難民・移民委員会と改称）の推定値をもとにしている。コーヘンは、ＩＤＰの莫大な数に関心を払ったが、彼女はブルッキングス研究所の他の同僚たちとともに、「責任としての国家主権」（sovereignty as responsibility）の概念を念入りに作り上げた。近年の最も重要な変化の一つは、ＩＤＰや国内で保護と援助を必要とする人々に代わって介入する、国家側の意思である。主権という伝統的な概念は、以前はそうした介入を拒み、介入にはかなりの圧力があった。国際人権法や国際人道法は、国内の居住者の福祉のために責任を持つよう、主権概念の定義で著しい発展が見られた。

国内でのＩＤＰのニーズや権利に注意を向けた人類学者デン（Francis Deng）の主導下で、新しいＩＤＰの法制度が作られた。一九九八年には、『国内避難の指針原則』(*the Guiding Principles on Internal Displacement*)、ハンドブックと手引書が、国連人道問題調整事務所（ＯＣＨＡ）とデン（ＩＤＰ国連事務総長特別代表）により作られ、指針は国家に関与を促し、それ以来、国内法制に影響を与えてきた。ＩＤＰの諸権利は尊重されるべきだというのが、国際社会の正当な関心となっている。

ＩＤＰの保護には、援用される難民法の他に、上記のように国際人権法や人道法の知識が必要となる。援助ニーズは一般に、強制移動民の全ての種類で同じだが、援助が実施される環境は、特定の原因や場所次第で異なってくる。

ただその際忘れてならないのは、ＩＤＰの権利、人権保護、人の密輸と人身売買、紛争後社会の自由主義国家建設といったカギとなる概念は、軍事的な人道介入を含め、途上国側からは、先進国による不法の介入を正当化しているとの反発もあることである。これが事柄の進展を押しとどめている。

ＵＮＨＣＲは二〇〇八年、ＩＤＰを支援するという明確な目標を掲げたが、そうした支援が可能かどうかは、常に関係国政府の合意次第である。そうした政府は往々にして、ＩＤＰを発生させる何らかの役割を果たしているので、同意が必ずしも得られるということではない。

ＩＤＰの数が莫大なことで、難民という範疇はそのままで、ＩＤＰという新たな範疇が、援助空間を共有するという、新しい制度枠組みへ移行することになった。難民とＩＤＰの間の境界が曖昧ならば、強制移動と自発的移動の境界も曖昧になる。両者の違いは、「移動の形態」と「強制の度合い」の違いだけである。現今の強制移動は、難民の他に、ＩＤＰを含むことになり、難民問題は焦点が移動して、後述するように、難民の法的な保護というよりも安全保障の次元に移っている。

第三の特徴は、滞留難民（protracted refugees）の問題である。世界の難民の大半は、亡命生活が終わるまで、五年以上待っている。二〇〇四年には、一〇〇〇万人以上の人々が平均して一七年以上、亡命状態にあった[13]。冷戦終結後の内戦で、難民数は増大したが、国々は避難所の提供をためらったので、難民は難民キャンプでの生活の長期化を余儀なくされた。ＵＮＨＣＲの執行委員会は、恒久的解決を五年以上待ち、その数が二万五〇〇〇人以上の人々がいる場所を「滞留難民状況」（protracted refugee situation）と定義している。

二〇〇三年末、ＵＮＨＣＲは世界には異なる滞留難民状況にある場所が、三八ヵ所あると推定していた。その数は、総計六二〇万人。解決のために、特別の定住計画が立てられ、ネパールのブータン難民、パキスタンとイランのアフガン難民、そしてケニア、イエメン、エチオピア、ジブチのソマリア難民にとられた。

国々の中には、国際法上の難民の地位を与えることをためらう国がある。そのため、恒久的な定住よりも、「一時保護」という方法が使われてきた。ＥＵ諸国では、難民申請が一九五一年難民条約に該当するか否かを審査し、決定している。該当すれば、難民と認定され、支援を受けるが、否の場合は、資格としては低い、一時保護が与えられている。

ＵＮＨＣＲは難民問題の解決のために、実行可能な三つの「恒久的解決」（durable solutions）を考えている。すなわち、帰還、彼ら難民が今生活している国への統合（現地統合）、第三国への定住である。難民の帰還は、紛争の終結次第だが、二番目、三番目の解決策は、紛争が続いていても可能である。第二、第三の解決策のための政治的意思を生みだそうという試みが二〇〇四年以降、目立っている。二〇〇八年一二月には、国連難民高等弁務官が関係者を集めた「対話」でこの問題を取り上げ、ＵＮＨＣＲは全ての関係者が参加して解決策を見出す

「地域的・包括的行動計画」を進めることになった。

ところで、この三つの恒久的解決策だが、それぞれ問題がある。通常、最良とされる解決策は、自発的帰還（voluntary repatriation）、つまり自分の意思で難民が国に戻ることである。自発的という点が重要だが、現実はというと、難民は自分たちの意思に反して戻されたり、安全を欠く前に帰される場合がある。UNHCRはドナー国（多くは先進国）の意向と圧力を受けて、次第に難民の権利を主張するよりも、帰還が可能でもなく安全でもない状況下で、紛争が終結せずとも、帰還させるようになった。旧ユーゴ・ボスニアでは、民族の交換はUNHCRにとって、〝民族浄化〟に手を貸すことになるので、それはできなかった。代わりに、帰還すれば帰還民が民族的少数者になる場所でも帰還を進めた。莫大な資金を使って実施した計画は、一般に失敗だった[14]。UNHCRには、人々の資産交換や主流民族の中へ少数民族を帰還させるという経験は乏しかった。

難民帰還で重要だがわからないことは、帰還後、難民の身に起きたことである。UNHCRは帰還民の一部に援助を拡大しているものの、一般には難民条約の規定で、難民が国境を越えて自国に戻るや、彼ら難民には特別の保護や援助への資格がなくなる。しかし、この問題は見過ごされるべきではない。帰還した地には通常、職の機会がない。家や土地は不在中、誰かが所有するか、破壊され、地雷が敷設されているかもしれない。道路、学校、病院のような社会インフラは破壊されている。動員解除の元兵士の嫌がらせもある。紛争中逃亡せず、残った人々からの妬み、憤りもある。地域社会内での地位の下落で、心理的苦痛を持つこともある。その影響は、特に女性、子供、老人等の社会的弱者にふりかかる。

第二の解決法である現地統合（庇護国に永住）は、一九六〇年代、七〇年代、特にアフリカでかなり普通の解決策であった。難民は国境を越え、自分たちの民族集団の中に入りこむ。この時期、彼らの数は比較的少なく、問題にはならなかった。タンザニアのような国では、難民は村や町に定住したことで、地域の経済を押し上げた。

しかし今日、アフリカではこの解決策は、適合性がはるかに少なくなり、受け入れ国政府は難民に益々、敵意を持つようになっている。理由とされるのは、①難民数の増大と、②難民は土地や職業機会で地元民と競合し、状況を悪化させることに加え、政治・安全保障上の問題を持ち込む（難民の中に潜む武装勢力の存在）と見られたことがある。そのため、アフリカ及び他の途上国では、母国が安全になったら、帰還することを期待している。

対照的に、先進国では難民の地位が認められると通常、永住権が与えられてきた。例えばイギリスでは、難民の地位の取得後、七年で市民権が申請できる。法律的には、難民は帰還が可能な時には自国に戻ることが期待されているが、実際上、欧州では殆ど全ての難民が永久に留まっている。

第三の、第三国定住は通常、最後の恒久的解決策と見られている。難民は一般に、難民キャンプからもう一つの国へ永住する。殆どの場合、先進国である。アメリカ、オーストラリア、カナダが、大半の難民を定住させている。難民定住は、欧州では一九七〇年代、八〇年代は、かなり普通のことであった。ベトナムからのボートピープル、ピノチェト政権下のチリからの難民を受け入れている。しかし今日、前述のように難民・庇護申請者への国民の懸念がある中では、大規模な難民定住はおろか、国際的な定住割り当てでも受け入れが難しく、政治的に実行可能な選択肢の幅が狭められている。

第四の特徴は、難民問題と国内避難の関係が大きくなっていることから、難民を超えた広い視点と「人間の安全保障」概念へのつながりが見られる。冷戦後の時代、国際機関も民間団体も、国際人道援助では危機の原因と結果の双方に対し、働きかけるという見方を受け入れるようになってきた。新しく注目を集めている分野は、強制移動民に対する物理的な安全と、安全保障である。難民保護は今や、法的な庇護措置という点よりも、むしろ難民の安全保障や難民援助事業そのものとして捉えられている。[15] 安全保障は、より広範な社会的、経済的、環境的安全保障のような問題を含むと定義され、全てが「人間の安全保障」の言い回しで括られる。この見方は、難民問題を人間の安全保障の文脈の中だけでなく、より大きな強制移動の中に据える重要性を提起している。新しい点は、隣国への大量流出を促す行動は、国際的な安全保障を脅かすという認識である。イラク北部に安全地帯の設立を認めた安保理決議六八八号をはじめとして、多くの事例で安全保障理事会は、隣国の脅威を減じるべく、違反した国の領内で、保護と援助を与えている。主権を再定義するという問題は、国連にその役割を新たに考えさせるようにした。人道危機は以上のように、安全保障理事会で関心を高め、強制移動の重要性は、国際の平和と安全に深く関わるものとなった。難民やＩＤＰは現在、安全保障という視点から広く考察されている。

ＵＮＨＣＲは、引き続き庇護の重要性を維持する一方、難民の安全保障を強調する。庇護は幾分、ＵＮＨＣＲの物の見方の周辺に追いやられたように見える[16]。事態が新たな重要性を作り出し、安全保障の理論的枠組みの中に、難民保護が位置づけられている。この枠組みは、人が逃亡を強いられた時に行動を選び取る、政治的、社会的、経済的、そして環境的な不安定さという安全保障の次元である。

第五は、ＵＮＨＣＲの任務と役割の変化である。ＵＮＨＣＲは、一九九〇年代の難民帰還政策や人間の安全保障政策を進める中で、組織として著しい発展を遂げ、活動的な〝人道援助機関〟になった。ＵＮＨＣＲは、『*UNHCR Strategy towards 2000*』(Geneva, 1997)の中で、直面する主要な課題として、人々の避難移動が深刻度を増し、政治的な安全保障の他に、経済的、社会的、環境的な安全への脅威だ、と述べている。ＵＮＨＣＲは、公式に難民とされる人以外にも援助を拡大し、彼らの数は一一〇〇万人(ＵＮＨＣＲ、二〇〇五年)と述べている。内訳は、庇護申請者六七万人、無国籍者二四〇万人。そして一一〇万人が帰還し、三万人が第三国に定住し、ＩＤＰは六六〇万人であった。注意すべき点は、ＩＤＰの数はＵＮＨＣＲが援助している人数だけで、推定では同時期、世界には二四〇〇万人いるとされている。

ＵＮＨＣＲは、これまでの亡命限定の活動から、自発的帰還、後には非自発的帰還への転換、そして難民流出の国内要因への対応と活動上の焦点の移動をし、委任事項とIDP保護の論議を巻きおこした。しかしグッドウィン・ギル（Guy Goodwin-Gill）のような保守的な研究者からは、UNHCRの本質的な委任事項は、第一に庇護である法的保護であり、新しい動きは委任事項の根底からの破壊だ、と非難されている。彼ら保守主義者は、主に法律学者だが、UNHCRを国際人道分野での基本的価値を裏切る日和見主義だ、と倫理的に判断している。

それではUNHCRは、強制移動を一般に強調し、国家の政治的安全保障や社会的・経済的安定に配慮して、難民保護への関心を捨てたのであろうか。UNHCRの業務は、同機関への人道的委任事項と国連総会の数次の決議に基づいている。UNHCRは、迫害、一般的な暴力状況、紛争、あるいは大規模な人権侵害により追われた人々の避難の因果関係や、人道的ニーズが、難民のそれと類似するために、難民以外の人々への保護と福祉に関心を持ってきた。移動を強いられる人々は、現代では紛争の副産物だけではなく、相争う武装勢力の戦略的結果であり、暴力紛争の究極的意図（例えば、民族浄化）の一つでさえある。

元来、UNHCR創始時に難民という舞台状況を作ったのは冷戦という言い方をされるが、カナダの研究者、アデルマン（Howard Adelman）は、UNHCRの政策は単に冷戦の副産物ではない、と言う。[17]確かに冷戦時代は、共産圏から迫害を逃れた人々を助けるのがUNHCRの第一の仕事であり、主導権をとるアメリカによるUNHCRと難民への見方であった。しかし彼は、ナチスにより迫害され逃亡したユダヤ人を定住させねばならず、その論議が国際難民機構（IRO）の主な任務であり、それがUNHCRに引き継がれた、と言う。とすれば、UNHCRの委任事項の枠組みは、冷戦以前に定められていたことになる。

UNHCRは、国際社会の権力政治の束縛下で活動してきた。UNHCRのような人道機関は、主要国の政治的、安全保障上の利益に従属させられていると言われる。アメリカを始めとする先進国ドナーの意向は、無視できない。人道機関は、自己が正当だと思うことを常に押しとおせるわけではない。ドナーによる、二国間援助の優先、援助資金の使途の指定、人道機関の執行委員会における予算審議を通じた指導力発揮は、強力な管理手段である。資金を出す国家の意向が強く反映され、人道機関と国家は課題を分かち合い始めたとも言われる。難民受け入れで多くを負担する途上国からは、人道機関が地域の声を無視し始めたとの不満の声も聞かれる。(18)

UNHCRは今、国家の安全保障のほかに、難民、人道援助者の安全保障という文脈の中で、人間移動の一形態である、強制移動の変転する環境に、組織そのものと委任事項を適応させようとしている。UNHCRには、難民発生を真に予防する委任事項は与えられてこなかった。ただし、変化に応じてUNHCRが取り組みを変えることは、初めから組み込まれていた。

UNHCRは元々、国際政治の中から生み出されてきたものなので、人間の安全保障等への動きは、その適応の一つにすぎないのかもしれない。UNHCRが真の委任事項から変化したことを非難するのではなく、UNHCRに変化を引き起こさせた可能性の源を理解することが、まず必要だと思われる。

第六は、援助側の「調整」(coordination)の問題。難民援助での横のつながりに改善は見られず、援助活動は長いこと断片的で、かつ重複するという歴史を繰り返してきた。(19) 調整は、国連機関内、国連と他の国際機関(国際金融機関を含め)、ドナー間、国際組織と政府、NGOから、地方政府と地元の市民組織、人道機関と政治・軍事組織、人道機関と開発機関、政策立案者と現場の実施者など、組織も次元も異なる数多くのものがある。人道という〝新しい産業〟では、一般に、人道機関の活動の重複とニーズに合わない援助が重大な問題として残り、悩みとして存在している。

調整の必要性は、多くの国際機関、NGOの関係者が呪文のように唱える。調整は、資源や計画をめぐる管理を意味している。あるいは単に、関係者間での情報交換、協議、共有を指している。しかし、人道分野での調整という用語をめぐる共通の定義がない(20)ために、調整の国際的枠組みは著しく進化したものの、その評価となるとまた別の問題になっている。

国連担当官は、時に調整を「C word」という。資金、人員、計画をめぐっての官僚同士の戦いは、調整の議論で隠される。国際的な調整は、政策形成や実施の適切な法的、制度的な枠組みがないことが原因である。調整は、大多数の関係者の合意にすぎない。

人道危機の深刻化、複雑化、移り変わる主権概念、それに伴い関連する国際組織の委任事項と責任を再考する必要が出てきている。情報通信産業の目覚ましい発展で、技術的に通信手段の革新を考慮する必要もあった。事態には、かつてないほど多種多様の関係者、団体が関与を始め、人道援助と保護活動には、互いの関係を調整する必要が出てきた。以前は、活動の大半の責任は、UNHCRであった。UNHCRは、世界食糧計画(WFP)のような他の国連機関と責任を分担し、外部では国際赤十字委員会[21](ICRC)や国際移住機関(IOM)から資源を動員した。UNHCRはまた、現場で援助を与えるNGOとも提携した。

国際的な調整の主導機関は少なくとも名目上は、国連事務局の一部である人道問題調整事務所[22](the Office for the Coordination of Humanitarian Affairs, OCHA)である。これより先、国連の主導的役割を果たすために、緊急援助調整官(the Emergency Relief Coordinator, ERC)が任命された。ERCを助けるために、国連人道問題局(the UN Department of Humanitarian Affairs, DHA)が一九九二年に作られている。国連制度内の人道組織の間で、主要な調整フォーラムとなった機関間常任委員会[23](the Inter-Agency Standing Committee, IASC)も同時に作られた。ERCは、IASCの議長として指導力を発揮し、IASCは、委任事項上のギャップや制度上の権限が存在しない中で、計画を立案する責任があった。

ボスニア・ヘルツェゴビナやアフリカの大湖地域で危機が発生すると一九九七年、事務総長は国連人道問題局(DHA)をUNHCRに統合する案を示したが、WFPとUNICEFが反対。結局、DHAはOCHAと名前がつけられた。現場での仕事には、何ら変化はなかった。

人道危機の際には、一〇～一五ヵ国とEUといった、相対的に少数の国の政府が資金を拠出する。他方、国際人道組織は大きくなりすぎて、緊急事態に迅速な決定を下すために、主要なドナーからなる非公式グループの成長が見られる。[24] そして多くの国々が二国間援助を優先している。

このたびの新しい仲間は、軍人、人権、[25] 開発、[26] 政治・安全保障分野の人々である。多くの国々から軍人が活動に参加し、食糧その他の空輸や陸送、難民キャンプの設営、安全な環境を作り出すための軍事介入、平和維持活動その他に従事している。

軍人は通常、援助の直接の供与者になるべきではない（ソマリア）が、人道ニーズに応えるために、軍事的・政治的支援は必要となっている（ルワンダ、より一般には大湖地域）。軍による安全な物資供給への支援は、特に人道的緊急事態では、不可欠なことが証明されてきた。コソボ危機で、アルバニアやマケドニアに流入した難民に、NATO軍は難民キャンプ建設で高い能力を示し、事態の発生直後の対応が可能なだけでなく、技術的にも高い能力が認められた。NGOは、彼らの援助の独立性という性格の喪失や中立性での妥協を懸念して、軍隊との協力には、消極的である。NGOと軍隊では、組織のあり方とスタイルに基本的な差異がある。それが、緊張と非協力の原因となっている。軍隊は階級組織であり、一方NGOは彼らの正当性を実践するのは草の根であり、上からの押し付けはない。軍隊は厳密に定義された任務を遂行し、NGOは厳正な指針に縛られず、緊急事態で柔軟に働くことに特徴がある。人道と軍の考え方の〝文化衝突〟は、国連平和維持活動の文脈の中にさえある。そうした中で、米軍は一九九〇年代初期から、民事の活動機能が強化され、平和構築という新しい分野での能力獲得が注目され、対応策がとられてきている。

コソボ危機では、UNHCRとIOMは、情報企業と提携、マイクロソフト等のコンピュータの会社は、アルバニアで最新の難民登録制度を導入させた[27]。難民のIDカードは、自己回復の最初の重要な一歩となった。調整は、IDPをめぐり、国連機関内での調整作業と基準作りがなされ、先述のOCHAも作られている。しかし調整と基準の設定という事柄は、国連機関からばかりでなく、同様にNGOからも出ている。NGOのための「行動規範書」の公表・普及も進んでいる。アメリカ難民委員会や難民女性・子供のための女性委員会（the Women's Commission for Refugee Women and Children）は定期的に、政府、国際組織、NGOの活動を報告し、彼らが保護と援助の基準を守っているか監視している。

一九九七年以来、NGOは、人道的緊急事態の中で遵守すべき援助基準と事業の指針を明確にすることを行なってきた。スフィア・プロジェクト（the Sphere Project）はNGOの協調・調整の産物である。これは災害への援助の最低基準のほかに、人権、人道、難民法からの指針が抽出され、人道憲章として作られている。しかしその過程では、フランスの医療NGO、国境なき医師団（MSF）のように、基準の設定は、変革と活動の柔軟性を妨げる、と反対するグループもあって[28]、一様ではない。

3　研究の経緯と政策とのギャップ

人の移動は、社会科学者の主要な研究対象であり、国家や政策立案者の関心事項である。移動（移住）理論は、社会学、経済学、地理学など、多くの異なる学問分野の研究者の手で作られる一方、学問的に分断され、有力な理論的枠組みが確立されてこなかった。移動研究は、ナショナリズムの時代に発展し、大半の研究は、特定の移動、少数者の移動と結びつけられていた。

国際難民機関（IRO）、そしてその後、UNHCRに引き継がれた思想と事業の〝原型〟の中で、難民は、様々な理由で移動する他の強制移動民から、「迫害」という理由に基づき、分離されねばならなかった。他の人々にとっては、帰還は好ましい解決策であった。しかし、迫害を受けた難民は、強制的に帰還させられなかった。他方、定住は、難民の受け入れを容認する国で行なわれた。

伝統的に、難民や人道危機は、一時的なやり方で扱われる傾向があった。緊急事態で採用されたスタッフは、進んだ訓練や専門技能の開発といった機会を殆ど受けたことがなかった。強制移動民の援助に必要な専門業務の質を測る基準も、殆ど確立されなかった。多くのNGOは、自分たちのことを、業務が不確実に発生するので、緊急ニーズに応じ、計画を拡大したり縮小せねばならず、専門スタッフを大量に雇えないボランティア組織と、第一に見ていた。スタッフの雇用、訓練、維持が大きな課題であったし、今も大半はそうなっている。これは、研究者についても、同じことが言える。問題の一時性という仮定のために、現状分析か報告書以外に、分析が深まらなかった。自分の学問分野からの片手間の作業であることも多かった。

加えて研究者は、移動の過程そのものよりも、移動の決定や統合の問題に、より焦点を合わせがちである。難民キャンプでの収容の影響による、難民の心理的障害とその意味から、HIV／AIDSの流行まで、難民移動の結果を扱う、学術論文や援助機関の報告は、かなりの数にのぼる。最新のデータ、研究論文、政策は、UNHCRのウェブ・サイトで得られる。移動の始めと終わりを見る二極的アプローチでは、人々がどのように動き、彼らが通過する社会との相互の関係性、そして自らのアイデンティティとの葛藤の中で、移動経験はどのような影響を与えるかを理解することは難しい。常識と学識が入り混じれば、分析は曖昧になる。

絶えず揺れ動く、深い難民意識の構造を認識することなく、現在の事柄にとらわれ、過去と距離をおいていては、歴史を繰り返す可能性が出てくる。一時的で簡便な方法をとれば、継続的な変化を捉えることができない。結果として、過去の展開と現在の発展を理解し、未来がどのように発展するかの手がかりを得ることが限られてしまう。

難民援助を取り巻く重要な論議は、難民に援助を与えるかどうか、与えるとすれば、いつ、どのようにして、ということである。このことから、誰が難民で、誰がそうでないかという法技術的な用語上の論議を招く。大事なことは、何が難民研究で、何がそうでないかである。換言すれば、難民研究には、部分の総和という以上の、研究の全体性[29]というものがある。

難民研究の主要な問題の一つは、彼ら難民の「援助者の問題」であった。より具体的に言えば、難民が助けられる方法であった。バーバラ・ハレルボンド（Barbara E. Harrell-Bond）が研究したのは、大半の人々が難民キャンプ外に住み、国連やＮＧＯからの援助を受けていないことであった。さらに、キャンプ外の難民の方がキャンプ在住の難民より、権利や物理的安全面で、良い生活をしていた[30]ことであった。

（1） 研究の誕生と発展

難民研究はいつ始まったのか、正確には特定できない。ＵＮＨＣＲのような組織の歴史と違い、学問がいつ始まったかの特定は難しいが、過去三〇年前に成長を遂げたことだけは、確かである。

しかし、現在のように難民研究が制度的に行なわれる前にも、時期的には早く、豊かな研究が存在している。これらは、第二次世界大戦中の国際難民機関（ＩＲＯ）、そして戦後、その後継機関となるＵＮＨＣＲの関係書類のほかに、二つの世界大戦後に残された、難民キャンプの膨大な研究がある[31]。加えて、明確にそれ自身を難民研究に含めてはいないが、多くの学問分野の中に、実質的には主題として難民を扱っている文献が、広範に存在している。

難民研究は、その時代の問題に反応して進化してきた。チムニ（B.S. Chimni）は時期を四つに分けている[32]ので、それを参考にしながら、簡単に描写してみたい。

第一期(一九一四〜一九四五)

一九三九年、ブラウン(F.J. Brown)は難民問題を扱った評釈付きの文献目録に、約一〇〇本の論文を収録したが、実務問題への強い偏向が見られた。記述されたものの焦点が、二つの大戦間の特定の問題に向けられ、植民地化、土地の吸収能力など、実務的な問題に強く偏向していた。内容としては、専門技術を持つ難民(博士、科学者など)、国際連盟、政府と民間組織の活動が描写されている。

同じ三九年、アメリカで政策分野からの論考が出ている。『*the Annals of the American Academy of Political and Social Science*』が、難民についての特集号を組んでいる。二二本の論文のほぼ半分は、難民問題の可能な解決法の探求であった。論文は、国際連盟自体の行動分析から潜在的な経済利益への考慮まで幅広く、より自由な難民政策をアメリカに提言している[33]。

一九三〇年代、大恐慌と外国人嫌いの圧力の下、移民受け入れ国は、門戸を閉じた。パレスチナのアラブ人は、ユダヤ難民の避難場所として、パレスチナを使うことに反対。一九三六年の暴力事態は、一九三七年に大規模な反乱に発展した。欧州でのユダヤ難民の逃亡と他国がこれら難民の引き受けに慎重だったことが、パレスチナのアラブ人にとっては、必然的に少数者としてのユダヤ人が、パレスチナで大多数になることを意味し、おそれていた。難民問題には、新しい解決策が現われてくる。それは、民族的に一様な人口を作り出すための人口移動の代わりに、難民は個人として対処し、可能なら帰国させ、もし帰国が不可能なら、極めて厳しい条件下で定住させることであった。

第二期（一九四五～一九八二）

難民研究は、冷戦期に中心的な位置をしめた。この時期、国際難民制度の中心は、西側の利害を反映していた。難民は、現にある社会主義を糾弾する象徴的な存在であった。戦中期のＩＲＯと、ＵＮＨＣＲが扱った避難民の研究の他に、二つの世界大戦後に避難し、難民キャンプに残留した大量の人々の研究がある。後年、難民研究で盛んになるイギリスやアメリカの人類学は一九四五年、強制避難や庇護の分野では、研究はわずかな数しかなかった(34)。避難、定住の難民への影響には、殆ど注意が払われず、付随的に扱われていた。

ＩＲＯとＵＮＨＣＲの手で難民を定住させるという新しい原則は、完全に置き換えられたというわけではないが、それまで行なわれてきた大量の人々の「人口交換(35)」（population exchanges, 現在は〝民族浄化〟として知られる）という古い原則をくつがえすことから始まった。冷戦の開始で、その産物として第二次世界大戦後、祖国に戻ることができない難民から、国家の抑圧の結果である人々へと重要度が移っていった。この変化は、ＵＮＨＣＲにとって、元来の目標と区分とは矛盾しなかった。

一九五〇年、ＵＮＨＣＲが設立された直後、難民研究に焦点を合わせた最初の国際組織、「世界難民問題研究学会」（the Association for the Study of the World Refugee Problem）がリヒテンシュタインに作られた(36)。

一九七〇年代になると、難民に関わる人類学者が現われる。東南アジアでの戦火で、ベトナム、ラオス、カンボジアから難民が出てきた。最初の研究は、香港、フィリピン、タイの難民キャンプが、対象であった。その後、彼ら難民が、北アメリカ、欧州、オーストラリア、ニュージーランドに定住を始めた時、難民研究は、新しい役割を持つことになった。一九七〇年代、八〇年代初期の研究の多くは、定住国に入国した当初の影響と適応の問題を扱っていた(37)。

一九八一年には、スタイン（Barry Stein）が八〇〇本余りの文献目録を出している。実際上では分類が難しかったものの、論文の多くは政策関連のもので占められていた。分類が困難だった原因は、文献数が劇的に増えたことにあった。

一九七〇年代末、ベトナムからの難民の大量流出後、難民問題への関心の高まりで、『国際移住リビュー』(*International Migration Review, IMR*)は特別号(一九八一年)を組み、問題の分析と政策提言に多くのページをさいている。多くの点で、このIMRは研究への出発点となっている。しかし当時既に、難民への関心は、言語上の困難、職業的適応、心理的適応や機能障害といった、難民が経験する、より具体的な局面に移っていた。IMRの特別号自体には、理論面を強化するものはあまりなかったが[38]、唯一、逃亡の型と難民経験をモデル化したクンズ(Egon F. Kunz)の論文が掲載されている。IMRは、難民への関心を高め、学術成果の発表舞台として、その後も重要な場を提供している。

第三期(一九八二〜二〇〇〇)

世界の難民や強制移動民の数が何千万人にも急上昇し、その原因と結果を探る研究のため、専門の研究センター、学術誌が必要となった。国際的な研究調査には、制度的な拠点が必要となった。難民研究が急速な発展を遂げ、フォード財団の援助で英オックスフォード大学に一九八三年、「難民研究プログラム」(Refugee Studies Programme, RSP)が作られた[39]。RSPは、難民及び人道危機に関心を持つ専門家のための最初の学術プログラムである。一九八八年には同プログラムから、学際的な、世界初の難民研究学術専門誌『難民研究ジャーナル』(*Journal of Refugee Studies, JRS*)が出版され、以来今日まで、年四冊発行されている[40]。また一年遅れて『国際難民法ジャーナル』(*the International Journal of Refugee Law*)が一九八九年に出された。

一九八八年、カナダ・ヨーク大学にも「難民研究センター」(the Center for Refugee Studies)が設立された[41]。同センターは、ベトナム難民の定住への関心から出てきた。カナダ・カールトン大学のニューワース（Gerturd Neuwirth）が関連図書の収集を始めた。また「難民政策集団」（the Refugee Policy Group, RPG）がワシントンに作られた。著名な学者であるゾルバーグ（A. Zolberg）らの研究が、フォード財団によって援助された[42]。

世界中の研究者、実務者が集まって、難民政策と実施措置を検討し意見交換する、毎年開催の世界的な情報交換フォーラムとして、「難民・他の避難民についての国際研究諮問委員会」（the International Research and Advisory Panel on Refugees and Other Displaced Persons, IRAP）が、一九八九年～一九九四年に活動した。難民研究の質量の両面での拡大は、難民数の増大と、彼ら難民の〝南〟から〝北〟の先進国への移動が増えたことへの反応であった。西側先進国の〝難民封じ込め政策〟による、数多くの実施措置（庇護民の入国抑止・妨害、勾留、送還）で、一九五一年難民条約は侵害された。

一九八三年にはグラール・マッドセン（Alte Grahl-Madsen）が、各国で難民に対し、より厳しい抑止政策がとられ、国際法が時折無視されている、と述べている。おそらく、「移民・難民の締め出し策」（non-entrée）が、この初期の段階で既に始まっていた。難民研究の成長は、先述のチムニが言うように、庇護民が移動・流入した結果、西側先進国が示した懸念の表われであったかもしれない。

一九八〇年代末には既に、難民研究一般の文献目録ではなく、国・地域別の難民、定住国別の難民、難民の精神衛生などに項目が分化していたが、一九九〇年代に入ると分化は一層進み、国内避難民（ＩＤＰ）、国際難民法、難民女性、あるいはそれらを組み合わせた専門的な文献目録が現われた。この時期は一九八〇年代に続く、第二の研究発展期である。

一九九〇年代に起きたことは、難民は発展した国、途上国の双方で、同時に発生したことである。主な流出が同時に、ボスニア、コソボ、旧ソ連圏、アフリカの角、ルワンダ、イラク、アフガニスタン、東チモールで起き、その一方で、難民はモザンビーク、ナミビア、そして同年代末には、アフガニスタンとボスニアで、帰還した。さらにかなりの数の難民が、自国が所在する地域を離れ、先進国での庇護を求めて移動を始めた。第二次世界大戦末に一般に、欧州の問題として始まった難民は、今巨大な複雑さを持って、真にグローバルな現象となった。

一九九〇年代中頃から、難民研究に代わって、「強制移動民研究」に置き換えようとする動きが出現する。背景の一部には、〈庇護‐移住〉のつながりと、ＩＤＰの数の増大を懸念する、西側の政策担当者からの要請に応える、という側面も見逃せない。

強制移動研究の学位（強制移動の修士コース）がＲＳＰを含む、いくつかの大学、研究所で与えられるようになった[43]。多くの大学が難民研究の科目で、学部、大学院の双方で科目を持つ他、短期コースを持っている。世界各国で誕生した大学のコースは、法的保護と法研究を講じる所、難民に絞る所もあれば、あるいは援助供与の問題に特化する所、より広い人道問題、あるいは災害管理（ウィスコンシン大学の Disaster Management Center は、現場コースに加え、機材を使用した自己学習計画がある）と多様である。中には、実践的な訓練を与える所もある。主な大学を一部だけあげると、イギリスのサセックス（移住研究で修士コース、自発移民と強制移動民を扱う）、後は全てアメリカだがタフツ（強制移動はテーマだが主流ではなく、法律・外交のフレッチャー・スクールと組んで栄養問題を扱う。中堅専門家が対象）、コロンビア（強制移動に焦点を合わせ、公共保健の修士コース）、ジョージタウン（強制移動、人権、人道危機の修士コース）などで、多くがアンドルー・メロン財団（Andrew W. Mellon Foundation）の支援を受けていた。

一九九八年には、オックスフォード大学のＲＳＰから、研究者と実務者をつなぐ『強制移動リビュー』（*Forced Migration Review, FMR*　それ以前の *Refugee Participation Network* を一九九八年に衣がえした）が発行された。ＲＳＰはその後二〇〇〇年に、「難民研究センター」（the Refugee Studies Centre, RSC）として改組された。

強制移動研究のテーマは、国内避難民（ＩＤＰ）や人々の人身売買・密入国の手引き、軍事的な人道介入、紛争後の国家の再建が含まれることになり、強制移動は、第一に西側国家の地政学的、戦略的関心が反映されるものとなった。勿論同時に、何がしかの人道的思惑も含まれていた。

第四期（二〇〇〇〜現在）

書籍・論文の数が益々増え、二〇〇一年までに、文献目録の作成は、殆ど不可能な仕事になっていた。ＵＮＨＣＲの『*Refworld*』データベースは、旧来の難民研究と言われる分野を越えて、人権、安全保障、紛争解決、開発と環境、コミュニティ・サービスなど、関連分野を約二千本ほど載せている。ＵＮＨＣＲの難民保護は、長いこと国際、国内の難民法によく通じた法律家の分野だった。彼らは明らかに、難民認定の決定プロセスやルフールマン（迫害の待つ国へ難民を送り返すこと）の脅威から生まれる法的保護の問題に通じていた。しかし現在は益々、保護は、多種多様な強制移動民の物理的な身の安全を含むようになっている。過去と違い、難民の多くは、危険な紛争地帯にいる。強制移動民の全ての類型をカバーする、グローバル統治の新しい制度を確立する必要が出ており、そのための研究が求められ、進められている。

（２）研究の立ち位置の変化――強制移動研究の一分野としての難民研究

難民研究の分野は、強制移動の現象の重大性と同時に、二〇世紀後半、劇的に拡大した。一九八〇年代までには、人道主義に関わる事業は、既に主要な成長産業となり、世界の多くの場所を活動的な団体が支配していた。一九八〇年代まで、移民研究者の仕事と言えば、その多くは、特定の一つの社会から出て、他の社会の一部になる人々の経験の分析に焦点を合わせていた。

バーバラ・ハレルボンド（以下、バーバラ）の新時代を画する著書、『押しつけ援助』（*Imposing Aid*）が一九八六年に出版された時、コルソン（Elizabeth Colson）は、〝多くのことが起きる先触れ〟[44]の予感がした、と述べている。この書籍は、成長する国際援助計画を、現場で実際に検証した画期的な研究であった。一九八六年までは、避難の研究は〝何か〟ではあったが、まだ新しかった。同書籍は、一九八〇年代初めのスーダン南部という、特定の時期と場所の事例研究である一方、アプローチは歴史的で、本質的に比較の目を持ち、批判的であった。それまで、民族学者の大半は、難民と公式的に定義された人々に焦点を合わせてきた。彼ら難民が収容される難民キャンプを研究者が訪れ、キャンプや政府の手で造成された定住地での難民の状況を調査する、というやり方であった。他方、キャンプに入ることを避けてキャンプ外に住む〝非〟難民の状況は無視された。キャンプ内で生活する難民は、しばしば深刻な人権侵害にさらされる。彼らの移動は制限され、日々の生活は束縛され、物理的、性的暴行は、日常茶飯事である。亡命生活が長引けば、人々の時間は浪費され、子供たちは、教育や職業技術の習得が阻害される。

難民キャンプは、難民が避難して人道的解決がはかられる場所というよりも、政治的に物事が取り扱われる場所である。キャンプでは、難民の福祉は受け入れ国の責任ではなく、国際社会が責任を引き受けられるようにするための方法である。パレスチナ難民は一九四九年以来、国連パレスチナ難民救済事業機関（the United Nations Relief and Works Agency, UNRWA）の責任であった。

バーバラは、人を結び付ける手段は「社会的状態」だという。援助計画で彼女が批判したのは、被援助者が要求するものへの考慮なしに、生物としての個人の要求に限るとして定義される援助ニーズそのものであった。人が、ある種の社会状況の一員として互いに行動するとすれば、難民もまた適切に「社会的」であるように行動が期待される。しかし難民はキャンプの中で、交換とか儀式、慣習といった、社会生活の基礎を再建する資源を否定される。難民は互いに、そして受け入れ国の国民と資源の交換を必要としている。『押しつけ援助』が世に出てから三〇数年、様々な難民状況を調査した莫大な数の民族学研究があるが、人道機関の主張と成果の間には、むしろギャップがひらいている[45]。バーバラの研究以後、難民と他の強制移動民の研究は、人類学の準分野となった。『押しつけ援助』は、一九八〇年代末、そして一九九〇年代の難民研究の課題を設定した。

一九八〇年代の難民研究の隆盛はおそらく、南から北への難民の大量到着に対処する道を発見する機能を果たした[46]、と思われる。難民についての書籍の大半は、一九八五年以降に出されている。一九八〇年代、一九九〇年代、難民についての学問は深められ、救援の現場でも、かなりの制度的な発展があった。これらの制度は、政策立案者との強いつながりを作り出したが、往々にして政策に取り入れられることはなかった[47]。

難民は特に、人権の問題だが、アムネスティや他の人権団体が問題として難民を取り上げるようになったのは、一九九〇年代のことである。同時期、ＵＮＨＣＲは複雑な緊急事態の中で、存在を高め、人目を引く人道機関として現われた。ＵＮＨＣＲの難民保護という伝統的な関心事項は、国内紛争で平和維持軍が持つ新しい役割と密接に絡み合うようになった。その結果、ＵＮＨＣＲを始めとする人道援助関係者の身の安全が一番の関心事項となった。

グローバル化の下での移動の複雑さと、国境を超える意識の隆盛は、移動形態を変化させている。人々は今や、強制的とはいえ、しばしばより自由に動き、多くのアイデンティティと帰属先を持っている。研究は一九九〇年代半ば、難民研究から強制移動民研究へ転換した。強制移動というグローバルな課題に関わる学者や実務家の国際的な相互交流ネットワークを確立・強化するために「国際強制移動研究学会」（the International Association for the Study of Forced Migration, IASFM）が、「難民・他の避難民についての国際研究諮問委員会」（ＩＲＡＰ）から作り出され、IRAPを主催している。

強制移動研究の分野は、明確で厳密な法的範疇によらないため、問題が多いという誤った批判もある。しかし法的定義は、現実の被災者を包みこみもするが、同時に排除にも働くという点を忘れてはならない。

一方で見逃せない点は、強制移動研究への動きは、特に冷戦終結以後に、第三世界から西側世界への大きな〝難民流出〟の時期にあたっていることである。難民の範疇は曖昧化し、従来の範疇は、単に強制移動民の範疇の一つになった。もはや難民であることについては、何の特異性もなくなった。

(3) 変わらぬ難民研究の重要性

それでは難民研究は、もう必要ないのであろうか。答えは否である。難民研究は、十分な存在価値を持つ学際研究として現われた。理論的思考が、この研究自体と多くの学問分野を豊かにした。難民研究は、関連の文献・資料に劇的な増加がみられ、政策と研究は強いつながりがあるという特有の文脈がある。ところでカギとなる点はどうであろうか。①この研究は孤立し、非歴史的で、難民関係機関のファイルに埋もれたままの状態にあるのではないか、②分野は確立しえたか、③移民研究との違いは何か、である。

一九九〇年代、難民研究の論評が、種々の社会科学分野の専門誌、地理学、社会学、人類学の学術誌から出ている。発行場所が分散しているため、全体を網羅することは困難だが、にもかかわらず学問としての孤立化は避け得ている。(48)

移動理論はまだ未発達で、移動過程を十分に理解できているとは言いがたい。移動を概念化する上で多くの隔たり、空白があり、研究の実施と政策立案を妨げているのは事実である。しかし、難民研究に理論的支柱や用語の十分な検討がないという言い方は正しくない。クンズ(一九八一年)、ゾルバーグ(一九八九年)、リッチモンド

（Anthony H. Richmond. 一九八八年、一九九三年）などがいる。

移住研究は、ナショナリズムの時代に発展した社会科学的方法に基づいている。その時代には、移住と少数民族の管理は、国家の建設に決定的に重要だと考えられた。その結果、研究は明確に、国家を前提とし、それを踏まえたモデルになっていた。現代の研究は、グローバルな移動を包括的、かつ長期的に展望する必要がある。そのため研究は、世界中の強制移動に照準を合わせ、現代の複雑な問題についての学際研究であらねばならない。研究は、概念的枠組みを持ち、しっかりとした方法論で、研究の優先順位を決めることになる。

国際的な移住研究の多くは、欧州、北アメリカその他の先進国への移動、定住、統合に焦点を合わせている。この偏りが、送り出し社会での複雑な移動後の原因と結果を曖昧にしている[49]。移住は一般に、貧困と抑圧の産物だと見られるが、数として最も多く移住するのは、豊かとは言えないまでも極貧者ではない。問題なのは、理論的・方法論的な知識と経験的・描写的知識の間の分裂である。現在まで孤立し、分散したままの事例研究を統合すること、事実の〝再発見〟の代わりに、今ある経験的研究を統合し、利用することが必要となっている。

人類学は、難民研究から強制移動研究への転換に大きく貢献した。人類学者は、国境の存在や法律条項のために見逃されていたＩＤＰと難民の類似性を訴えてきた。両者は経験を共有するのに、待遇が互いに異なることを正当化するのは難しくなっている。

難民研究が出現し研究が盛んに行なわれたのは、冷戦の終結で〝それまでの人道主義〟が限界となり、国際難民制度が合理性を損じた時であった。難民研究は、強制移動研究と移民研究の〝隙間〟に居場所を見出しており[50]、両者の間で、締めつけられてはいるが、重要なことは過去へ戻ったり、分野の回復をすることではない。

問題はチムニの言うように、「難民研究は強制移動研究から、それ自身距離をおくべき」（ハサウェイ James C. Hathaway 2007）か、どうかではない。難民研究はこれまで一貫して、統合された研究と多くの学問の知識、方法、理論と概念を組み入れてきた。難民移動は、現代では例外的事象と描かれるが、多くの移動は何世代にもわたって作られてきたものであり、過去と現在の移動には連続性がある。連続性と非連続性を歴史的に分析し、現代の移動形態と比べることで、非連続性とその構造的原因を見つけ出すことができる。

4　強制移動の研究分野

何が、誰が、強制移動の分野の研究対象であるべきか。歴史を概観しただけでも、ローマ帝国を滅ぼした人の移動の話、新世界に強制的に連れてこられた何百万人もの奴隷貿易のアフリカ人、一九世紀及び二〇世紀初期の北アメリカ、オーストラリアへの欧州民の大量移動、そして二つの世界大戦での大量の避難民の移動、などがある。『難民研究ジャーナル』（JRS）の編集長を務めたブラック（Richard Black）によれば、一九八八年～二〇〇〇年初めまでにJRSに掲載された論文は、著者の専門が少なくとも一六の専門分野にわたり、二五〇本を超える論文が発表されている。内訳は、政治学二六、人類学二三、社会学一八、心理学一四、社会法律一四、歴史一三、国際関係一一、の順であった。[51]

研究分野の設定では、①純粋主義者（難民条約で定義された難民状況に研究を限定）、②やや広い純粋主義者（IDPを含むべき）から、③融和統合主義者（迫害される個人だけでなく、社会的・政治的環境の中で強制移動の過程を見る）までいる。

純粋、やや広い純粋の立場の違いは、国際保護が必要だと考えられる特定の種類の人々に注意を払うか否か、からきている。例えば、難民研究もIDP研究も元々、彼らの特定の状況に光をあて、権利を守り、その状況を改善すべく、国際的な政策の実施を考えるものである。強制移動の全体像を眺め、本質を捉えるためには、対象を難民だけと限らないことが必要であろう。

以下では、定義・用語、分類、制度的環境、政策への影響力について特に焦点をあてながら、強制移動研究の輪郭を描いてみる。

(1) 定義と用語

国際難民制度は、難民を定義し、彼らの権利と義務を定める一連の法律からなる。定義では、いくつかの相違点が、アフリカや南アメリカで地域的に合意されたが、世界中で広く適用されている定義がある。そして法的に拘束するわけではないが、国家が実行を期待される一連の規範がある。この制度は、いくつかの機関により実施され、監視されている。

難民の定義は、一九五一年国連難民条約（ジュネーヴ）で明確に定められ、一九六七年国連難民議定書（ニューヨーク）で修正され、最も共通に使われているが、せいぜい用語は、単に特定の時期に、特定の国際政治・経済の文脈の中で、特定の条約の中で作られた名称を表わしているにすぎない。学問的に深い意味を持つわけでもなく、説明力を欠いていると言われる。〝混沌とした概念〟と呼ぶ人もいる。

難民条約の定義は、難民逃亡の理由で「迫害」という概念を強調する。しかし今日の難民の多くは、国家による直接の迫害よりも、紛争から逃れている。彼らは暴力から逃れるのであって、必ずしも迫害ではない。彼らが依然、難民と定義される理由は、たとえ国家が直接に彼らを迫害していなくとも、市民が普遍的に持つ権利を保護したり、与えることができないことにある(52)。

庇護申請者は、国際保護の適用を求める人である。大使館や領事館のように、保護を求める国の外でも庇護を求めることは可能だが、大半は保護を求める国に到着すると、庇護を申請する。庇護申請は、難民条約の条項に沿って判断され、条項に合えば、難民の地位が与えられ、難民となる。却下された人は通常控訴し、これも却下されると国を離れる。欧州や北アメリカでは、他にいくつかの法的地位がある[53]。

難民の定義のいくつかの点では、これまでかなりの論議を呼んできた[54]。主な批判点は、以下の通りである。

①六〇年以上前に作られた。批判点は、当時は適切だったかもしれないが、現代世界の難民の現実にはもはや合わないというものである。難民条約は、国家による迫害に焦点を合わせるが、これは主として、ナチス・ドイツに迫害された人を保護するために書かれた、という。冷戦中、定義はまた、政治的意味を持ち、特に共産主義を逃れた人々に適用された。しかし今日では、難民は、特定の政治的迫害よりも、一般的な紛争の危険から逃げる国内避難民（ＩＤＰ）である。ＩＤＰは、難民よりも弱者でさえある。彼らは、難民のようには国際制度で、保護されていない。

②難民条約は、性別・性差に基づき、迫害されてきた人々（アフガニスタン・タリバーン体制下、女性やホモセックスの人々の経験）を明確にカバーしていない。また、地震や津波などの災害を逃れる人をカバーしていない。そうした逃亡は、災害を予測し、被害を和らげたり、適切な避難所と保護を与えることができなかった政治的失敗の証である。

③定義は国籍国の外にいる人々にのみ、適用される。しかし現実には、逃亡したが国を出国不可能なはるかに多くの人々がいる。

他方で、難民条約の法的な定義に、現実の問題を引き寄せて解釈できないか、という試みがある。それらの点は難民条約の検討課題にもかかわらず、以下の理由から、難民条約は支持されるべきだ、としている。

①難民条約は、保護が必要な国外にいる人々の大半をカバーしている。
②条約実行の責任を持つＵＮＨＣＲが、ＩＤＰや災害の避難民を含むために、難民の定義を実際上、拡大している。
③世界の一四五ヵ国以上が条約に署名し、今後は条約改正をしたり、新たに条約を作ることは難しい。

当初から難民研究は、用語上の難しさにつきまとわれてきた。[55]「難民」の用語は、日常会話の中で使用されてきたものの一つだが、強制的な追い立てを意味し、通常の社会、経済、文化関係の崩壊を意味し、人道的な介在が必要となることを意味する。難民は、こうした特別の経験とニーズを持つ人であり、彼らのために特別の公共政策を実施することが正当化される。

定義について論議があるのは、研究者が、難民条約の定義やＵＮＨＣＲの難民の定義や合意を採用してきたことにある。「難民」の法的定義は常に部分的であり、歴史的にも国家の政策に役立つように作られてきた、という指摘がある。そうした定義は、より深い学術的意味や説明力が不足し、ただ政策としての観点から決定されたものである。難民という、他の種類の移民との違いを包括的に理解しようとするのではなく、政策的な定義の拡大になっていることがある。研究で得られた批判的な知識と国家との関係は、定義をめぐって、常に緊張関係に立っている。

一九六九年ＯＡＵ条約では、難民の定義が地域的に拡大されたにもかかわらず、定義の問題で、学者の試みが成功しないのは、この閉塞状況を打開するのが実務者、特にＵＮＨＣＲに委ねられていることにある。実務者たちは、例えば拷問禁止条約のような国際的な人権法に救いを求め、難民の定義の不十分な点を埋め合わせ、それが「補完的な保護」(complementary protection)という考え方に至っている。(56) UNHCRと難民条約に独占され、高度に特殊化した難民保護制度は、委任事項、法的枠組み、制度といった、一群の複雑な事柄に絡めとられている。

法や倫理問題が、現実の国際政治や軍事、物質的利益と軋轢が生じた時、より高次の平等、普遍性といった倫理原則がレトリックとして使われるが、法は既に採用された立場を支えるべきだ、と解釈されている。

学術的には、難民の定義の歴史的経緯に注意を払わず、無批判に現行の定義を使用することは、ラベルに該当する人と、しない人に対して、異なる政策があることを定着化させ、難民という範疇を固定化するおそれがある。法的定義を社会科学者が安易に受容してしまえば、定義は法的に議論の余地がなくなり、正当化されてしまう。法的な定義が、難民に保護を与えるという見方を、ある種の呪術崇拝が特徴づけている、(57) とも言える。法は、社会問題への万能薬ではない。研究の独立性を求めるなら、研究の基礎で、法的定義に過度に依存するのは、注意が必要である。

難民の法的地位もまた、時間の経過や受け入れ国の政策次第で変化する。例えばボスニア人の一部の人々は、欧州で一時的保護を与えられたが、後に庇護や恒久的地位を得た。一方、他の人々は帰還するか、不法の移民とされ、待遇が異なった。法的な定義は、しばしば社会に今ある支配的な利益を現実化する知識(研究)を求め、生活を統制することを求める。

同じことは、難民関連の用語についても言える。強制移動民の種類は、相互に排他的ではない。しばしば重複する。強制移動民は同時に、あるいは関連して一つ以上の種類に属する。例えば、一人の強制移動民を表わすために様々な用語が使われる。難民のほかに、庇護民、人道的難民、無国籍者など。帰還した難民は、紛争が続いたり、地雷が未処理など、他の理由で元の家に戻れなければ、再統合が妨げられ、IDPになるかもしれない。

より一般的な用語としては、亡命者、追放者、経済難民といったものがあり、貧困、低開発、社会的排除と関連している。しかしこれらの用語の意味するところは曖昧で、重複している。いくつかの用語は、国内、国際の政策で特別の意味を持っている。

〝環境難民〟のように、用語として問題が指摘されるものもある。環境難民の議論は、難民研究の用語と強制移動の公共政策の間の境界を広げた代表例である。ワールド・ウオッチ研究所のレスター・ブラウン（Lester Brown）が一九七〇年代に環境難民について書いて以来、学者、政策立案者の注目を引く問題として、この用語は定期的に現われた。国連環境計画（UNEP）は、この用語の普及に重要な役割を果たした。同様に、〝開発難民〟（development-induced displacement）が世界銀行内からの貢献もあって、かなりの注目を集めた。

これらの事例が意味するのは、何が難民を構成するのか、概念が理論的に深められないまま、学術論文が出され、論文の多くは、避難の経験的事例に基づき、特定の避難形態に対処することに直接の関心がある政策機関に所属する研究者によって書かれたということである。学術論文に新規の用語を使うのは、政策に組み入れるための意図があるように見える。

以上を踏まえつつ、難民の用語については、次のように考えてみたい。マルキー（Liisa Malkki）は一九九五年、難民の用語は、一般化が可能な、人や状況の「種類」や「型」の特殊なラベルではなく、その中に社会経済的地位、個人的歴史、心理的・精神的な世界を含む、描写的題名としてのみ、分析上の有用さを持っている、といっている。この見方をとるなら、難民や他の強制移動民の特殊性を強調するのではなく、主流の学問分野の理論に研究を位置づけることが大事である。そうしたアプローチは、研究を知的な袋小路に入れず、社会科学の一般理論を建てるために、難民という特定の状況を使う機会を与えるかもしれない。

（2） 比較と分類

比較と分類は、社会科学の研究と政策立案の双方にとり、基本的な過程である。両者は例えば、難民とＩＤＰその他の強制移動民という具合に分けて比較する。対象がまず、移動形態で分けられ、それを基礎に説明が模索される。人の社会階層、居住期間、教育などは、後回しにされる。こうしたやり方は、強制移動とより広範な社会、経済、政治分野とのつながりを見失わせ、グローバルな社会変容の中での移動の役割が理解できなくなる。

次に決定的なのは、政策立案者の見方は、上述の項とも関連するが、法的及び政策関連の枠組みとなることである。その見方を安易に受容した研究は、しばしば分析的（例えば社会学）な分類よりも、政策的な分類で境界線が引かれる。政策的な用語を使い、分類し、分析すると、それ以外の事象、人々が見えなくなってしまう。結果として研究は、政策的に関心のある人々、援助者がそうすべきだと感じる人々が対象として選ばれる研究で終わってしまう。研究が限られてしまう理由は、その多くが、政策的な関心事と分類に枠組みづけられていることにある。政策に研究が取り込まれてしまう危うさがある。確固とした方法によらなければ、研究の信用性を失い、政策への影響力を失うことになる。

換言すれば、政策的な分類に従うと、政策立案者が理解可能な発見物を示そうとするため、調査で経験的に得られた発見物の分析が、無視されたり顧みられなくなる。政策的な分類へ過度に依存することは、研究の根本的な弱点になり得る。

強制移動、避難、難民の地位を分類の用語として過度に重視すると、認識可能な避難の形態を特別扱いする傾向があり、他が見えなくなる。アフリカでは、難民キャンプの難民に過剰なほどの焦点が当てられ、他方、数としてはより大きな「自主定住の難民」は無視されてきた。ザンビアで自主定住したアンゴラ難民を調査したベイクウェル（Oliver Bakewell）は、自主定住の難民数の方が政府が造成した定住地の難民数を勝っていたとし、いくつかの事例で、難民という分類が、UNHCRやザンビア政府が使う公式の法的定義と合わない(58)、と述べている。人々の日々の生活に、法の規制と行政が深く届く場所では、そうした定義は適切かもしれない。しかし多くのアフリカ地域では、そうしたお役所的な分類は全く意味をなさない。人々を分け、かつ結び付けるのは、生活の他の局面である。

アフリカの難民定住地での研究の多くは、自主定住の難民よりも、UNHCRの政策的視野にある人々に焦点を合わせていた。この事例では、研究者は公式的な〝難民〟の定義と官僚的分類といった制約がかけられ、難民キャンプ外の人々を見えなくする。枠外にある人は、政府の政策やUNHCR、NGOの援助計画の対象からは除外される。

同じような例は、エルサルバドルにも見出せる。一九九二年の平和協定後も暴力は継続し、避難の原因は継続していても、同国を出る人々は難民ではなく、〝自発的な〟移民とされて、研究の枠外に置かれる。伝統的に使われてきた、送り出し国対受け入れ国、南から北へのような二分法は静的な見方で、移動の複雑な性格を曖昧にしてしまう。

以上のように、単純な分類や二分法が、強制されて移動する人々を説明するために使われている。〈庇護 - 経済〉、〈一時 - 恒久〉、〈定住 - 帰還〉など、主としてお役所的で、法律的な分類からきている。こうした分類は、移動民の複雑で、入り混じった、移り変わる動機を見えなくする。多くの国々が同時に、人の出国、入国、一時通過を経験している。現代の変化するグローバルな移動という状況の中で、一時通過の移動と、その一時受け入れ国の役割の理解が十分ではない(59)。現実は、援助政策も保護政策もまだ、こうした展開には追い付いていない。

重複や強制移動の動的な要因にもかかわらず、強制移動民は、法的基準、委任事項、援助計画で決められた分類に従い、特定の場所に収容され、援助されている。この方法は、国際制度に無視されたり、国際制度の裂け目に落ち込んだ集団を〝見えやすくする〟ことには成功してきた。しかし、一つの閉じられた統一体として強制移動を見るのではなく、むしろ日々益々、重要になっている重複や曖昧部分を調べることが大事である。

（3） 知識は常に両刃

学問的な研究概念と政策概念の間の関係は、常に研究者にとって問題である。出発点は、特定の問題の確認だが、その際作り出される政策概念は、お役所的に作り出されたラベルである。ラベルは、事象の固定化を伴う。前項で見た分類とラベルを混同しないことが重要である。研究課題は、方法を決定せねばならない。政策立案者が認める特定の方法論に焦点を絞れば、調査範囲を制限する危険性がある。

現今は情報の不足というより、過剰の問題がある。しかしこれらの情報は非常に多くが、急いで編集され、繰り返しや重複が多く、研究の出資者に焦点をあわせる偏向が見られる。

研究者は、ＵＮＨＣＲにアフリカでの援助政策の改善について数多くの助言をするが、人々が暴力から逃れる時、現実に難民が何をするかの理解からは程遠い[60]。

強制移動の多くの研究は、実務者、政策立案者の事業を評価するために、彼らのニーズに基づいた研究を続けている。世界中で行なわれてきた〝自発的帰還〟は、政策志向で、実務的に可能な研究を生みだしてきた[61]。委託された研究は、方法論として科学的に強力か、こうした方法で研究を行なうのは倫理的に正しいか、研究は実際上、実現可能か、という問題がある。研究者にとり、この点は政策立案者や実務者の行動や思考に影響を与えることを意味する。学問研究は、単に政策を承認したり、正当化するのではなく、政策立案者が当然とする仮定を批判的に捉え、それらを目に見えるようにし、検討できるようにすることである。人の避難の学問的研究は、政策に適切であろうとすればするほど、学問的に合わなくなる[62]。こうした背景の中で、研究者は、研究と政策の役割を対比させることに注意深くあらねばならない。

悪いことに、学者は政策に由来する〝流行かぶれ〟の概念、問題に目を奪われる。学術論文の中に、無批判に政策概念を使用することは長いこと行なわれてきた。学術著作の中で、何が難民たる要因を構成するのかを問わず、概念的な一貫性が弱く、避難の経験的記録に基づいてしまう。そうした研究は、特定の難民危機に関し、対応を迫られた政策関連の組織の研究者の場合も多い。研究は、国家のような強力な主体により作られた仮定を確認し、正当化する傾向があり、そしてそれらが当然だとしてしまう。学者としてそうした仮定を批判的に見るのではなく、研究は暗に〝難民問題〟を作ることになる(63)。国家の安全保障への脅威の一つのカギとして、難民を位置づけることで、人間の安全保障の概念は、アフリカでの難民・避難民の安全を解決するというよりも、むしろ偽り覆い隠してしまう(64)、という声がある。

学問研究の根本的な関心は、人間の知識を加え、新しい見識と理解を与えることである。これを達成するには、研究者自身が、既存知識にどれだけの深さと拡がりを持つかにかかっている。他方、政策は政府、国際機関など、強力な主体による制度的な決定の領域である。「政策」とは、目的を達成するために組織によって採用される原則であり、組織全体の戦略に寄与する特定の目的を達成するための規則を定めることである。

政策の領域では、関係する組織が特定の種類に入る人々と、どのように相互作用するかを計画する。種類とは、特定の属性を分有すると思われる人々の集団を指している。国、国連、NGOその他の組織関係者の見方で研究が行なわれるとすれば、すぐには明らかにならない個人や家族が見えなくなる。移動により、個人や集団が異なるコミュニティでの、複雑で、非公式に行う相互作用の多くが、見えなくなる。

政策概念にあまりに接近すると、その枠外の人々を見えなくし、選ばれた個人なり集団を特別扱いすることになる。政策志向の沢山の研究が、実務機関から、特定かつ詳細な知識の要請を受けて、実務機関との緊密な提携で実施されている事実があるが、そうした研究は、地理的・空間的に限られ、時間としても一時的で、有効性が限定される傾向がある。

政策志向の一時的研究は、歴史的文脈や広範な目配りや適切な視野を欠くために、一般向けには配布されない（これを〝灰色文献〟（grey literature）という）が、このことは研究者にも他の関係機関にとっても、有用性が限られる。

他の種類の強制移動民を含むべく、難民の定義の拡大を主張する学術論文もいくつかある。しかしこれらは、難民の状況や明瞭さを包括的に理解する、より深い学問的試みというより、政策的な定義を拡大することの方に関心があるように見える。研究の中で政策的な関心が独占すると、未熟な理論で、お役所的な利益を志向した仕事になるだけでなく、政策に影響を与える目的にさえ、基本的に合わないことになる。

政府もＵＮＨＣＲもドナーも、自分たちの事業の改善を望んでいる。そしておそらく、学術調査の進展を喜ぶ。強制移動民が発生する状況や形態、ＩＤＰの権利、人の密輸と人身売買、国境を超えた組織犯罪、人道介入など、あらゆる問題が今日、対象に挙げられる。政策立案者に影響を与えたい場合、立案者が影響を持つ分野に焦点を合わせるのが普通である。ただし、調査の多くは彼らの政策や事業に批判的であり得る。それゆえ、調査への彼らからの支援は保証されない。

難民の生活世界の知識は、国家の政策に批判的なものを数多く含んでいる。研究は、押し付け援助を批判し、難民の声を聴く必要性を強調し、参加型アプローチを採用し、難民の権利（女性難民、子供難民、庇護国での難民統合、非自発的帰還、国際機関やＮＧＯの制度的欠陥を指摘など）を苦心して作り上げてきた。研究は、疑いもなく人道的な結果を生みだしてきた。これは、難民研究が誇り得ることである。

問題は、難民援助計画、情報共有、そして政策機関での実態の正確な記録と、難民・庇護民の経験を正確に記録する合意が得られてさえ、そうした活動が、政策に真の影響力を持つかどうかである。一九八〇年代以降、国家や国際機関が、難民研究の成果を機敏に取得し、選択的に利用した。研究で出された選択肢から、西側国家が政策とする「(難民の) 封じ込め策」に合うものをつまみ食いした[65]。

知識には、二つの使い道がある。社会的には、支配と解放という正反対の力が働く。歴史的に、経済学は資本主義と関連し、植民地主義は人類学と関連してきた。たとえ、研究者が、政策立案者に事情を説明し理解してもらったと期待しても、立案者側は任意に話を取捨選択し省略して、状況は忘れ去られるかもしれない。研究による発見物・成果が、どのように使われるかを知ることはむずかしい。

難民研究から強制移動研究に転換した私たちの研究だが、関連の研究者の大半はまだ、伝統的な学問分野か、政策研究に所属している。学術分野として、歴史的に意義ある地位にもかかわらず、研究の発展は上記のように、常に政策上の発展と深くつながっている。

西欧での難民認定手続きが適切ではないという文献が数多く出ているのに、実際上、欧州各国の国内政策への影響力は殆どない[66]、と言われる。しかし、いくらか進展も見られる。研究成果の増大、そして難民研究に特化したオックスフォード大学やヨーク大学の研究センターの発展で、政策立案者との緊密で重要な接触[67]が行なわれてきている。オックスフォード大学のRSP (当時) は、WFPのような国連機関と調査の契約を結んで、難民への食糧援助について一連の研究を行なった。その後、研究は直接間接に、この分野での数多くの重要な出版物につながっていった。

研究者は、厳格な学術研究を行なうことと、政策的視点からの妥当性という、二つの要請の狭間でバランスをとるべく苦闘する。しかし、提言と学問的真実は、二者択一の問題ではなく、研究の中で統合されうる。

（4）視点の解放

大量難民を管理する方法についての論議は、何年にもわたって続けられてきた。『押しつけ援助』は、先にも触れたように、バーバラが一九八〇年代初期にスーダン南部で、ウガンダから庇護を求めて国境を越えた人々の集中的なフィールドワークに基づく書籍であった。この本の強みは、信頼が崩れ、共同性の感覚が崩壊する極限的な不安定状況の中で、政府及び国際人道機関がどう働き、どう働かなかったかを注意深く収集、記録した[68]ことにある。

アフリカの何千、何万という難民は、公式の難民キャンプの外で生活し、UNHCRの援助を受けていない。「援助された人」と「援助を受けていない人」の比率を示す信頼にたる推定値は全くない。参考までに、UNHCRの統計（二〇〇七年）をあげると、アフリカの全難民二六〇万人の三〇％が援助を受けず、一方難民に関連の人々（IDP、庇護民、帰還難民）の五二％は、地域の農村に分散して住むか、難民キャンプ外の様々な場所、定住地、都市区域に住んでいる。こうした難民を見つけ出し、定義し、数えるという困難さから、「数」は、単なる推定値の域を出ない。強制的に避難させられ、かつ公式的な援助制度の枠外で、自分で生活するかなりの数の人々が存在するということである。

アフリカでは通常、彼らは国境に近い村に住み、同じ民族集団の中にいる。発見も研究も困難なのは、スーダンのハルツームやエジプトのカイロなど、都市に住む難民（urban refugees）である。キャンプ外に住む人々の存在は認識されたが、しかし、それがどのようにして発生するかの研究は、相対的に殆ど存在しない。大多数の人々がキャンプ外にいるにもかかわらず、アフリカでの強制移動の研究は、キャンプや定住地での難民の強いられた経験に集中し、不釣り合いに強調されてきた。

バーバラの批判に対し、国際人道機関側は、目的が高貴であれば、公共の厳密な調査から自分たちの行動や結果は除外されるべきだ、とした。しかしバーバラは、人道計画は経済開発の名で行なわれる計画と同じ厳しさで評価されるべきだ、とした。(69)彼女が決して忘れなかったことは、一九八〇年代初めスーダン南部で出会った難民は、多くがトラウマになる、恐ろしい経験をしていたことであった。難民を〝犠牲者〟として均質化したり、一つのやり方で全てをまかなう援助を拒否したことであった。彼ら難民は、幻滅と冷笑という状況下で、自分の生存と生活向上のために闘う様々な行為者として、アイデンティティが社会的にどう作られるかを示した。

難民・強制移動民の研究で重要なのは、心理学である。第二次世界大戦後の研究から知り得たことは、移動を強いられると、精神衛生にとって否定的な影響を、初期的・短期的にも、長期的にも受けることだった。追い立てられ、異なる土地での定住で引き起こされる精神混乱を被る特異な環境の中で、気高さや自分たちの集団内部での信頼関係を発展させるのは難しい。多くの人々が、同僚や隣人との間で、難民キャンプへの途中、既に裏切られた気持ちを持ち、到着している。彼らが、自分の知らない人々による援助の誠実さや意図を評価するのは難しい。

バーバラは、いくつかの状況下では、人々は人として愛すべき状況にはなく、難民自身が猜疑心から、与えられた環境に素直に敬意を払おうとせず振る舞うことを指摘する。彼女は、彼らがなぜそのように振る舞うかを理解する必要性を説く。この相互関係を理解することは、難民と援助側の双方に求められ、援助側の相対的な善意のみでは、難民の行動には対処できない。

援助側は、自分たちの定義と分類で、関心を持つ集団に、適切に援助を行なうという。それは、政策担当者や実務活動家が、強制移動民の状況を改善する行為者であるのを前提としている。これは危険な仮定である。強制移動民に対して、研究者が、援助計画での〝援助者 対 被援助者〟のような相互作用の〝難民問題〟に限定してしまえば、彼らの生活側面を見えなくしてしまう。福祉（助ける）という、目的があらかじめ限定されたものから、研究はどう自由になれるか。人々の社会世界の理解が、研究にとってはより重要になると思われる。

難民キャンプは好ましくないというのは、多くの関係者の間で合意が得られたように思う。キャンプや定住地は一度設営されると、制度的な生き残りのために、存続させる力を内部から生み出し、難民を長期的に滞留させてしまう。しかし問題は依然、難民だけでなく、庇護国、ドナー、その他の関係者にとって、受け入れ可能な他の選択肢があるか否かをめぐって、論議が際限なく行なわれていることである。キャンプ批判は随分語られるようになったが、自主定住（self-settlement）や現地統合のような別の選択肢についてはあまり書かれない。どのような状況なら、誰にとって自主定住が、より良い選択肢か、ということを示すこともない。残念ながら、キャンプ設営による難民の収容は、まだアフリカの多くの地域で、難民・避難民の危機への最初の反応であるように見える。[70]

難民は、キャンプ、自主定住、そして都市居住のこの三つの選択肢を組み合わせた定住戦略をとっているように見える。場合によって難民家族は、自分たちで役割分担して、若い人々は仕事で町へ行き、女性や子供はキャンプに残り、援助を受け取っている。金銭的収入や身の安全を最大限にすべく、家族全員で三つの場所を移動することも見出されている。[71]

5　国際強制移動研究の展望

現代の国際的な強制移動のプロセスは、ダイナミックで、多層的で、複雑であり、研究の上でいくつかの重要な課題がある。コリンソン（Sarah Collinson）によれば、現代の移動研究での欠点は、[72]①移動をグローバルな発展とその変化過程の不可欠な一部として捉え、分析することができていない。②移動プロセス、すなわち人々はどう動き、移動の経験はどのようなものかへ関心を向けることがない。③原因国での移動の原因と結果への注意が適切に払われていない。④移動する人々を特徴づける上で、過度に単純な分類や二分法に相変わらず依存している。⑤時間的経過で移り変わる移動プロセスの力学に、関心が払われていない。

上記に関連して述べると、強制移動は重複し、動的であるにもかかわらず、使われる基準、委任事項、そして計画実施の際には、あらかじめ決められた特定の枠に強制移動民をあてはめて分類する傾向がある。この方法は一面で、これまで無視されたり、国際難民保護制度の裂け目におちた集団を見えるようにしてきた。しかしその反面、援助も保護政策も事態に対し、一貫し持続した形で対応することはできず、事態の進展に追いついていない[73]。

分析は代わりに、移動の中での自立性、感じ方、文化要因、歴史要因、制度的制約因、移動の多段階での複雑な状況、国境を越えた状況（移住ネットワークを含む社会集団とその関係）の間の関連を重視する。ただし、この「プロセス」という考え方は、分析には重要である。理由は、人が移動を選択する時、戦略とその結果に影響を与える要因は、時の経過の中であらわれ、歴史的な流れの中で正しく検証できるからである。

移住ネットワーク論では、移動は、政治的、民族的、家族的、及び地域社会の関係に埋め込まれていることを強調する。一方、移動システム理論は、移動の動的な、社会的、文化的、経済的、制度的な要因を、送り出し国、受け取り国の双方で強調する。移住システムは、地理的に拡散したコミュニティの中で、時間と空間を超えて人を結び付けるものとして概念化される。これらは、経済に基づく抽象的なモデルとは違う。移民ネットワークやシステム・アプローチは、社会的にも時空においても、複雑な移動の力学を描くには重要であった。

経済理論の中で扱われる移動は、低開発理論とそのモデルを反映してきた。新古典派経済学に基づく理論は、送り出し国と受け取り国の間の賃金格差と雇用機会の釣り合いに向かう合理的な市場の構成要素として移動を扱った。〈プッシュ－プル〉の国際移住理論は、送り出し地域と受け取り地域の間の労働の需給の点から移動を説明する。労働移動の新しい経済理論は、家計収入の極大化ないし家計消費の削減という観点から、ミクロ段階での移動の決定に焦点を合わせている。ミクロの新古典派理論は、移動のコストと便益について、決定者が完全な知識を持つと想定するという弱点を持っている。

反対に、新マルクス主義の歴史的・構造的アプローチは、市場の中での自由で合理的な経済行為者として移動民を見るのではなく、移動を資本の発展・蓄積過程と搾取構造により決定されるとしてきた。

経済に基づく移動理論は、多少とも合理的な労働市場の中で、原子化された経済的決定者として移動民や家計を描き、均質化に焦点を合わせてきた。しかし、高度に多様で、動的な移動に対し、政治的、社会的、文化的、制度的、歴史的、経済的文脈の中から、経済的移動のみを引き出す傾向がある。結果として、このやり方は一般的に適用可能なものとはなってはいないし、誰がどこへ、なぜ移動するかの適切な説明にはなっていない。例えば〈プッシュ - プル〉論では、なぜ幾人かの人々のみが動き、他の人々が動かないのかを説明することができない。彼らは誰であるかを説明せず、他の人々が留まる時、彼らはなぜ動くのかや、いつ動くのか、どこへ、どんな仕事のためにか、を説明することができない。

国際強制移動研究で重要な位置を占めるのは、「難民研究」である。国際難民法は長いこと、難民研究の中心を占めてきた。この学問には、政治への関与を制限する実証哲学主義の伝統があった。この慣習は国際法を、客観的に解釈しうる抽象的な規則の体系として見る立場をとってきた。国際難民法のこの考え方は、大きな影響力を持っていた(74)。

しかし一九八〇年代初め以降、そして特に冷戦終結以降、難民研究が発展する中で、法の役割は益々、疑問視され、課題とされるようになった。国際法学者は時代の変化にもかかわらず、相変わらず冷戦期の国際難民法の構成上の特徴である、原則や規範に執着していた。それへの批判が二つの異なる方向から起こってきた(75)。

一つ目は、難民の生活世界からの距離の遠さである。難民の声こそ、国際難民制度の実施上の中心であるべきだというものである。この意見が正当であったため、国際難民法の主要な原則、規範は置き換えられる必要があった。二つ目は、難民法学者は、歴史的にも政治的現実とも、完全に乖離した原則を支持し、その結果、有効性と適格さを失っているとされた。例えば一九八〇年代末でさえ、グッドウィン・ギル（Goodwin-Gill）は依然、一九五一年難民条約の定義の限界に焦点を合わせていた。冷戦期の難民研究の中にあった非政治化された方法は、実践的にも理論的にも、重大な結果をもたらすため、難民法の支配的な状況の破壊が重要とされている。

その他また、冷戦期の難民の逃亡理由は、第三世界の難民の現実とは違い、個人的な迫害が原因だ、とする誤りを犯していた。一九五六年のハンガリー動乱もそうであったが、ソ連圏を逃れた人々は、単に政治的迫害というだけでなく、もっと入り混じった動機から出国したのではないのかどうかや、西欧でのより良い生活を単に求めての出国なのかどうか、を明らかにする調査は全く行なわれなかった。政治的考慮が、真実の究明に勝っていた。

国際強制移動研究には、以上のように各学問分野での研究上の長所や欠点があるが、それを踏まえた上で、さらにいくつかの重要な課題(76)に注目したい。すなわち、①国際強制移動のパターンとプロセスと、グローバル化の間の関係。②移動過程での、個々の国家と域内諸国家の役割。③ミクロ段階での、移動様式と関連する動き（生計、コミュニティの変化、国境を越えたアイデンティティの形成）。④複雑、かつ政治化された政策立案プロセス、の究明である。

この研究の目的は、強制移動の原因と結果を学際的に研究し、教えることだが、対象となる強制移動と人道研究の成果は常に、最新であり、信頼され、批判的であることが求められている。研究は同時に、歴史的に過去を見渡した、質的な研究である。今日、強制移動が起こる環境は大きく変化しているため、専門性を高める必要性が緊急に出てきている。また、研究成果を学問世界のほかに、政策立案者、実務者に広め、被災者の立場から強制移動民の経験を理解することにある。

特定の状況をミクロ、マクロで全体を俯瞰して分析を行なう、単一の方法はない。国際政治経済学、国際関係論、政治地理学、人類学、社会学、歴史学のような、地理的、歴史的、そして分野横断的な学問との連携が必要となっている。

研究は部分的には、難民自身の有用な知覚に基づいて評価が行なわれるべきであろう。〝難民問題〟の調査では、難民の持つ豊かな資源に的を絞ることは、あまり行なわれていない。実務上でも、難民に関わる人々は、難民の役割を認め、彼らが自助努力をしているものの上に、援助を行なうべきだという、広範かつ長年の合意はあるが、実態は概して、まだ達成できていない。確かに、難民への特別待遇は、他の人々の憤りを生みがちであり、難民の問題を解決するには、戦略的に同じような状況下にある他の人々を含めた、一般的な問題解決に焦点を合わせ、難民が特別待遇を受けているという感覚を生み出すことは避けねばならない。

避難という状況の中で、影響を受けるのは、貧しく、最も弱い立場の人々である。難民の力を認識する一方で、彼らの持つ資源・能力を過剰に評価しないことも大事である。

6　おわりに

人の強制移動の研究は、その性質上、地理的、学術的境界を超えて広がる。強制移動の過去と現在の力学とグローバルな相互作用の変化過程をより深く理解するためには、時間と空間を超えた全体的な進化を分析する、長期的な展望と包括的方法が必要である。それゆえ、この研究は、場所、背景、経験が異なる人々の見識と見方を必要とする。学問分野ごとに異なる理論は、方法論で独自の伝統を持つため、学問分野を越えた交流はしばしば困難だが、強制移動研究の長所は、多くの学問分野の領域を横断することである。

人の強制移動は常に、より大きな社会政治的な文化過程の中での実践、という流れの一つの局面にすぎない。冷戦が終わると、冷戦政治に束縛されることなく、南での難民発生とその一部の人々が先進国に流入したことで、難民・強制移動研究は、政策的にドナーや国際機関から奨励された。〃他者〃を変えようとする力が先進国に湧き上がり、避難民を発生させる第三世界の国々を〃変革する〃ために、欧州でのように、国内、地域内で政策が講じられた。知識は、既に見たように二重の意味で使われているので、人道的効果を持つと同時に、政府、とりわけ有力な国家の地政学に奉仕することがある[77]。多くの研究者や難民関係者が懸念していることは、研究への支援が、避難民の権利や福利の改善であるよりも、移住を制限し、経済的及び安全保障上の利益を求めるという望みが、背景にあることである。強制移動研究が、真に人道的な脈絡で勝るには、まだ長い道のりがある。

逆説的だが、研究の中心に政策的な関心をおくと、得られた成果は政策に対し、適正度を減じてしまう。政策関心に密着した研究は、思考が狭く、設定された限定的問題に、短期の回答しか出すことができない。お役所的な分類は、人々の排除を正当化し、難民を周辺化し疎外する。アフリカその他の地域で、強制移動に関心を持つ人々は、これらの分類の外に踏み出し、私たちが〃当然と思っている知識〃を今一度、検証する必要がある。政策としては妥当性を欠くが、人々の生活に変化をもたらす、極めて有用な新しい知識をもたらすかもしれない。政策的な妥当性とお役所的な分類から外れることで、政策をわき道から眺め、新しい角度から援助業務を見ることができる。

経験上の研究によれば、「自発」と「非自発」の移動の境目は曖昧で、難民は複雑な移住現象の一部である。より広い移住理論との比較は、強制移動民の状況と研究に有益と思われる。難民という用語は、人権の侵害と同義語になってきた。しかし、この侵害という言葉が固定化したならば、難民が活発に自分たちの世界を建てる存在であることを理解できなくなってしまう。難民・強制移動民を強く意識しすぎると、彼らの〝常態〟(normality)を見るのに失敗するばかりか、彼らを例外的存在にし、主流理論から排除してしまうおそれがある。難民の問題を非難民から厳格に区別してしまうと、グローバルな全体的なプロセスの中で問題を捉えられなくなる。

政策機関の研究者が、難民研究の分野の拡大に決定的な役割を果たしたという事実は、必ずしも非難すべきことではない。実際、この問題解決型のアプローチと実務者との開かれた対話は、多くの点で研究の強みである。しかしこの関係には、いくつかの危険な点がある。研究が理論的基礎を欠く、ご都合主義なものと見られたり、特定の政治組織の主張に吸収される危険性がある。こうした危険は、何も仮想の話を言っているのではなく、国内避難民(IDP)や〝開発難民〟、〝環境難民〟の多くの論考が示している。(78)

政策立案者側は、研究者により一層、政策分野での関与をするよう望んでいると見られるし、彼らは研究者に益々、基礎的な研究と深い思考に取り組むよう促すことができる。

今日、私たちが生きているのは、自由主義的な文化的・政治的な考えの進歩と改革の時代である。国家はグローバル化の中で、自分たちの競争力を維持すべく、その過程を管理することに力を注いでいる。人の移動の政策は、移動民の動機と移動力学の非常に限られた理解に基づいている。政策が意図する目的を達成できない時、より厳しい政策がとられる。政策目的と人々の生活の現実の間には、限りなくギャップが広がる。保守派は、民族の結束と忠誠を守る方策(市民権獲得のためのテスト、国境の壁の建設、入国違反者の迅速な国外追放)を要求する。他方で、現代の変化には、市民権や人権への新しいやり方が必要だという人もいる。難民を受け入れることは、社会の全ての組織に影響を与える。これらの問題は、世界中で増大する傾向にある。大学は、外国人嫌いと人種差別と闘う重要な役割を持っている。

強制移動研究は、非常に多くの事柄や種類を対象とし、難民に焦点を合わせることがなくなり、国際制度の中で存在を弱めたという見方もある。難民の中心的問題は、彼らの保護を保証する国家の中で、その構成員ではないという人々に関わる。問題は、直接に何百万人もの人々の生活に影響する政治の決定的な領域である。国境を越えた強制移動民の生活は、国家や市民権の政治概念のモデルを壊している。原因国と目的国といった単純な二分法は疑問となり、〈一時的－恒久的〉、〈通過・一時滞在－帰国〉のような言葉も曖昧になった。移動民は循環し、同時に二つ、それ以上の社会に関わっている。

この意味で、開かれ、かつ真に独立した、特定の政策ないし人道活動の学問的検証が、知識を広める上で、重要な役割を果たすと考えられる。世界中の難民・強制移動民研究者の集まりである国際強制移動研究学会（IASFM）が研究を奨励し、二〇〇〇年にはNGOの団体がスフィア・プロジェクトを作り出し、人道的救援基準を生みだしたように、基準設定の役割を果たしうる。

グローバルな移動パターンとその過程で、いくつかの根本的な変化が起きている。グローバリゼーションによる社会変化、人の移動という広範な過程に対し、強制移動の構造的原因を明らかにする知的、および現実的課題がある。政策が高い次元で真に適切さを保てるよう、批判的な理論的思考が必要となる。研究は開かれ、批判的で、発見された成果は広められる。強制移動民研究の研究分野は拡大し、活気に満ちている。

第3部　解決を迫られる緊急の課題

第4章　不可視の脆弱者
——国内避難民——

1　はじめに

人災や自然災害を避けるため、都市に流入し生活している「都市避難民」（urban internally displaced persons. その多くは途上国にいる。以下、「都市ＩＤＰｓ」と略す）は、しばしば基本的人権を否定され、物理的安全がなく、移動の自由を欠いて、不衛生な都市スラムの中で生活している。公的文書・証明書がなく、自国政府からも保護されないまま、基本的な必要物である、食料、飲料水、保健・医療、教育で困難な状況にある。生計手段が限られるため、自立は難しい。

食料は、農村の「国内避難民」（ＩＤＰ）キャンプに住む人々でも、しばしば問題となるが、彼らには地方政府や国連食糧計画（ＷＦＰ）等からの援助がある。しかし、そうした援助のない都市ＩＤＰｓには、食料入手は一層不安定になる。二〇〇五年に、国連とＮＧＯが行なった合同の調査では、スーダン・ハルツームの都市ＩＤＰｓの子供たちのうち、一日三食食べられるのは、全体の一〇％以下であった。

リベリアの首都モンロビアとその周辺には、今日何千という都市ＩＤＰｓの人々がいる。都市に、突然、巨大な人口が増えたことで、廃棄物処理が益々悪化し、衛生問題が深刻化した。ゴミの山がいたるところに見られ、健康への脅威となり、伝染病の危険が増している。また、スーダン・ハルツームでは二〇〇四年、下痢が都市ＩＤＰｓの死亡原因の第一位（死因の三七％）となっている。都市ＩＤＰｓを受け入れたキャンプでの、大まかな死亡率は、一万人につき一日一人で、緊急事態に近づいている。五七％の家族は、診療所の費用が払えなかった。(1)

国内にかなりの数の都市ＩＤＰｓを抱える国々、特にアンゴラ、リベリア、ペルー、トルコは、ＩＤＰに国内法上の原則を明確にしようとしている。多くの国々が、ＩＤＰへの保護と援助という、国連の指針・原則を認識しているにもかかわらず、しかし現実には、援助を与える資源、能力がない。政府の多くは、ＩＤＰの保護に気が進まないか、その能力に欠けている。例えば、イラク政府は、ＩＤＰを助けることは殆どないし、担当の避難・移住省は資金の慢性的不足を言い、専門知識や必要な情報も不足している。(2)

都市ＩＤＰｓを保護するということは、多くの場合守られていない。彼らの法的保護は、理論上は、国内法と援助計画で守られることになっているが、保護の程度は難民よりも著しく低い。例えば、公的文書・証明書がないことは、都市ＩＤＰｓの大きな問題である。彼らの公的文書は、緊急避難の状況下で破壊されたり、失われている。スリランカでは、二〇〇四年一二月の津波の生存者の七〇％以上が書類を喪失していた（国連人権高等弁務官事務所報告、二〇〇五年）。必要書類がなければ、保健、教育、その他の社会サービスが受けられない。ジョージアでは投票権を制限され、ネパールでは都市ＩＤＰｓの子供たちは、証明書がないために学校に登録ができない。教育を受ける権利は、世界人権宣言に謳われているが、都市ＩＤＰｓは多くの場合、国から制度上の適切な教育を与えられていない[3]。

国際機関は、政府が都市ＩＤＰｓに緊急で効果的な措置がとれるよう、助けるのが仕事である。ＵＮＨＣＲは近年、ＩＤＰの多くがキャンプには住んでいないことを公式に認めている。例えば、コートジボワールではＩＤＰの約七〇％は、都市アビジャンに住んでいる[4]。キャンプにまとまって住むのと違い、広く都市域に拡散して住む場合、国内外の保護制度、つまり援助側の人道機関には、彼らの存在が見えにくくなる。彼らは一体どの位いるのか、その数と何を必要としているのかは、不明なままである。彼らを見出し、状況の評価をすることが、一層難しくなっている。

一般に都市ＩＤＰｓの年齢、性別等の正確な情報入手は困難である。一方、彼らは多産で、人口構成は若く、女性と子供が大きな割合を占めるのが特徴である。彼らは、社会的に弱い立場にあり、法的な保護、健康、教育で特別のニーズを持っている[5]。都市ＩＤＰｓの保護理由と考えられるのは、①人数が、難民数の約二倍いるにもかかわらず、国際的な注目度ははるかに少ないこと。②平和構築、治安、開発、特に紛争後の状況で、国内の基礎固めに重要な役割を果たしうること、があげられる。この集団が自立し、社会の生産的市民になるためには、彼らの保護を行ない、長続きする解決策を見出すことが必要である。

しかし、援助側の国連組織内での役割は明確ではない。ＩＤＰに関しては、ＵＮＨＣＲが果たす役割の範囲が論議されてきた。いくつかの国連機関やＮＧＯは、ＵＮＨＣＲの広範囲にわたる関与を望まず、ＵＮＨＣＲは活動を難民のみに絞るべきだ、と主張する。ＵＮＨＣＲは、自機関と他の国連機関に対し、ドナーがＩＤＰと難民の双方に必要な資金を拠出してくれるかどうかに懸念を持っている、という。さらに、一つのパイのどの位の割合が、都市ＩＤＰｓに与えられるのかは、不明なままである。

ＵＮＨＣＲの機関としての委任事項は進化を見せてきているが、ＵＮＨＣＲは一般にこれまで、都市ＩＤＰｓ

を無視してきた。彼らに対し、ＵＮＨＣＲは率先して活動してきたわけではないが、近年、同じような状況下にある「都市難民」（urban refugees）への政策を再検討している。しかし、ＵＮＨＣＲが都市ＩＤＰｓの保護と援助をする上での能力と準備状況の点から見ると、政治的及び物理的面から極めて限られているのが現状である。

2　国内避難の指針原則と国際的対応

現代世界でＩＤＰは、おそらく脆弱者の中で最大の集団である。その中で都市ＩＤＰｓが、世界に一体どの位いるのか推定するのは殆ど不可能だが、現にある数字を総計すると、ほぼ四〇〇万人である（ＮＧＯのノルウェー難民協議会、二〇〇七年）。この集団は沈黙し、一般に無視され、避難・逃亡したものの、解決への展望が見えない。

ＵＮＨＣＲの元々の委任事項には、ＩＤＰへの明確な言及はないが、ＵＮＨＣＲとＩＤＰとの関わりは、一九七二年のスーダンでの事業に遡る。ＵＮＨＣＲに対し、ＩＤＰへの関与を認める根拠となっているのは、一九九八年一二月の国連総会決議第五三／一二五号である。それをベースにＵＮＨＣＲは、当該国の同意の下に、ＩＤＰへの人道援助と保護を与えるようになり、自身の委任事項を拡大している。ＵＮＨＣＲは、ＩＤＰについて、保護、キャンプ経営、調整、緊急避難の分野で、援助グループの先導役として関与している。

同じ一九九八年の国連総会決議第五〇号は、人権高等弁務官、緊急援助調整官、人道問題調整事務所（ＯＣＨＡ）、ＵＮＤＰ、ＵＮＩＣＥＦ、ＷＦＰ、ＷＨＯ、ＩＯＭ、ＩＣＲＣなどに対し、ＩＤＰへの保護、援助、開発を促すべく、それぞれの機関内でとりまとめの部署を設置するように要請している。国際的な注目が集まる中で、これらの国際機関は、援助を増やし、ＩＤＰの再統合、開発援助といくらかの保護を与え始めた。しかしその活動にもかかわらず、現場では、特にＩＤＰへの一貫した援助があるわけではなく、取り組みは弱いままであった[6]。

次いで二〇〇〇年、アメリカ国連大使ホルブルック（Richard Holbrooke）は、国際機関の義務、特にＩＤＰに責任を持つＵＮＨＣＲの義務を強調して、難民とＩＤＰのニーズは同じであり、ＵＮＨＣＲは強制移動民の援助に長い経験と実施能力を持つので、ＵＮＨＣＲがＩＤＰへの責任を引き受けるべきだ、と述べている。しかしＵＮＨＣＲは、そうした委任事項の拡大には抵抗している[7]。ＵＮＨＣＲの言い分は、①ＩＤＰ問題は規模が大きく、今ある機関としての能力と資源では対応できないこと。ただし、②難民とＩＤＰの間には強いつながりがあり、保護の問題が深刻化し、専門知識が必要とされる時には、労をいとわず役割を拡大して援助に関わる用意がある、ということであった。

ＩＤＰへの援助指針の設定の話は、ＵＮＨＣＲではなく、「国内避難民についての事務総長代表」（the Representative of the Secretary General on Internally Displaced Persons）により始められている。その際、このイニシアチブにより、国際人権法や人道法から引き出された「国内避難についての指針原則」（*the Guiding Principles on Internal Displacement*）は、安全保障理事会、人権理事会、ＵＮＨＣＲを含む関係国連機関、地域機構、各国政府、ＮＧＯに認められるようになってきている。人道問題調整事務所（ＯＣＨＡ）は、各機関が指針原則と合致した計画が実施できるよう、現場手引書やハンドブックを作成し、配布している[8]。

都市ＩＤＰｓが全員、保護と援助が必要なわけではは勿論ないが、現場では、都市貧民、地元民のニーズ、国家開発戦略のニーズ、全てが勘案されて、都市ＩＤＰｓへの計画は実施される。効果的な調整、当該国政府との協力、そして受益者自身との協力により、現在少なくとも世界二七ヵ国にいる何百万というＩＤＰの保護と援助が可能となると見られる。

しかし現場の状況はいささか、指針原則が想定する現実とはかけ離れているのが実情である。ＩＤＰの指針原則は、ＩＤＰを守る上での重要な法的枠組みだが、この原則は、都市ＩＤＰｓが持つ特定のニーズに十分に応えてはいない。指針原則の焦点は、農村地域のキャンプに住むＩＤＰに合わせられている。さらに同原則は、厳格な意味で、法的に国家を拘束してはいない。かくして、その間隙を埋める国家や国際援助機関の対応が、都市ＩＤＰｓの地位を守る上で、重要な課題となっている。

都市ＩＤＰｓは帰還しても、自分の家は壊れ、コミュニティが崩壊していたり、家に他人が住んでいたりと、元の生活が壊れている場合も多い。土地が利用できなければ、収入を得る見込みは殆どない。特に影響を被るのは若い人々で、教育を受ける年月や時間を失い、避難の地に同化しており、元の土地への再統合は困難な場合が多い。

都市ＩＤＰｓが、最終的に元の場所へ戻る、あるいは元の地域への帰還やその再統合が不可能な場合でさえ、今居住する都市で、不安定な状況にしておくことはできない。彼らの状況を改善し、自給が可能となるような機会やプロジェクトの実施は必要である。最も大事なのは、都市ＩＤＰｓが、彼らの法的資格や実際に得られる支援を十分に知らされることである。

3　都市にいる国内避難民（都市ＩＤＰｓ）の発生因

農村部から都市へ緊急の強制移動をひきおこす原因は、紛争である。ブリティッシュ・コロンビア大学の「人間の安全保障センター」の調査（二〇〇六年）では、一九五〇年～二〇〇五年の間、武力紛争の最も一般的な形態は国内の地域内の紛争で、社会紛争が劇的に増えている。紛争は性格が変わり、地域での争いで何百万人という国内避難の人々が発生し、一般市民が巻き添えになっている。リベリアでは二〇〇三年、反政府軍が侵攻してくるとの脅威から、首都モンロビアに大勢の人々が流れ込んだ。流入数は二〇万人にのぼり、農村のＩＤＰキャンプからの人々のほかに、農村部のリベリア人が流入した。

国際ＮＧＯ、ノルウェー難民評議会の一部である「国内避難監視グループ」（the Internal Displacement Monitoring Group. IDMC）の推定（二〇〇八年）によれば、イラクでは、ＩＤＰは二八〇万人、そのうち一六〇万人は二〇〇三年から避難生活を続けていた。彼らＩＤＰの五分の一以上が、一時しのぎの家に住み、極度の貧しさの状態にあった。一時しのぎの家が、多くの町や都市の周辺部にある。避難した人々は、元の住居から離れ、避難地で孤立し、即座に帰れる見込みもない。彼らは〝よそ者〟として、地方当局からは歓迎されていない。[9]

コロンビアの都市ＩＤＰｓは、国内にいる全ＩＤＰの半分以上を占める。戦火が都市に拡大し、数多くの避難民が殺害され、避難した人々に大きな危険が生じ、都市内での再三の避難を余儀なくされた。

都市ＩＤＰｓが発生するのは、意図的な軍事作戦の結果である。軍事行動は、地域の人々を避難させることを意図して行なわれてきた。原油埋蔵量が大量にあるスーダン南部からは、そこに住む部族であるヌエル族（Nuer）とディンカ族（Dinka）の人々が、土地から追い出された。

分離主義の動きも、都市ＩＤＰｓを生み出す。特に東欧諸国に顕著である。ジョージア国内では、アブハジア（Abkhazia）と南オセチア（South Ossetia）に分離紛争があり、何千何万という都市ＩＤＰｓが生み出された。[10]コソボでは、ＮＡＴＯの爆撃で深刻な国内避難の問題を引き起こしたが、その後国連保護軍の介入で、アルバニア系住民が帰還した。一方、セルビア系住民の多くは災禍を避けるため、都市への避難を余儀なくされた。

都市ＩＤＰｓになる動機は、性別、年齢、民族集団という枠を超えて、集団内部の人々ごとに非常に異なり、多様である。ある人は、都市での物理的な安全を求める（例えば、ウガンダの農村部のＩＤＰキャンプでは、子供が誘拐される危険がある。またウガンダに限らず、キャンプ内では、女性ゆえに暴力の危険性がある）。また何千何万という若者にとっては、農村部のＩＤＰキャンプでは、職業機会がなく、賃金労働を求めて、例えばアゼルバイジャンの首都バクーのＩＤＰになっている。彼らは一見すると、経済移民のように見える。

また〝遊牧民〟は、都市ＩＤＰｓに該当するか否かで、研究者の間で論議があり、曖昧さが残っている。例えば、これまであまり報じられていないが、ソマリアの遊牧民は旱魃の土地から避難して、何人かの人々が都市に来ている。遊牧民は移動し、定住地と言えるものがあるかどうかは議論のある所だが、しかし、今あるＩＤＰの定義は、慣習的な居住場所からの避難なので、都市ＩＤＰｓに都市避難の遊牧民を含めて考えている。そのほか、遊牧民の定住化の問題がある。多くの国々では、遊牧民を強制的に一つの場所に留めている。ある意味で、これらの人々は、土地から切り離されて国内避難の状況にある。保護のためには、論議と明確化が今後、必要に見える。

従って、武力紛争で避難したら都市ＩＤＰｓだという狭い見方では、これらの多様な集団の動機やニーズの理解は不十分になる。現に、強制的な国内避難やその後の都市人口の形成を一つの原因に絞ることは難しい。個人ごとに多くの異なる動機はあるが、彼らに共通して見られるのは、都市への移住は、自分や家族に、より良い生活となるだろう、と信じさせるいくつかの要因が存在することである。さらに、短期・長期の要因が複雑につながり、影響を与えている。国内避難の原因は、独立に働いているわけではなく、いくつかの要因の間に複雑なつながりがある(11)。

以上のように、都市ＩＤＰｓは多様であり、彼らの都市への避難を単一の理由で見ようとするのは現実的ではない。確かに、異なる個人・集団の間で、因果関係に関わる要因を比べて、その相対的な重要さを見る難しさはあるが、二、三の広いテーマと類似性を、事例ごとに分類することは可能と思われる。

4　不可視性と扱いにくさ
——偏見と正確なデータ不足——

世界中に二七〇〇万人以上いると見られるＩＤＰだが、その大半は、慢性的な避難状況のままである。その中でも、都市ＩＤＰｓと呼ばれる人々は、見出すのが非常に難しい。集団となってまとまって住み、容易に目に見える（可視性）農村キャンプのＩＤＰと違って、彼らは地域社会に混じって住み、分離不能である。彼らは通常、特定の地域に居住を制限されているわけでもなく、都市区域を横断して散在して住み、既に定着して生活している知人・縁者の家族とともに住んでいる。一般に、彼らは地域社会で生活しており、他の経済移民や地元の貧民から区別することが難しくなっている。前節で述べたように、彼らの避難状況は特に複雑で、それが内的に関連を持ち、多くの局面がある。

都市ＩＤＰｓは、しばしば特別の能力を持つが、それが見出されることもない。他方で、特別のニーズを持っているが、彼らは自分たちの身の安全面への不安から、なかなか姿を現わそうとしない。それゆえ、都市ＩＤＰｓの存在は、一般に国際メディアからは無視されている。援助関係者を含め、多くの人々が、都市に流入した人は自力で生活できるとみなしているので、[12]彼らの保護について、受け入れ国もドナー国も熱心ではなく、対応はさらに限られる。受け入れ国は、主権を持っているので、国際法との関連で、援助（介入）の問題を政治的に複雑化しがちである。ドナーや国際援助機関は、視覚的に目に見え、目標達成が可能な事業に焦点を合わせるのを望む傾向があり、都市ＩＤＰｓには殆ど注意が払われず、〝扱いにくい受益者〟（messy beneficiary）と分類されてきている。

都市ＩＤＰｓへの解決策を見出す上では、数多くの障害があるが、事態の把握にはまず正確な統計により、人数を知り、ニーズを知り、計画や予算が立てられねばならない。しかし現状は、人数はつかめず、都市に流入した彼らＩＤＰのニーズが何なのかは、正確なデータがなかったり、入手できないために、状況を悪化させている。[13]彼らは通常、地元民にさえ不十分な公共サービスに依存せざるをえない。実際、都市ＩＤＰｓの中の様々な小グループは、安全と福祉の面で、様々な課題に直面している。

以上のような要因が、都市ＩＤＰｓへの保護と援助への空白を生み出してきている。彼らの苦境は無視されてきたが、国、国際機関、市民社会の即座の関心と対応が求められている。

5　定　義
――誰が都市ＩＤＰｓか？――

都市ＩＤＰｓで問題になるのは、明確な定義がないことにある。彼らは独特の弱者集団で、研究もあまり進んでいない。既に見たように、避難原因は多岐にわたり、時間的、空間的に異なる。国ごとに異なり、国内でも異なる。逃亡過程は、単に農村から都市への一回限りの移動でもなく、都市での居住が永久的、固定的なものでもない。以前に一度以上、避難で都市へ到達したことがあり、通常その途中で、どこかに避難場所を見出している。「国内での避難民」というＩＤＰの用語は描写的であり、彼らの法的な権利は、自国の地方政府により守られているのは自明で、法的な定義ではない。生まれた子供をＩＤＰと分類することには、困難が生じる。子供は現実として、彼らの習慣的な居住場所から追い立てられていないためである。子供の保護では、重大な隙間が生まれている。さらに、国内避難はいつ終わるのか、避難民や援助者には全くわからない。[14]

歴史的には、〝都市ＩＤＰｓ〟の用語には、広範な誤用・誤解があった[15]。例えば、ラベルにある都市の語をめぐり、果たして都市が出発地となるのか、目的地かの点で、混乱があった。実際のところ、用語は、同じく都市化されて他国から戻った難民にも、逆に地方に避難した都市居住者に対しても使われてきた。またよく混同されるのは、ＩＤＰは国内に留まっているにもかかわらず、安易に〝難民〟と呼ばれることである。

元来、ＩＤＰの用語は、感情を欠いた官僚用語だ、と言われる。彼らとの関わりが一番近いと見られるＵＮＨＣＲは、迫害、一般的な暴力状況、紛争、人権の大量侵害で、避難させられた人の保護と福祉に関心を持っている。その際、国境を越えた人々は全て、国際保護を要求することができる。ただし、これらの条件は難民に関係するもので、自然災害や開発事業の結果として避難したＩＤＰは、含まれていない。とはいえ、これらの人々に注意を払う必要があるのは、逃亡の途次、差別や人権侵害にあいがちだという、重要な合意があるためである。

都市ＩＤＰｓの定義を定めることなく、論を進めることはできない。都市から農村を分析上でどう区別するか、そして通常の農村から都市への移民から、強制されて移動するＩＤＰを分析上どのように区別するかは、しばしば難しいことだが、この区別は、国や国際機関が何百万人もの都市ＩＤＰｓに、計画的で効果的な援助を与えるためには、決定的な重要事項である。

本論では、先の「指針原則」に準じて、「都市ＩＤＰｓ」は、農村以外に住む人々であり、〝武力紛争、一般的な暴力状況、人権侵害、人災、自然災害の結果、あるいはその影響を避けるため、習慣的な居住地から逃れることを強いられたが、国境を越えていない人々〟として、より広く定義する。つまり都市ＩＤＰｓとは、農村であれ都市であれ、国内であれ外国であれ、通常住んでいる所から、彼ら自身の国の都市環境へ避難させられた人々である。

6　避難移動の様々なパターン

農村部から都市部への強制避難は、時には第二次国内避難である。多くのＩＤＰは、キャンプと都市の相対的な安全性を秤にかけ、都市に行くことを決断する。ウガンダでは、推定三〇万～六〇万のＩＤＰが政府による農村の「組織的定住地」での生活に不安を感じ、カンパラ（Kampala）、マシンディ（Masindi）、ムバレ（Mbale）のような都市に移動する。彼らは、政府の行政探知網やＩＤＰ政策の枠外にある。多くの都市ＩＤＰｓは、公的な認知、保護や援助を国連機関や政府から受けていない。

ウガンダ北部の農村ＩＤＰキャンプに住む人々は、世界でも最も危険だと言われる。キャンプ内での殺人、強姦、手足の切断が、非常によく発生する。毎夕、大量の数の子供たちがキャンプを脱出する。彼らは誘拐され、子供兵士にされるのを避けて、都市へ集まる。首都カンパラやジンジャ（Jinja）は、農村のＩＤＰキャンプから逃亡・避難した、巨大な数の都市ＩＤＰｓを抱えている。人権や物理的な安全保障がない、政府のキャンプ政策への拒絶反応であるように見える。

「一時的な都市ＩＤＰｓ」は二〇〇六年に、東チモールでは普通の現象であった。当時、多くの人々は暴力を逃れて、都市部の教会や学校で一夜を過ごすためにやってきた。日中は、村へ戻った。同様に、ネパール人の多くが、一時的に都市ＩＤＰｓになっている。彼らは、村や町での安全な一夜を求めて山を下りるため、長い道のりを移動してくる。

アフガニスタン・カブールへ流入した人々の多くは、パキスタンやイランから戻った人々であり、元の村で生活を再開するよりも、首都カブール行きを決断している。アゼルバイジャンでは、急を要する暴力のおそれは農村のＩＤＰキャンプ収容者にはないが、資源の極端な欠乏、教育機会や保健サービスが、十分ではないことがある。また、職業機会が不足し、自給ができない。生計維持のため、首都バクーのような都市に、第二次移動している。同国では、ＩＤＰの半分以上が都市に住んでいる。農村での生活状況が整わず、居住が困難な中での第二次移動もまた、強制移動の形態だが、さらに強制移動民と、自発的な経済移民が重なり、複雑さを増している。この動きは、都市ＩＤＰｓの状況の下で、両者の区別を難しくしている。

しかし世界の他の地域では、都市から農村への移動という、反対の傾向を持つ所もある。セネガルのカザマンス（Casamance）の都市ＩＤＰｓは、そうした逆の第二次強制移動をしている。彼らの多くは時々、生計維持の手段として農業活動を行なうために、農地に戻る。普段は、安全のために都市に住み続けている[16]。

また場合によっては、ＩＤＰは避難した都市を離れ、第三の地へ行くかもしれない。都市で何年か過ごした後、他の都市に移動するのは、自分たちが農民のため、雇用に必要とされる技術を欠くためである。こうした人々の中には、〈農業－遊牧民〉の生活スタイルに戻ることにはあまり関心がない場合もある。特に若者に見られる。

都市への移動は、より広範な経済移民の傾向と歩調を合わせて、一般に帰還難民やＩＤＰの間でよく見られる傾向である。他の都市への移動は、自分たちのニーズに合わせていると考えられ、避難・逃亡への伝統的な解決策である自発帰還の失敗とは、別の話のように見える。今後は、避難の規模、変化する環境、ＩＤＰの移動パターン、地域の内外の政府とＮＧＯの活動の意味を調べる研究が必要であろう。

7　国内避難はいつ終わるのか
――帰還という解決の難しさ――

ＵＮＨＣＲの都市ＩＤＰｓへの解決策は、ＩＤＰを元の土地へ戻すことだが、都市ＩＤＰｓにとって一層、むずかしい解決策になっている。民族浄化が発生したいくつかの都市、例えば特に、イラク・バグダッドやその郊外では、広大な地域が社会・文化的に性格を変化させており、帰還した人々は今までとは違った、荒れ果てた、新しい環境への適応を求められている。イラクＩＤＰの中には、イラク国内を移動し、何人かは難民とみなされる。ヨルダンには、こうしたイラクからの人々の移動が続いている。現在のように、紛争が長く続き、手に負えない状況では、これらの事態は、解決策とはほど遠いことを示している。長引く紛争が終結した場合でさえ、長期の避難は、帰還と再統合の可能性を弱めることが知られている。彼ら都市ＩＤＰｓは、帰還という選択が不可能で、新しい土地に早期に適応したいという強い気持ちがある。

驚くべきことは、都市での生活は現在、様々な困難があるにもかかわらず、都市ＩＤＰｓには、帰還にためらいがみられることである(17)。大半の人々はこれまで、物理的な安全を基本的に得ているが、収入、雇用、住居、医療、教育で、深刻な問題に直面している。ＵＮＨＣＲの二〇〇九年のイラク難民・避難民の調査では、当時イラク国内の状況は好転していると一般には見られたが、かなりの数の人々が〝どのような状況の下〟でも、戻る意図がない、と述べている。しかしＵＮＨＣＲは、巨大な人数での即座の帰還を、公式的には依然、準備し続けている(18)。

都市ＩＤＰｓは、彼らの逃亡・避難という事態に対し、恒久的な解決への希望を殆ど与えられず、危険で不安定な状況に置かれてきた。援助側は、彼らへの情報は限られ、彼らの存在が見えないことから、無視し、援助機会を減らしてきた。都市ＩＤＰｓは、自分たちの状況への対処戦略を持ちニーズがあるが、これまで国内的にも国際的にも、政策対応は十分に行なわれてこなかった。

難民・避難民は、促されたり強制されたりしないなら、帰還しない、というのは誤った考え方である。ＩＤＰ

の多くは、帰宅の可能性を探っている。彼らは通常、そうすることが安全だと考えるか、他の利益に見合った時、あるいはそうするよう彼らの政治指導者に勧められた時に戻る決心をしている。[19] 彼らは以前の家、少なくとも元の土地の近隣を訪れ、治安、職業機会、医療、学校の状況について、評価をしている。多くの人が、財産の押収にあったばかりでなく、家を離れてわずか二、三年前の地域が、あまりに変わりはててわからない。何人かは、カギとなる書類（例えば、配給カード）を集めようとする。

ＵＮＨＣＲは帰還に関し、しばしば帰還作業の実施が最善、もしくは最も適切だというのを決定する最良の立場には立っていない。帰還の趨勢について、殆ど影響力は持っていない。例えばコソボでは、コソボ系アルバニア人は、自分たちが戻るのに状況は十分安全だ、と判断し、戻ったのであり、ＵＮＨＣＲが何かをしたわけではなく、ＵＮＨＣＲ自体は、難民・避難民の帰還を止めることができなかった。[20]

帰還は確かに、難民問題の解決策として著名であり、その観点からの影響が強いと見られる。しかしその措置の背景には、この解決策を推し進めるいくつかの理由とそれ特有の問題点がある。すなわち、①帰還という解決を好む国家側に、明らかな利己心があること。また、②冷戦期と違い、難民・避難民は元の場所に戻れるという、思い込みとも言える考え方があること。そしてさらに、③伝統的に長く行なわれてきた解決策ゆえに、帰還が人道的解決策として出されると、実際は状況が不適当な時でさえ、その解決策が追求されてしまうこと、がある。

確かに冷戦期のような、難民・避難民は迫害と疎外が原因で、元の場所へ戻れないという見方（exile bias）は、現代の状況では非現実的なだけでなく、非人間的だが、代わりにとられる「人権アプローチ」（今日の状況での、個々の人間の関心や社会の福祉を重視する）の場合でも、留意しなければならない点はある。[21]

アフリカでの帰還の事例では、ハレルボンド（Barbara Harrell-Bond）が言うように、現在、政府や国際機関の仮説に基づいており、政策と実施措置を検証するのに使える調査データがない。換言すれば、今行なわれている帰還は、現場での証拠に基づくというより、頭の中で考えた抽象的なものであり、その実施である。

避難民政策で帰還とされるものは、難民帰還政策がそうであるように、その事柄の中に含まれる複雑な問題を広範囲にわたって研究した成果に基づくものではなく、言ってみれば、身勝手な推測と未だ検証されていない仮定と、国家利害の合成物である。帰還の助けにならない状況であっても、この新しい概念は時として、正当化が必要なために「自然に起きる帰還」(spontaneous repatriation), safe return, imposed return などの用語が新しく作り出され、使われている。[22]「帰還」という解決策は、まだ十分に研究されておらず、理想的な解決策からは、はるかに遠い状況にあることである。

8　避難と送金行動

紛争は、避難と送金行動にどのような意味を持つのか。明らかに避難と送金の間には、未だ解決のつかない関係がある。避難という行為の中には、送金の意図はない。人は家族の収入を多様化するためではなく、避難し、生命を救うために移動する。しかし、逃亡の時は送金を計画していないかもしれないが、にもかかわらず、そうした人々は送金をしている。意図ではないにしろ、送金ということが現象として起こっている。[23]

避難民とは少し離れるが、経済移動を扱う新古典主義の移住理論も構造主義も、送金についてはあまり何も言っていない。しかし一九八〇年代、労働移動の新経済学は、移住理論の中心に送金をおいている。その中で、移住は、地元での信用貸し、保険、その他の市場の危険・制約に、個人・家族が対処し、家計の収入源を多様化するための家族戦略と理解されている。[24]

そうした中で、「生計アプローチ」は、遊牧民の移動、都市化、そして難民・避難民を含めた、多くの移動を解明するのを可能にしてきた。近年の紛争状況下での送金研究のいくつかは、この生計アプローチから出てきている。このアプローチは、避難と送金に新たな見方を提供しつつある。生計アプローチはまた、避難民の帰還後の新しい生活や統合を高める技術に焦点を合わせるべきだ[25]、と言われている。

一九九〇年代、移民研究は、視点を個人から家族へ移動し、移住を奨励し、不確かさと費用を減じ和らげる「社会ネットワーク」の役割に、焦点を合わせ始めた。移民や自国の地域社会は、情報、人、金、考えが流入し、益々つながることが明らかになった。可能にしたのは、技術の進歩、相互依存関係の進展、具体的には血族・部族・民族・コミュニティに沿った相互依存関係であり、これらの関係は、強固で、密で、人の頻繁な流出・流入に支えられて、国境を越えたコミュニティの存在を意味するようになっている。

紛争で誘発された移動は、移住と送金行動の関係が未だ不明だが、しかし状況の過酷さにもかかわらず、移住は投資と見られている。実際のところ、いくつかの状況下では、送金が期待されている[26]。送金を説明するには、重圧下の社会文化的な関係の幅広い理解が必要となっている。

9　おわりに

都市ＩＤＰｓは、彼らが都市という環境に到着すると同時に、変化と進化を続ける。彼らは、都市の中を動きまわり、自分たちの生活条件を改善し、生計の機会を得ようとする。都市ＩＤＰｓは、社会ネットワークを築き上げ、地理的に近接した所にコミュニティを作りだす。これらのいくつかはその後、政府の〝強制追い立て〟の対象になってきた。その結果、居所を失った個人や集団は、第二次移動する。彼らの状況はかくして、非常に危険で不安定である。

彼らへの都市政策を考える上でカギとなる問題は、政府とＵＮＨＣＲが提供するサービスと資源の種類に関わってくる。そして、そうしたサービスが与えられる特定の集団の範囲に関わってくる。留意しなければならない点は、資源を提供した結果と、潜在的な効果を考慮しなければならないことである。例えば、提供される援助の形が、生活上のサービスであれ定住機会の提供であれ、資源の提供は、援助の必要がない人までも引きつけてしまう〝磁石効果〟があることである。

要は、援助の視点からのみ、ニーズを考えないことである。都市ＩＤＰｓが全て、援助の必要があるわけではない。大半の人々は貧しいが、避難民が全て貧しいわけでもない。彼らの状況は、資源から物理的、社会的、経済的、財政的、そして政治的に疎外され、彼らを脆弱にしている。

中でも状況が厳しいのは、イラクである。イラクのＩＤＰの大半が、自宅への短い道のりですら、戻ることができない。イラク政府は、ＩＤＰや難民に援助することを殆どしてこなかった[27]。イラク国内、そして国外への人々の避難の規模と程度は深刻である。帰還という期待は、ＩＤＰや難民にとって、非現実的であり、人が住むのに適しない危険な旅を彼らにさせることになる。帰還という「見込み」は、政府が、土地、財産、雇用、収入、一般福祉の提供を行なうという、持続的な努力に関わっている。イラク難民・避難民を受け入れている中東地域の受け入れ諸国の〝寛大さ〟は、せいぜい短期的なものである。世界的に見て、各国政府はイラクからのＩＤＰや難民の受け入れに気乗り薄だが、定住計画は、避難民が中東で孤立し、周縁化されないために、重要な手段となっている。さもなければ、これらの避難民は、西欧等の先進国への不規則移動（不法移動）ネットワークに依頼し、目的とする国に入国するために、危険な旅を始める危険性が高まる[28]。

都市ＩＤＰｓの問題は、関心を持たれるようになって日も浅く、研究もあまり進展していないが、多岐にわたる分野を視野に入れつつ、相互の関連を踏まえて、包括的に取り組む必要がある。部分にとらわれず、研究にとって好ましくない事実は無視する、という誘惑に陥ることなく、できる限りの厳密さをもって、現実と取り組むことが必要である。

＊本章は、拙稿「不可視の脆弱者」『大東文化大学紀要』第五四号、二〇一六年三月、に加筆・修正して収録した。

第5章　都市難民の揺れ動く心と不安定な生活

——東京・新宿のビルマ人難民認定申請者——

1　はじめに

法務省によれば、二〇一一年、日本で難民認定の申請をした人は、過去最高の一八六七人。前年に比べ約一・六倍増である[1]。ただし、この数には過去に不認定となった五四〇人（約三〇％）の再申請が含まれている[2]。不認定の場合、異議の申し立てができるが、申し立て数は一七一九人。この数も、前年に比べ約二倍増である。いずれも認定制度が発足した一九八二年以降、最高の数字である。一九九〇年代まで年間の申請件数は、平均約五〇件、それが一九九六年以降は、年平均二〇〇～三〇〇件に増えてきた。

二〇一一年、申請者の出身国は多い順に、ビルマ（ミャンマー）四九一人、ネパール二五一人、トルコ（クルド）一二三四人、スリランカ二二四人、パキスタン一六九人などである[3]。申請時、短期の観光ビザなどを持つ人が一一五九人（申請者全体の約六二％）、ビザ期限切れなどで収容令書などが出された後に申請した人が、七〇八人（同約三八％）である。異議申し立て者は、ビルマ四四四人、スリランカ二三一人、トルコ二一三人、ネパール一九一人、パキスタン一四二人で、ビルマ人が全体の二五・八％を占める。

二〇一一年の認定者数は二一人、内一四人は異議申し立ての人である。認定者の出身国は、ビルマ一八人他三ヵ国で計三人。人道的理由から滞在が認められた人の数は二四八人。人道的理由を含めて日本で庇護を与えられた人の数二六九人の出身国は一八ヵ国で、うちビルマが二一四人で全体の約八〇％を占める。ビルマ人の庇護率は高いが、一般にビルマ人を含めた難民としての認定率は、全体的に低下している。

日本のビルマ人難民申請者は、圧倒的に男性が多い。単身の若者か、家族を本国に残して、まずは身が危険になった父親一人が逃げてくる。日本に船が寄港した際、走りこむ密入国者はいるが、極めて少ない。いずれかの国の難民キャンプから移動してきたという人も、筆者が関係機関・団体にインタビューした限りではいない。彼ら難民申請者の話をまとめると、日本に来たのは、①ビザが最初に出た（比較的容易）、②他の国（例えば、アメリカ）へ行くつもりだったが、経由地の日本に留め置かれている、③家族・知人が日本に逃れてきているから、などであった。

多くのビルマ人の立場は、オーバーステイ（超過滞在）か、仮放免中と不安定である。また、生活のために厳しい労働条件の下で、長時間働かねばならない。「今の仕事は危険で、もっと安全な仕事をしたいが、一人で探すのは無理。助けが必要だ」（ある難民）。

日本にビルマの人たちが沢山やってくるようになったのは、一九八八年のビルマでの大規模な民主化デモ以来のことである。日本でも、駐日ビルマ大使館員四人が、亡命を申請した。軍事政権の弾圧を逃れた人、自由を求めた人、勉学や仕事を求めて、と動機は様々である[4]。大半がブローカーに高額な金を払って、正規あるいは偽造旅券を買ってやってくる。[5]「私の場合、父がヤンゴンで働いており、ブローカーを手配してくれた。自分で選択できるような状況ではなかった」（ある難民）。彼は、当局の逮捕を免れるために、ブローカーに多額の金を支払って、旅券とビザの手配を依頼し、一九九〇年代に就学生として、日本にやって来ている。

ビルマの人たちは、日本で様々な困難に直面している。難民認定の申請、在留特別許可の取得、職場でのトラブル、医療や教育の問題などがある。難民申請者は、就労許可の有無にかかわらず、就労しなければ生きていくことができない。ただし、雇用形態は不安定である。景気低迷により、一般に外国人住民の雇用や教育の問題が、一層深刻化している。

日本では、難民申請したことで生活上の権利が生まれるわけではない。受けられる公的な財政支援も在留資格によって異なる。[6]難民認定の申請者はその結果を待つ間、大半は適法に働くことができず、生活費、住居費などで、政府による支援を受けざるを得ない。病気の際は、まず医療費を自費でまかない、後日、支援団体による払い戻しを待たねばならない。日本語学習プログラムはその多くが、難民と認定された人のみを対象としている。難民認定申請者の日本語学習機会は、非常に限られている。在留許可がないために、「仮放免」では働くこともできず、関わる団体もないこれらの人たちの中には、明らかに精神的に異常になっている人も出ている（アジア友好の家、木村妙子氏）。日本で〝不法滞在〟、〝不法就労〟の身で、入管や警察の摘発に怯えて暮らしているビルマ人たちがいる。

これまで日本には、ビルマ人が生きて行く上での確立した経済分野もなかったし、自分たちを支える文化・社会の基盤もなかった。彼らは殆ど自発的な移動ではないし、行動上の選択の幅がなかった。日本での難民申請の際にも支援は少なく、彼らはストレスにあふれていると考えられる。

現在、日本に住むビルマ人は、その殆どが二〇～四〇歳代で、一九六〇～八〇年代に生まれた人である。在日

図１　新宿のビルマ人集住地区

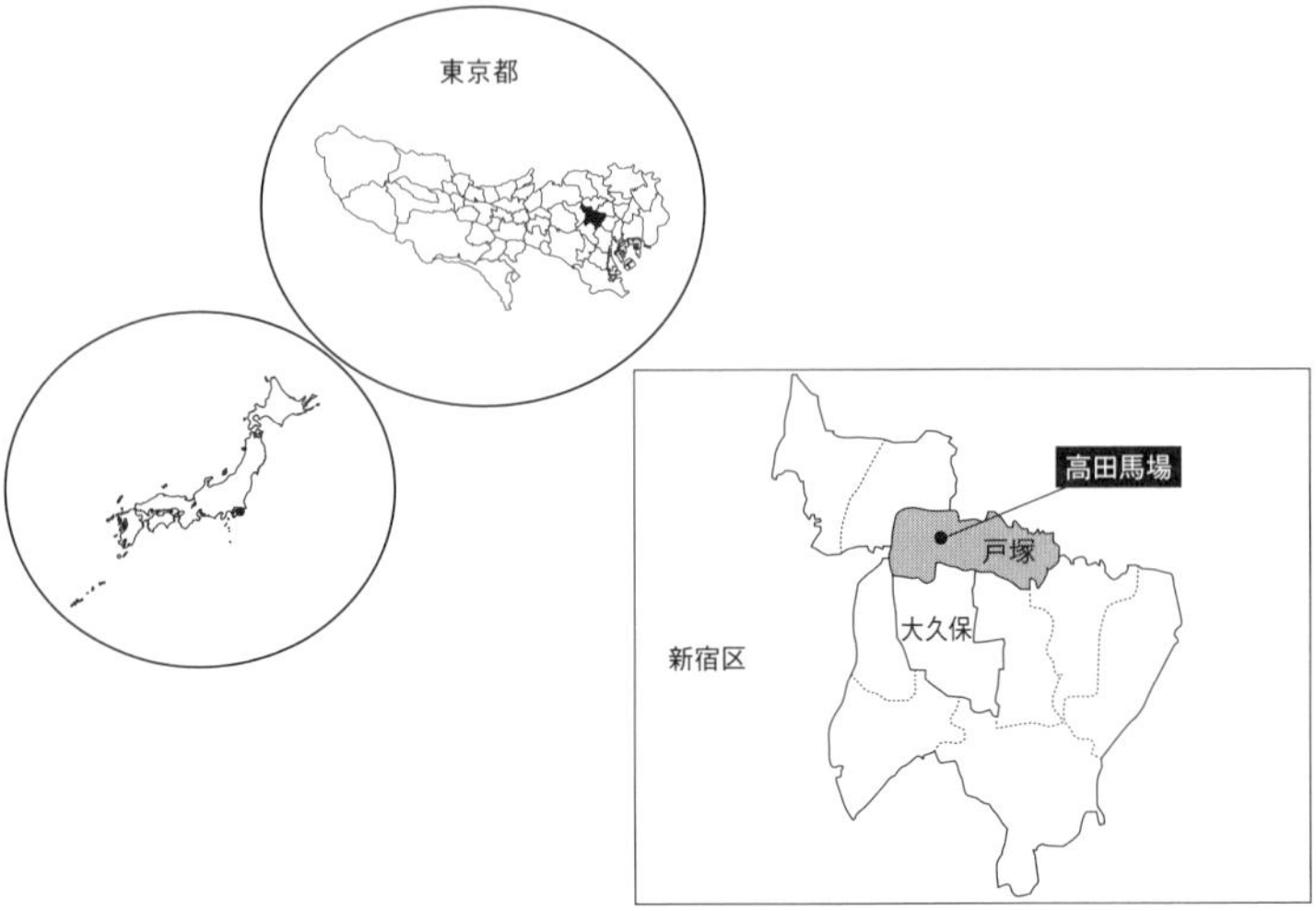

ビルマ人の外国人登録者数は、八三六六人（二〇一〇年現在）だが、実際は一万二〇〇〇人位いると、法務省は推定している。在留資格も多様である。

ビルマ人の多くは、首都圏の関東近辺に集まって住んでいる。東京に六〇％、残りは、愛知、千葉、神奈川、埼玉、静岡などに住んでいる。東京では、高田馬場、池袋、大塚、巣鴨、中野に多い。以前は、新宿区中井に多く住んでいたが、交通の便が良い、同じ新宿区の高田馬場に移った（図１）。ビルマ人は、民族ごとにコミュニティがあり、特に少数民族は結束が強く、お互いに助け合っている。現在、約三〇の在日ビルマ民主化団体があるが、民族同士の交流は少ない。

主流のビルマ族は、同じビルマ連邦に属する民族でありながら、少数民族の人々を自分たちの中に含めない。少数民族の人たちは、ビルマ族を含めて数えている。両者の間には、日本でも微妙な〝わだかまり〟がある(7)。ビルマ人とされている集団の内部にも、異なる関係が存在している。

日本での難民認定申請者の生活状況については、民間団体が自分たちの援助改善のために行なった調査報告書を除けば、殆ど研究報告がない。主に、生活面を扱った民間団体の報告書は、就労、住居、医療、教育といった項目ごとに分析が進められ、申請者の「脆弱性」の種々の原因と保護のニーズが検討されてきた。難民認定申請者の全体としての生活実態については、不明なことが多い。日本では、難民に関わる議論や分析と言えば、もっぱら法律面からの分析が多く、とりわけ認定手続きが研究対象とされてきた。彼らの在留資格や移動の自由の制限（勾禁や収容）という問題が大半を占めている。

本章の目的は、ビルマ人難民申請者の悲惨な状況により発生する問題をどうするかという視点よりも、日本で生じている彼らの生活上の変化を見出すことである。申請者の状況を、東京・新宿という場所と時間的経過の中で、彼ら申請者の生活上（ここでいう生活とは、就労経験、社会ネットワーク、コミュニティ参加、出身国の友人・家族とのつながり、長期目標、望みなど、である）の決定と行動の変化を描くことである。ビルマ人申請者の個人経験のユニークさと共通性が織りなす、彼らの複雑な社会・文化世界の一部を明らかにすることである。ビルマ難民を選んだ理由は、数として一定のまとまりがあり、目に見え、グループとして、時の経過の中で社会的に変化が見られることにある。

彼らの日本での〝不法という地位〟が、彼らの生活と選択にどのような影響を与えているのか、生活上でどんな要因が、物理的、精神的に、彼らの決定に影響しているのか、である。決定過程は、多くの要因に影響されていると考えられる。

「ビルマ人難民申請者（庇護申請者）とは誰か」という定義は、義務や責任を伴うので、政府や国際機関にとっては重要だが、本章では、多くの研究者がしているように、幅広く難民の定義をとる。日本では、他の欧米先進国ほど、難民を他の移民から区別する煩雑さは少ないが、状況面から見て、難民と移民の〝曖昧な部分〟に入る人々は存在する。時間的経過は、逃亡による出国から、日本への入国後続く〝難民になる〟期間である。

なお、ビルマ人と言っても、一般にビルマには、公式には一三五の少数民族（チン、カチン、カレン、シャンなど）がいると言われるので、必要な場合には出身民族を明記する。それ以外では、ビルマの名称を使う。

調査方法は、限定的とはいえ、実際に申請者を援助している民間団体の報告書があるので、その分析・検討を下敷きに、インタビュー調査を難民申請者のリーダーや個人、関連の民間団体、自治体、政府各省庁、国際機関の関係者と行なった。政府の決定事項その他は、該当するホームページを使用した。

2　一般的な背景

(1)　改正された入管・難民法——改善と管理

日本は一九八一年に国連難民条約に加入、翌一九八二年に同条約に基づき、従来の国内法を改正した「出入国管理及び難民認定法」（入管・難民法）により、難民認定制度が導入され、個別に難民の審査を行なってきた。日本の難民認定制度の難民の定義は、難民条約の定義をそのまま引用（入管・難民法第二条）している。認定の権限は法務大臣であるが、実際には、入国審査官が調査やインタビューを行なっている。申請手続き中は、各個人は一切の社会保障を受けられず、[8]就労も許可されないことがある。

制度が大きく変わる転機となったのは、二〇〇二年五月に中国・瀋陽での〝脱北者〟（北朝鮮難民）の日本総領事館駆け込み事件である。事件後、法改正の論議が活発化し、難民認定手続きや関連の制度改革の提言が弁護士団体からも提出された。各政党が方針を発表し、政府は同年八月、「最近の難民に関する諸問題に対処するため」として、早急に措置すべき基本事項を取りまとめている。そして、条約難民と認定された人の定住のために、生活支援も含む「難民対策について」を閣議了解し、政府内に「難民対策連絡調整会議」[9]（連絡調整会議）を設置した。[10]同会議では、条約難民への定住支援とともに、難民認定申請者への支援が決められ、その実態や外国の対応例を踏まえて、連絡調整会議で検討することが決められた。二〇〇三年一月、連絡調整会議は、認定申請者への保護措置を拡充して、緊急避難用のシェルター設置を確認し、同年一二月、外務省が難民認定申請者用の「緊急宿泊施設」（ESFRA）を開設している。

二〇〇五年三月には「入国管理基本計画」が発表され、厳しい国境管理や安全保障における懸念が認定手続きにも影響を与えた。同年五月には、前記の基本計画をもとに、改正入管・難民法が施行され、いくつかの点で改善が見られた。改善された点を要約すると、①「仮滞在」許可制度の創設。この制度は、〝不法滞在〟の難民認定申請者が対象で、条件を満たす人は、期限三ヵ月（更新可）の仮滞在許可がもらえることになった。認定手続き中は、退去強制手続きが停止される。②認定された人の法的地位の安定化。〝不法滞在者〟には、これまで別個に手続きが必要であった認定の判断と在留許可の判断を同時に行なうこととした。③難民審査参与員制度の創設。不服申し立て制度を見直し、認定が公正で、透明性を持ったものにする。

二〇〇五年の入管・難民法改正で、二〇〇六年には全国的に難民申請者の数が増加した。二〇〇八年からは申請者が、一千人を超えるようになった。

入管・難民法は、実際の施策の基本となる計画を定める重要なものだが、この法改正は、難民条約による法制定後、初の改正であり、大きな意義のあるものであった。しかし「仮滞在」の許可を得るには、複数の要件が必要であり、事実、二〇〇五年の法改正で新設された仮滞在制度は、審査に約三～四ヵ月かかり、仮滞在が不許可になった場合に仮放免の許可が出ることが多いが、結果が出るまで六～七ヵ月かかっている。また年々、仮滞在の許可率が下降し、援助関係者は事実上機能していない、という[11]。さらにまた、入国管理局の裁量で判断が変わることが多く、どのように適用されるかは不透明であるなど、課題も残った。

二〇一二年七月からは、原則三ヵ月以上の中・長期間、日本に滞在する外国人に新たな在留管理制度を導入する改正入管・難民法が成立し、外国人に関する手続きが変わることになった。これまでの外国人登録制度がなくなり、新しい在留管理制度が始まった。法務大臣が適法に在留する外国人に対し、空港等で在留カード[12]を発行するものである。

これまでの制度では、法務大臣や自治体が、外国人の在留状況、特に居住実態が十分につかめず、在留管理の点でも、各種行政サービスの提供からも問題が生じていた、と法務省は見ている。これまでの制度は、国が自治体に委託し、市町村の窓口で「外国人登録証」を発行していたが、不正な身分証として使われるケースが問題となっていた。自治体は、在留資格の有無にかかわらず、外国人登録証を交付していたため、〝不法就労〟などに利用される問題もあった。また出入国以外の情報が把握できず、滞在中の状況がわからない点が、指摘されていた。

新制度では一義的に、国が一元的に管理することで、〝不法滞在者[13]〟を減らす狙いがある。一方で、在留資格のない外国人が、人権上の配慮でこれまで認められてきた教育や医療から排除されかねないとの懸念がある。〝不法滞在者〟は、六万七〇〇〇人以上いる（二〇一二年一月一日現在、法務省）と見られる。これまでは外国人登録をもとに、子供の学習権や生存権を保障するため、義務教育や予防接種、母子手帳などの行政サービスが提供されていた。政府は「受けられるサービスは変わらない」との立場だが、今後は住民登録ができないため、自治体側が居住実態を把握できず、サービスが受けられなくなる可能性がある。居住実態が確認できれば、サービスの対象にするという自治体もあるが、住民基本台帳に記載されない以上、自治体からの通知は郵送できない。生きていかなければいけない人を見えにくくする制度と言われる。管理強化となった改正法には、気懸りな点がある。

（2）難民認定制度

難民条約には、言うまでもなく難民認定手続きの定めはない。日本で難民申請を希望する人は、法務省入国管理局に登録し、入国審査官による審査などを経て、条約難民として認定される。認定されると、「在留資格」(外国人が入国・在留の目的に応じて、入国審査官から与えられる資格)が与えられ[14]、難民認定証明書を受け取り、日本定住が許可(更新可能な一～三年の定住者の在留許可)される[15]。難民旅行文書が交付され、諸権利(健康保険への加入や、困窮時には生活保護の利用が可能。就労、就学で日本国民と同等の待遇)が与えられ、永住資格を得る許可も通常より容易(永住許可要件の一部緩和)になる。政府系の難民援助機関である「アジア福祉教育財団難民事業本部」(RHQ)は、認定者に日本語教育、生活指導、職業斡旋を含む、定住プログラムを提供している。

申請時には、入国審査官が、難民申請者に外国人登録後に申請するよう求めている。外国人登録は、各自治体が行なっているため、登録を行なったからといって、直ちに収容や退去強制を受けることはない。日本に滞在している人なら、誰でも難民申請はできる。

「短期滞在ビザ」(短期滞在の在留資格)の有効期間内に難民申請をした正規在留者の場合には、結果が出るまで、在留資格を繰り返し更新することが可能である。最近では、申請後は「特定活動」(法務大臣が個々の外国人について特に指定する活動)に在留資格が変更され、申請から六ヵ月以上経過した後には、入管局から就労許可を受けることもできるようになっている。

問題となるのは、在留資格が切れたか、元々資格がない(不法入国)人が、難民申請した場合である。換言すれば、在留資格の有効期限がきれた超過滞在や偽造旅券での非正規入国でも難民申請は可能であるが、それらの人々は、難民申請したことで在留資格が与えられるわけではなく、在留資格のない申請者は、申請期間中は在留資格は得られず、合法的に働くこともできない。在留資格がなく、「仮滞在許可」[16]を受けていない場合、原則的には入国管理局の施設に収容されている。収容を一時的に停止するには、「仮放免」[17]の許可を受ける必要がある。

仮放免は、個々のケースごとに健康状態、収容期間その他を考慮して決定する、と法務省は説明している。仮放免のためには、保証人と保証金が必要である。認定手続きが全て終了するまでは、仮放免許可が有効である。ただし仮放免の許可は、正式な在留資格ではない[18]。許可期間中は、退去強制手続きは停止される。

ビルマ人申請者の話によれば、審査官は〝難民ではない〟という目で質問してくるので、対応が大変だという。出稼ぎ目的と疑われて、注意しないと、言葉一つで、人生の岐路に立たされてしまう、という。

日本では、申請（第一次審査）と異議申し立て（第二次審査）の審査を、法務省内の同一機関が行なっており、独立機関での審査を求める声や審査の透明性確保が言われるが、ある弁護士によれば、加えて難民審査参与員の選考を改善すべきこと（参与員が〝えらい（えらかった）〟人々で、人によっては彼らの述べる意見への修正・説得がむずかしい。参与員の意見が必ずしも判定に反映されないなど）が言われる。また、裁判官は、「迫害」の定義で、極端に狭い定義を適用しがちなこと、客観証拠をあまりに重視すること、三年で異動することが、難点だという。

難民申請は、一九八三年～九五年までは年間一〇〇名に満たなかったが、既述のように一九九六年以降、その数は大幅に増加した（**図2**）。当初は、既に日本に受け入れられたインドシナ難民が認定を求めた。しかし近年の申請者は、ビルマ、スリランカ、トルコ、ネパール、パキスタン、そして数は少ないが、アフリカ出身者も目立つようになってきている。

空港での申請は、以前は少なかった。申請自体が受け付けてもらえず、申請者の所在が不明、「逃亡の怖れ」ということで不許可にされた[19]。認定を却下された人々は、単なる不法滞在者として入国管理局の収容施設に収容され、帰国に同意することを繰り返し迫られていた。

認定までの期間を制限する規定はないが、申請後、認定結果が出るまでの平均期間は、二年以上で、再申請や裁判所での審理を含めると、何年もかかることがあり、長期化している。長期化は、申請者に多大な精神的負担

図２　ビルマ人難民認定申請者数と認定者・人道的理由による庇護者数

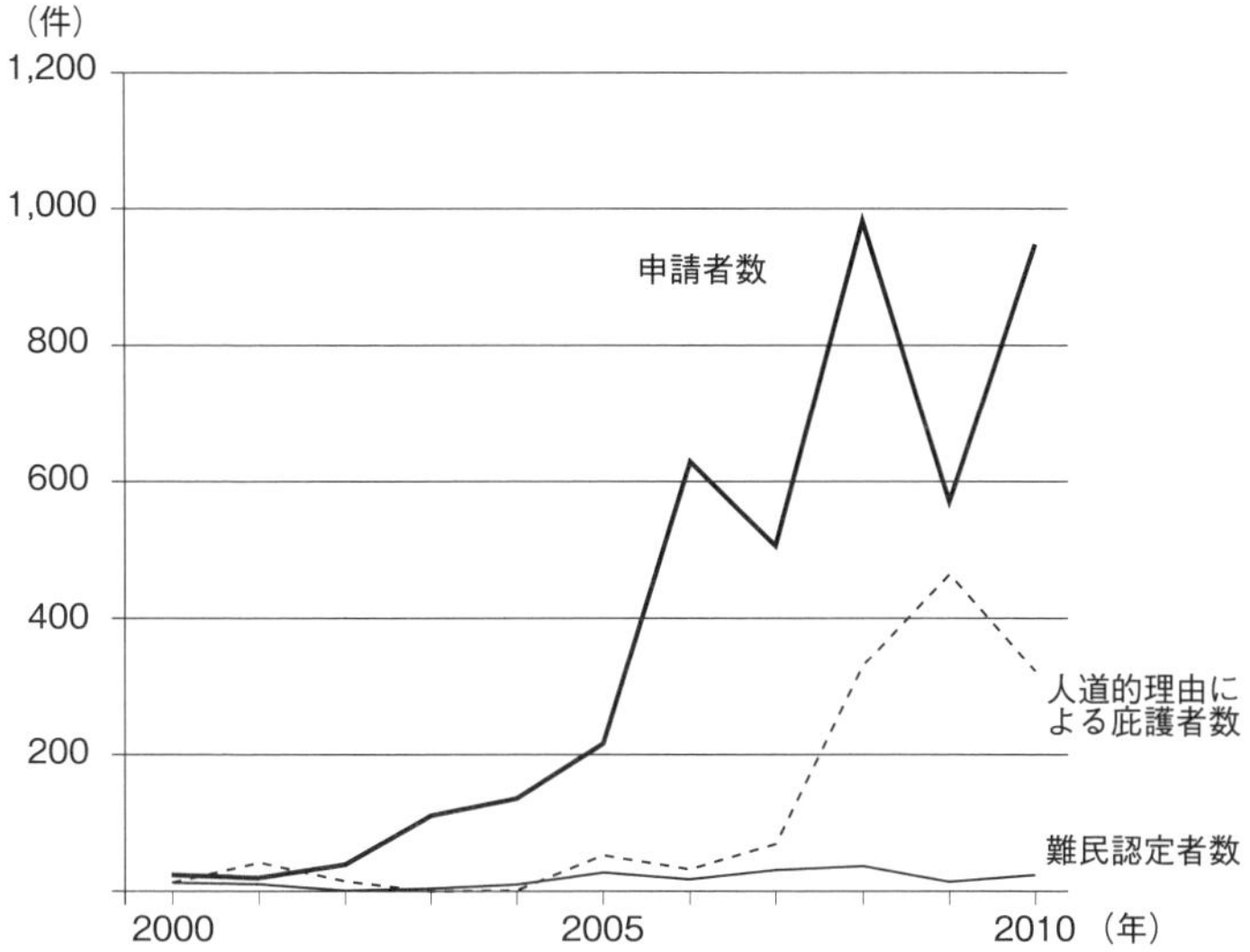

（出所）法務省「難民認定者数等について」，及び UNHCR 統計

を課し、その間の限定的な支援や不安定な地位とあいまって、申請者は最低限の生活の維持もままならない。あるＮＧＯ関係者は、二〇〇九年後半以降、申請者の収容が増えたため、収容施設への訪問相談を強化した、と述べている。

一方、法務省は、認定手続きの迅速化（六ヵ月を標準処理期間）とし、さらに審査の透明性を高めるために、二〇一〇年七月から四半期ごとに平均処理（審査）期間を公表することにした。同時に法務省は、「入国者収容者等視察委員会」を設置し、運営の改善を図る動きがある。しかし、審査の迅速化は一方で、異議申し立て者の増加につながり、期間の長期化という問題も生み出している。

二〇〇五年以降は、認定者数は四〇人前後で推移している。二〇〇七年になると、ビルマ出身者への難民認定と「人道配慮による庇護」の人数が急増する。二〇〇八年からは一層、人道配慮による許可で「在留特別許可[20]」の人の数が激増する。ビルマ難民への入管の対応は、ヤンゴンでの二〇〇七年の民主化デモの際、日本人ジャーナリストが死亡した時から変化した（収容者救援のあるボランティア）、という。ビルマ人への規制は緩やかになり、難民認定がすぐに出ないケースでも、審査過程で主張すれば、人道配慮の許可が出た（アジア友好の家、木村妙子氏）、という。一説には、入管の側に、異議申し立てで裁判を起こされる前に、早く在留資格をあげてしまおうという考えがあったという。

日本では、ビルマ人、中国人の認定率が高く、中国人は法輪功の人々に庇護が与えられている。認定数の伸びなやみに比べ、人道配慮での許可数の突出が特徴である。アフリカ人の認定率は低く、エチオピアやエリトリアなど一部の人が認定される程度である。バングラデシュ出身の難民申請者は、申請の通りやすいビルマ人をしきりにうらやましがっていた（あるビルマ難民）、という。

ビルマ人の認定率の高まりとともに、ビルマ関連の訴訟件数が減少し、二〇〇七年秋以降、ビルマ人は弁護士に相談に来なくなった[21]、という。

3　生活の展開

(1)　新宿という場

法務省の国籍別外国人登録者を見ると、日本在住のビルマ人は、総数八三六六人[22]（二〇一〇年）。東京の五一六三人（全国の六一・七％）を筆頭に、愛知四七三人、千葉四〇五人、神奈川三九〇人、埼玉三一四人……と続く。二〇一〇年末の外国人登録者は、二一三万四一五一人だったので、外国人を除く日本人の総人口一億二五八二万人（二〇一〇年一〇月）の約〇・〇二％、ごくわずかの数字である。同じ法務省の統計（二〇一一年一月）では、年度は異なるが、〝不法残留者数〟は六万七〇六五人、上から多い順に韓国、中国、フィリピンと続くが、人数的

図3　東京3区のビルマ人外国人登録人口推移

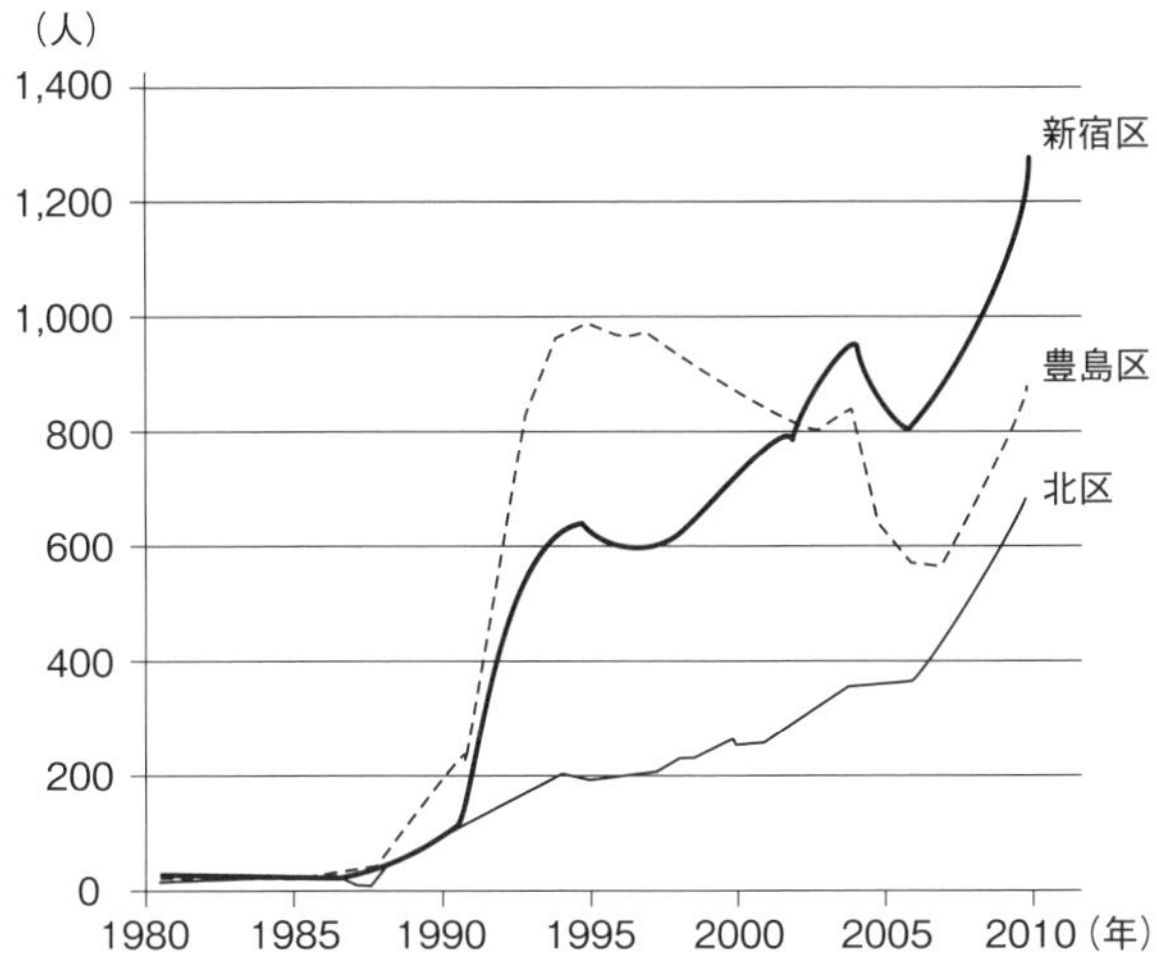

（出所）東京都総務局統計部 HP「昭和54年からの外国人登録人口」

に少ないためか、ビルマは出てこない。不法残留では、正規に短期滞在していたが、その後、期限超過となった人が、六九・九％を占める。

東京都に住むビルマ人は、法務省と東京都の統計の取り方に違いがあり、数も若干異なるが、二〇一〇年、総数五一七四人、そのうち東京二三区に四九二六人、他の市部が二四七人である。圧倒的に都心の二三区に住んでいる人が多い。多い順に、新宿区一一二八人、豊島区九三三人、北区六六八人[23]となっている（**図3**）。

新宿区は、日本全国、東京都、その特別二三区のいずれにおいても、ビルマ人に限らず、外国人比率の増加が著しい（**図4**）。比率の上昇は、日本人が相対的に低い人口増加率なのに比べ、外国人の高い増加率がある。同区では、外国人登録人口は過去三〇年、増加傾向にある。人口三二万人の一一％が外国人である。主な要因は、一九八〇年代後半の外国人流入があげられる。特に、一九八五年〜一九九〇年に大きく増加した。流入したのは、歓楽街の歌舞伎町で働く外国人従業員で、彼らは職場に徒歩で通える、すぐ裏手の大久保に住むようになった。

図 4　新宿区のビルマ人外国人登録人口の推移（1990 年〜2011 年）

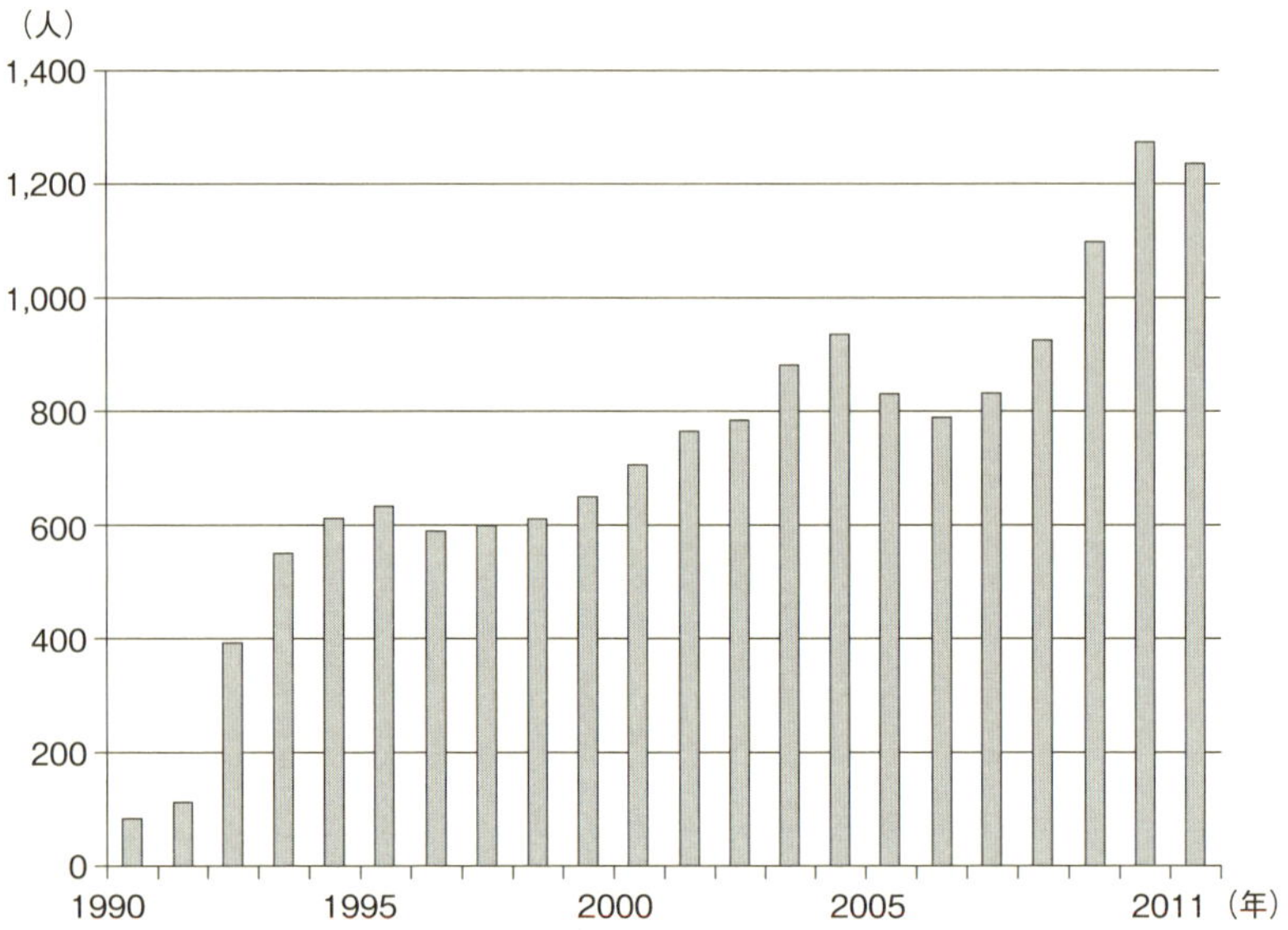

（出所）新宿区新宿自治創造研究所『研究所レポート 2011』，2011 年

新宿区内の外国人登録では、ビルマ人は韓国・朝鮮人、中国人に次いで第三位、一一五三人[24]（二〇一二年一月一日現在）である。新宿区では、一九八〇年に一一人だったビルマ人が、一九九〇年代前半から急増、二〇〇五年から一旦減少するが[25]、その後、入管法改正を受けて二〇〇七年以降、再び増加した。一九九〇年〜一九九二年の増加は、一九八八年のビルマ軍部の政権掌握で民主活動家や少数民族出身者が国外に逃れたことがある。二〇〇八年〜二〇〇九年の伸びは、二〇〇七年の首都での大規模デモ発生で、難民申請するビルマ人が増えたのと時期的に対応する。新宿区のビルマ人口は、日本の出入国管理制度や難民認定制度、そしてビルマの政治状況に大きく左右されている。

新宿区の推定（二〇一〇年）では、ビルマ人の約六〇％の人が難民と見られる、「特定活動」[26]に三七三人が就いており、その他二六六人、定住者一四八人となっている[27]（**図 5**）。難民認定の際には、外国人登録が求められるので、この数字が実際に申請を

図5　新宿区におけるビルマ人の在留資格別人口の推移（2010年）

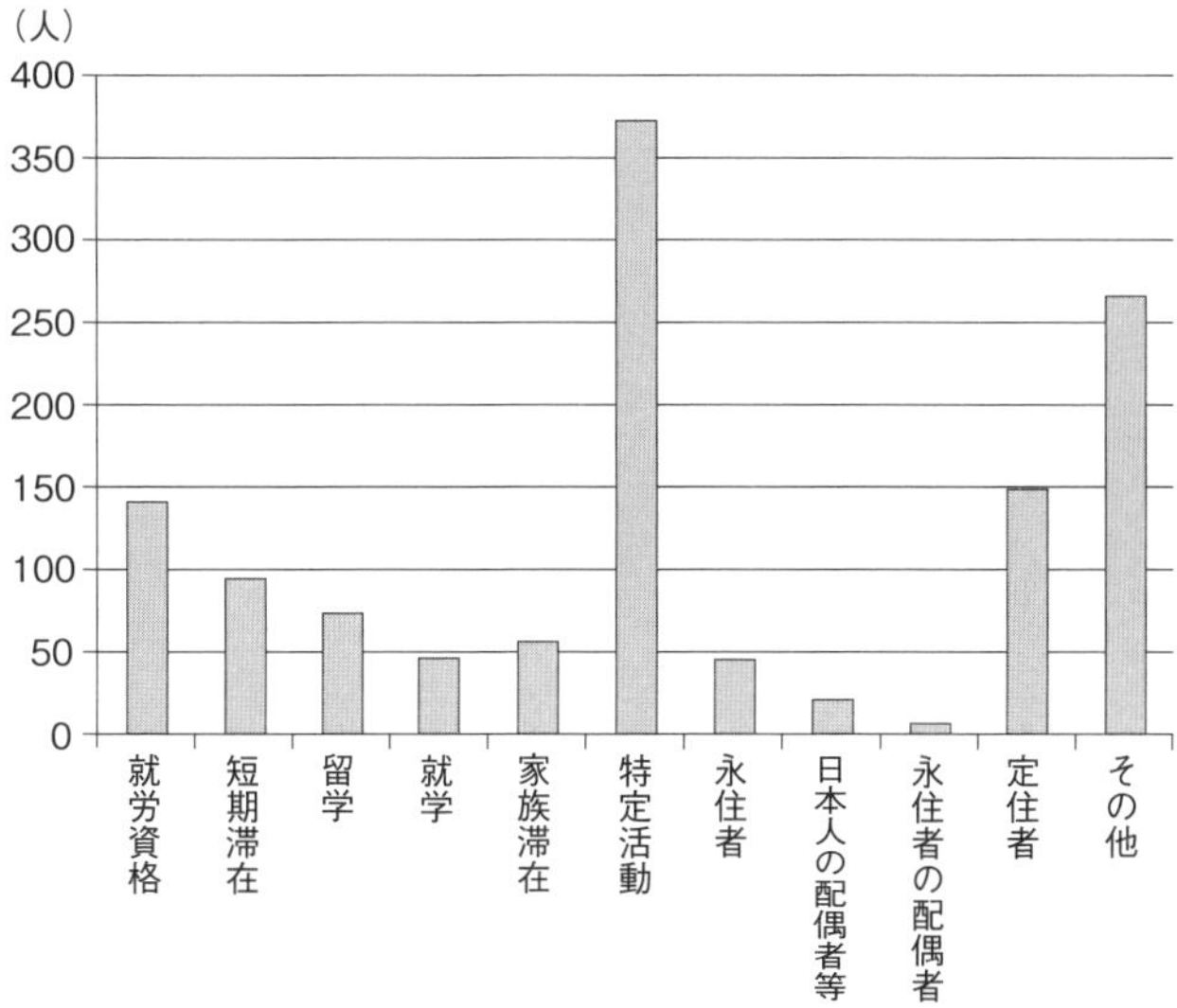

（出所）新宿区新宿自治創造研究所「研究所レポート2011」，2011年

行なった人数に近いと思われる。ビルマ人は新宿区の登録窓口では、「在留資格なし」を登録する。彼らの多くは、飲食店やホテル等のサービス業でアルバイトとして働いている。ビルマ人は難民申請によって、人道的配慮による在留特別許可を得て、「特定活動」を取得したと考えられる。特定活動が付与されるようになったのは、二〇〇五年の改正入管・難民法以降である。

新宿区では、同区に住む外国人について、居住・生活実態の調査を通じて、行政ニーズの把握をしているが、それによれば二〇一〇年、ビルマ人は五年未満の短期居住者が七〇％強、そのうち一～三年が約三〇％を占める。五年～一〇年の中期居住者の中心は、三〇代～四〇代で、全体の七〇％弱を占める。一〇年以上の長期居住者は四〇代で、全体の五〇％前後である。他の外国籍者と比べ、中・長期居住者の中心年齢層が若い。ビルマの場合、三年未満の短期居住者に占める二〇代の割合が少なく、逆に三〇代の割合が高い(28)。

家族形態別では、一人世帯が九〇％弱、他の外国籍の人々と比べると、夫婦のみ、夫婦と子供世帯の割合が若干高く、ひとり親と子供の世帯の割合は低い(29)。

男女比では、ビルマ人一二七四人（新宿区の外国人登録人口、二〇一〇年）のうち、男八〇八人、女四六六人と男性の比率が女性の二倍ほど高い。年齢別では、二〇代〜四〇代に全体の八〇％強の一〇五一人が集中し、男六六八人、女三八三人。在留資格を男女別に見ると、男性の七〇％は、難民認定申請者に該当すると考えられる、特定活動、定住者、在留資格はない。女性は認定申請者ではないと思われる、就労、留学、就学、家族滞在といった在留資格が四〇％と、男性よりも高い(30)。インタビューしたうちの何人かは、単身日本に来て、難民認定を受けた男性が、後に留学で日本滞在中のビルマ人女性と結婚したケースが見られた。

上記のように、二〇〇五年の改正入管・難民法以降、特定活動が与えられるようになったが、二〇〇五年〜二〇一〇年のビルマ人の在留資格を見ると、難民として来日したと考えられる「就労資格」、「特定活動」、「定住者」が大きく伸びる一方で、「短期滞在」、「その他」（大部分は、外国人登録はしているが、在留資格はないという人）が大きく減少している。最も伸びが大きいのは特定活動で、難民として認定されない場合でも、人道的配慮から特別在留許可が与えられ、特定活動が付与されるようになった。一定の要件を満たせば、「特定活動」から「定住者」への資格変更もできる(31)。

近年、「その他」が減少しているのは、非正規滞在者が認定申請を行なった結果、定住者や特定活動の資格を取得したためと見られる。「就労資格」、「特定活動」、「その他」の人々は、次に述べる戸塚地域の高田馬場に多くなっている。

（2）結節点としての新宿・高田馬場

東京のリトル・ヤンゴンと呼ばれるのが、新宿区にある高田馬場である。駅周辺にはビルマ料理店をはじめ、食材・雑貨店、美容室など、ビルマ人が経営する店舗が約二〇店もある。高田馬場だけで約五〇〇人、周辺の下落合、豊島区高田なども加えると、一〇〇〇人近くのビルマ人がこの界隈に住んでいる。

特に人口増加が著しいのは、高田馬場一丁目から四丁目。集住地域、それ自体に大きな変化はないが、戸塚を中心にその周辺で人口が増加した。[32]

一九九〇年代、民主化活動家をはじめ多くのビルマ人は、同じ新宿区の中井周辺に集まっていた。背景には「ビルマ人の世話役的な人物やビルマ人のお坊さんを中心としたコミュニティができており、飲食店や美容室、食材店が一斉にできて、ビルマ人が集まりやすい環境になっていた」[33]ことがある。しかしその後、集住の場所は高田馬場へ移った。

なぜ新宿区に集まるのか、なぜ新宿区の高田馬場に集住するのかである。この点については、新宿区の多民族化についての川村の研究がある。[34]彼女によれば、新宿区は、多文化・多民族化が最も進んだ町である。新宿区は東京都の中心にあり、外国企業の数も多い。一時滞在の人々の出入りが多い。特に戦後、地域の多文化意識の形成に、在日コリアンの存在が大きく影響している。新宿・歌舞伎町は、一九五〇〜六〇年代の高度経済成長期に流入してきた地方出身の若者たちのエネルギーを糧に歓楽街として発展した。その上に、一九八〇年代以降、エスニック・タウンを形成したアジア系の新規外国人の来日がある。一九九〇年代、バブル経済崩壊での不動産不況で、外国人の進出が促された。一九九〇年代中頃から、アパート、マンションは、外国人を入居させなければ、空室が埋まらない状況であった。[35]貸店舗や貸事務所も同様で、不動産業者も外国人スタッフを雇用し、多様な言語で看板・広告を出した。

歴史的に、大久保地区に外国人を呼び寄せたいとする考えはなかったが、突出した外国人の集住地区になったのは、①短期滞在者が多く、同国人を頼って来日した外国人がいったん新宿を経由して、他の区や近県に拡散したことがあげられる。新宿は日本社会への〝入口〟だった。②多国籍化した人々が居住していた。コリアンが多いが、一九八〇年代には既に民族が多様化し、国籍は登録上で九〇ヵ国を超えていた。国際結婚が増え、無国籍の子供や超過滞在者がいた。③都市の持つ相互の無関心さ、匿名性、事情を知られたくない人も多かった[36]、ことがあげられている。

一九九〇年代初頭、地域では外国人同士の喧嘩や殺人事件が発生。地元の町内会が自治体と警察に協力を求め、多文化の町作り運動を進めてきた。国レベルの関与の必要性が痛感されたのは、二〇〇〇年代に入り、外国人の居住形態が、通過点から定住へと変化してきた[37]ことがあってからである。

新宿区では一一八ヵ国、約三万五〇〇〇人の外国人区民が暮らしている（二〇一〇年現在）。そのため同区では、外国人が多く住む街を積極的な特徴として捉え、積極的に発信する「多文化共生の町作り」を進めている[38]。外国籍の住民が増え、彼らを市民として日本人住民と同等にみなし、必要な行政サービスを提供するという方針をとらざるを得なかった。しかし、区に難民・難民申請者に特化した部署はなく、また補助金など援助制度もないが、区では二〇〇五年、「多文化共生プラザ」を作り、交流の拠点として、日本語を教え、ハングル、中国語、英語、タイ語、ビルマ語で対応している。「外国人総合相談支援センター」が併設され、在留資格から生活相談まで、ワン・ストップで応じている。内容は明らかにしてもらえなかったが、二〇〇九年度のビルマ人の相談件数は六三件であった。

高田馬場にビルマ人が多いのは、インタビューの話をまとめると、いくつかのポイントが出てくる。①ＪＲ山手線、西武新宿線、地下鉄東西線が交わり、交通の便が良いため、各地から人が集まりやすいこと。同国人を引き寄せる吸引力があり、ビルマ人同士のネットワークがあり、伝達が早い。②会合の場所となる、新宿リサイクル活動センター、消費生活支援センターがある。③家賃が安く、外国人にも部屋を貸してくれる家主がいる。④

ビルマ料理店が沢山あり、商売をしている人には通いやすく、雇用の場でもある。⑤民族を核として集まるビルマ人には、各民族の宗教に応じて、イスラムのモスクや、仏教寺院、キリスト教の教会がある。

それゆえ、たとえ地方に分散して住んでいても、自分たちの仲間を求め、また集まってくると見られる。ビルマ人にとって、高田馬場は結節点である。

(3) 様々な課題

それでは、ビルマ人の難民認定申請者は今現在、どのような問題に直面させられているのか。東京という都市環境は、人々の決定と行動にどのような影響を与えているのか。入国後に見られる認定申請者の行動は、難民の生活に重要な意味を持っている。

まず援助団体に寄せられた相談から見てみたい。図6は、難民事業本部に寄せられた相談回数である。また、日本での難民申請者全体（ビルマ人を含む）の援助を専門に扱うNGOの難民支援協会が、二〇〇九年七月～二〇一〇年六月に受けた相談件数は一万一〇五〇件であったが、その内訳は、法的支援六三五五件、生活支援が四六九五件[39]となっている。同協会に全ての申請者が訪問しているわけではないので、完全というわけではないが、おおよその見当はつけられる。

相談の多くは、生活困窮という現実問題と、難民申請についてである。法的相談で多いのは、認定に関わる相談と在留資格の相談である。在留資格の有無は、就労、社会・医療保険、公的扶助制度、全てに関係してくる。何より問題なのは、仮滞在、仮放免の人々が、就労を禁止されている実態である。働くことができない、生活保護、国民健康保険も得られない。実質的に生活の手段は断たれることになる。

ここでは、生活面の諸要因に焦点をあてて、申請者の話に耳を傾けてみたい。申請者にとって、困窮と在留資

図 6　定住者及び難民申請者からの相談回数（2009 年）

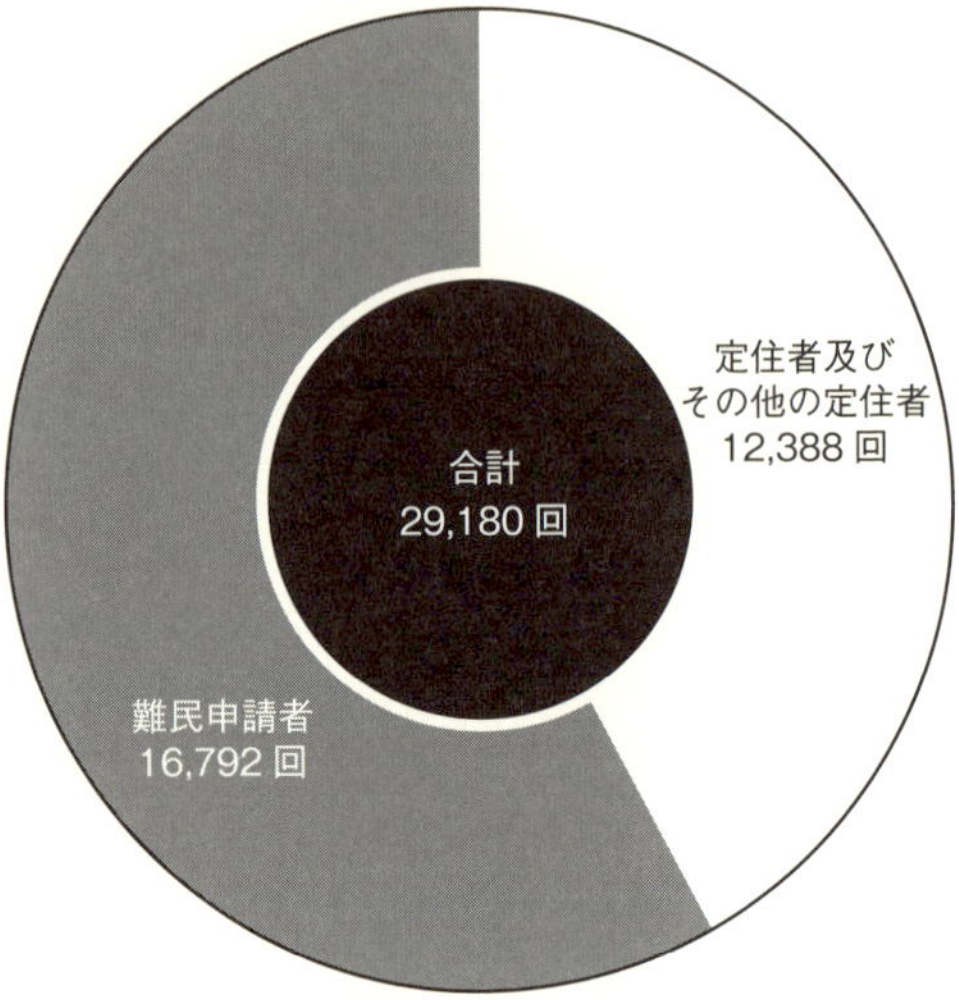

（出所）財団法人アジア福祉教育財団,『愛』第 33 号, 2009 年, p. 53.

格は互いにつながっているように、要因[40]は互いにつながり、多層化して社会関係に影響を与え、個人の心理に影響を及ぼしている。ビルマ難民は言う。

「着のみ着のまま来日し、ビザのきれるのをおそれ、全く日本語ができない状況で、とにかく生きていかねばならない。居場所の確保だけでも大変」（ビルマ人男性）

「大家がビルマ人のところは、一部屋に十数人のところもある」（男性、二〇代）

事情の不案内や経済的理由で、外国人ハウス[41]や賃貸し住宅（敷金、礼金、仲介手数料が高い）に入るのが困難なために、特に入国後間もない申請者は、当面同国人の友人・知人を頼る傾向が見られる。受け入れられたとしても、滞在できる期間は限定される場合が多い。アパート探し、保証人等の斡旋ビジネス[42]が、同国人の手で行なわれている。また、日本での相談や生活に必要な情報と引き換えに手数料をとるビルマ人ブローカーが出現している。

とりあえず同国人の伝手で住居を確保するが、

「来て九ヵ月位、あった金を使っていた。六畳の部屋に四人。深夜とか早朝に帰って来て、寝ても、うるさ

くて起こされる。休めません」（男性、四八歳）

十分な休息がとれない中で、また働かねばならない。仕事や住居は、同国人の口コミである。

「早朝、日雇い労働者が集まる斡旋所でその日の建築現場が紹介され、建築現場で、掃除やゴミ掃除などから始めて、日本語を習得した」（男性、四〇代後半）

「高田馬場の人足寄り場に行き、建築現場で働いたり、ゴミ片付けをした。皿洗いもした。住所は転々とした。仕事は選ばなければある。交通費は出たり出なかったり」（男性、四〇代）

「居酒屋チェーンの築地にある工場で、マグロの解体作業をした。体力のいる厳しい仕事だった」（男性、四〇代）

「日本に来た時、カチン族の人と同じ食べ物屋で働いた。北区に外国人登録した。しかし〝在留資格なし〟と書かれていた。難民と認められ、「定住者」というビザになった。その前は仮放免だった。仮放免だと就労許可はないが、必死に働いた。日本人と同じくらい働いても、日本人とは時間給に差があった」（女性、四〇代）

危険、汚い、きつい、の職場である。最近は不況で建築関係の仕事は少ない。

「仮放免中の人は労働許可はないが、実際には地方の農場（農業研修生などが不足）や工場で働いている」（男性、二〇代）

働こうとすれば、職自体はある。事情を知っている、雇い主の所へ行く。しかし仕事をしていても内心はびくびくである。

「困ったことがあっても、難民申請中の人たちは、区役所に行くのがこわい。申請が通るまでは堂々と外を歩きにくい。働き手である夫がいつもより五分遅いと、とても心配しました」（女性、四〇代）

「入管からの呼び出しは恐怖。ストレスを感じる」（男性、二〇代）

「決められた日時、時刻にビザの更新で出頭しないと収容される。午前一一時が約束の時、一一時きっちりでは駄目、その前に行く。みんな更新はびくびく。四階だと言われたら収容」（同上）

ひらき直ってしまう人も少数だが、いる。

「（びくびくするが）捕まっても良いと思い外出した。どうせ帰る家がビルマにはないし、カナダに母がいるので、強制送還はないと思った。収容所はタイなんかよりましだ」（男性、四〇代）

外国人登録は、証明書が手に入るということで口コミで広がっている。殆どの人が登録している。

「アルバイトし、お金をできるだけ使わず、貯める。遊びには行かない」（男性、二〇代）

パート、アルバイトで生活をたてている人が多いため、病気になるなど働けなくなると、すぐに生活が破綻する。長引く不景気を反映して、給与の遅配や不払い、労働での被災もある。加重労働や運動不足が原因と思われる骨折や腰痛が多い。労政事務所など、労働者のための相談・紛争解決機関があることは知らない。

ビルマ人は「在留資格なし」が多く、健康保険加入率がかなり低い(43)。新宿区のビルマ人外国人登録人口八三三人中、九・七%にすぎない(二〇〇七年)。在留資格がなく、無保険で就労している申請者の多くは、治療費を分割払いにするか、無料か低額診療を行なう病院に行くか、あきらめるか、である。医療機関も患者の病態ではなく、保険の有無で提供する医療が異なる。また、医療機関に行くと、入管に通報され、摘発されるのではと思い、受診しない人もいる。ビルマ人申請者は一般に、「病気にならない」「怪我をしない」ことが大事だと感じている。

就労機会を得るには、日本語ができることが必須である。もっとも、「工場勤務だから、日本語は必要ない」、「ビザがなくとも同国人のつながりで仕事につける」というビルマ人もいる。「ビザがないから長時間勤務」というビルマ人と「ビザがあっても長時間勤務」で違いはない、というビルマ人もいる。「ビルマの人は目上の人にあまり文句をいわないし、嫌だとも言わないで良く働く」(ある日本人料理店主)と評価する声もある。ビザがないから、日本語ができないからというのは、理由づけに使われることもあるかもしれない。

同国人の助けだけでは駄目で、日本人の助けが必要なものがある。「家賃が払えても、日本人の保証人がいないと部屋を貸してもらえなかった。」「幾つかの町のハローワーク(公共職業紹介所)に行きましたが、日本語が話せないという唯一つの理由で、何の仕事も見つけることができませんでした」「何度もハローワークに行ったが見つからず、自信を失うだけでした」という声もある。

不安定な身分ゆえに職探し、住居探しは困難となる。日本語で書類が記入できない、窓口で自分の状況をうまく説明できないために、サービスを受けることに困難を伴う(44)。これが生活諸問題すべてに関わってくる。時間の経過で、「日本語ができるようになると、一人で住める」ようになる。

日本語を習いたいという人は、九〇％以上いる。しかし経済的余裕がなく、当面の生活維持を優先せざるを得ないため、習得の機会は限られる。新宿区の実態調査（二〇〇八年三月）でも、実生活でビルマ人が困っているのは、日本語（七四・三％）で、最も高い。[45] 次いで病院・医療で、三七・一％、仕事が二八・六％の順となっている。

同じ民族でネットワークを作り支え合う一方で、同じビルマ人だからこそ、安心できない。申請者によっては、同族出身者の集まりに入ることが難しい。あるビルマ人は、反政府のゲリラ活動をしていたことを仲間うちでは話せなかった。今いる仲間の多くは、正規の旅券を持つビルマからの出稼ぎ者であり、気を許すことはできない。ゲリラだったことがわかると、距離を置く人々もいる。次第に、当人は沈黙するようになった。そのために、気持ちが落ち込んだと語った。申請者は、個人の情報に極めて慎重である。

ビルマにいる家族との連絡で電話はすぐつながるが、盗聴されているのか、ジャージャーという音が入る（あるビルマ難民）という。手紙は開封される。

日本政府の規制が厳しく、また日本語ができないために、家に閉じこもるビルマ人も多く、病気になる人も増えている。特に、エイズの問題がある場合もある。ビルマに残した家族のことや難民認定がされないこと、日本での生活が経済的に不安定なこと、日本で将来が見えないこと、体調の悪化などからくる不安感が大きい。限られた移動と限られた生活空間は、個人の社会生活に否定的な影響を与えている。

（4）　申請者支援メカニズム

難民認定申請者に対し、日本では既に一九八三年から金額的にも人数的にも極めて限定的ながら、一定の支援事業が実施されていた。対象者は認定を待つ間、生活が困難な状況にある申請者であった。その事業は一九九五年以降、政府系の援助団体、難民事業本部（ＲＨＱ）に委託された。同本部は、事業の一つとして申請者に保護費を支給[46]している。このほか、部屋数は限られるが、二〇〇三年一二月から、宿泊場所がない人に、シェルター支援をしている。

これらの援助は、当初は申請者の数が極めて少なかったので、法律に縛られない、いわば人道的立場から支給されていた。しかし申請者の激増で、予算が底をつき、政府は二〇〇八年末に保護費の支給を一時停止した。その後再開されたが、二〇〇九年四月より、支給基準が厳格化され、同年五月には、予算不足を理由に、約一〇〇人への支給が打ち切られた。現在は、審査後、ほぼ全員が受給しているという（ＲＨＱの担当者）。保護費は、資格審査[47]があり、受給までに相応の時間を要して問題であったが、いくらか時間が短縮され、その間のつなぎは、額面は限られるが、ＵＮＨＣＲやＮＧＯが資金援助をしている。

以上のように、公的支援は三〜四ヵ月。ＲＨＱは平均八〜九ヵ月の支援をしているが、実際の待機期間である、平均二年間には及ばない。二〇〇四年七月から、ＲＨＱは認定された人（条約難民）と申請者の諸問題（医療、就労、教育、住居、事故、各種手続きなど）に応じる窓口を開設し、相談に応じている。ＲＨＱは、難民・申請者用に、ビルマ語版の「生活ハンドブック」と「医療用語集」を無料で配布している。

それでは次に、現場での声を聞いてみたい。

「ＲＨＱが支給する保護費を求めて、毎日多数の申請者が事務所を訪問します。彼らの生活環境は、インドシナ難民や条約難民と比べると、非常に厳しく不安定です。……最低限の生活も困難。申請者が増えるとケースの内容も複雑多様化し、簡単には解決できません。[48]」（あるＲＨＱ難民相談員）

「難民認定申請者の場合、在留資格によって、日本での活動内容と国民健康保険などの社会資源に制限があ

るため、私たちが提供できる支援にも限界があります。[49]」（あるＲＨＱ難民相談員）

外国人として部外者として、公的支援制度から排除されると、一連の問題に直面する。そのため就労までの長期の支援が必要となっているのがわかる。

事務職や起業を志す人からの相談もある。雇用機会が少なく、社会保障も不十分な日本で生活する難民に、起業での経済自立を支援する「難民起業支援基金」が二〇一二年三月に公益社団法人として認可され、融資が可能となった。自身の収入獲得と他の難民の雇用創出が狙いである。[50]援助側も申請者の急増に、予算的には勿論、実際の援助の上で苦闘している。

ＵＮＨＣＲ駐日事務所は、支援義務は一義的に、受け入れ国である日本にあるという立場をとっている。難民・同申請者に、日本側の関係機関に行くよう勧め、独自の難民認定はしていない。ＵＮＨＣＲは、法務省の認定手続きを監視し、難民本国の最新情勢を提供している。認定手続きと難民・同申請者の処遇（情報の利用、収容の問題、困窮者への生活支援、子供の教育、医療サービス）、認定基準、定住などの問題で、日本政府に提言している。諮問的役割の一端として、入管局と裁判所に、認定上での難民条約の条文の解釈で、法的意見を述べている。原則として、ＲＨＱに保護を申し出た人に限り、支給開始まで限定的な資金援助（一時金の支給）を行なっている。ＵＮＨＣＲ自身は、個々の難民や彼らのコミュニティとの接触の密度はうすい。実施上では、関係するＮＧＯの日本国際社会事業団（収容者、病気の申請者へのカウンセリング）と難民支援協会[51]に委託している。援助資金は、ＮＧＯ職員の判断で、即日支給されている。

申請者支援はいくつかの民間団体で行なっているが、同支援事業は、本業の傍らの事業で、担当者が一、二人というところが多く、困窮者はＲＨＱに照会している。二〇〇一年から、各難民支援団体とＵＮＨＣＲは連携を強めていたが、共同で「難民フォーラム」を結成し、互いに援助活動を調整している。

4　生活の変容

(1)　民族ごとの縦割り組織

日本在住のビルマ人は比較的人数も多く、多くの組織・団体があり、自分たちで法律サービスが得られ、自分たちの社会の中で問題解決が可能だ、と援助団体の人は言う。働く環境や同国人が身近に多いところでは、長く日本にいても日本語を使わなくても暮らすことができる。愛知県には、難民認定を受けたビルマ人のコミュニティがあり、申請者からの医療相談などの場合、通訳として同行、同国人を助けている。ビルマ人の団体数は、二七、二八。各団体は、一ヵ月に一、二回、会議をしている。インターネットには、様々な団体・組織のホームページがある。強力な公的支援制度がない中で、日本社会で周縁化されないためには、自分たちの声や機会を拡大し、限られた資源を分け合い、自分たちビルマ人のネットワークを維持し、発展させる必要があると考えられている。

しかし、彼らは、必ずしもまとまって大組織で行動するわけでもない。あるビルマ人（難民認定済み）は言う。「組織同士、お互い仲が良かったり、悪かったり。全体で集まるのは、お祭りの時だけ。歴史的経緯があるから、すぐには無理」という、意見である。

NGOは、難民同士の助け合いという点から、コミュニティ支援事業を進めようとするが、どうしても民族ごとの事業になってしまう。またビルマ人の団体自体の活動が、政治活動がらみなので、援助金の出し方が難しい、ともいう。日本の援助側からの支援は、文化的催し物の経費や場所の借り上げへの資金的補助に限られている。

ビルマ人は団体・組織ごとに集まり、例えば「在日ビルマ連邦少数民族協議会」（the Association of the United

Nationalities, AUN）のように、その組織は上述のように政治的性格を持ち、同時に自分たちの間で助け合いをしている。民族ごとにリーダーがいて、仕事なども仲間うちで融通しあっている。選り好みしなければ仕事はあり、組織としてまとまった資金はないが、小銭は互いに貸し借りしている。内輪での随時の助け合いはするが、扶助組織としては未発達である。緊急の時は、個々に金を出し合っている。組織という境界を越えた結びつきは希薄である。情報を発信したり、日本人と自分たちをつなぐという役割は弱い。コミュニティ、仕事、居住地など、殆どが民族単位である。さらに、高田馬場はビルマ人、池袋は中国人、新大久保は韓国人、と住み分けがある。難民コミュニティでは、「在日ビルマ市民労働組合」（the Federation of Workers' Union of the Burmese Citizen in Japan, FWUBC）が比較的横断的だ、という。

ビルマ人のお店やカラオケ店、食材店に人は行きかい、店舗の掲示板には住宅情報や仕事の紹介など、様々な情報が張り出されている。ビルマの食材は殆ど手に入る。情報は集約され、ビルマ人相手の飲食店、スーパーマーケット、レンタルビデオ店の広がりは、そのまま彼らの雇用の場の広がりである。一五年ほど前から、コミュニティ誌が作られ、今ではフリーペーパーや有料誌が、いくつか発行されている。

イスラムのモスク、キリスト教会、仏教寺院は、土、日に人が集まり、仕事探し、誕生会、結婚式の場であり、情報交換と出会いの場である(52)。新宿区に住むビルマ人をつなぐのは、民族と宗教である(53)。仏教の法話会や瞑想会などの催しに、人が集まる。グループで集まり、心を平安にすることは、抑圧され、不満を抱える人々の心の健康にとって、重要な機会である。

ビルマ人の間では、重要な出来事に参加しなかったり、仲間を歓待しないことが、利己的とみなされ、厳しい社会制裁を受け、仲間外れにされる。歓待すること、寛容であることが、とりわけ重要で、個人の社会的な義務を超えて、自分の属する民族、団体への支援を優先させる。

友達を訪問し、受け入れ、社交することが、生活の中心部分を占める。彼らの根底には、寛容さを持ち接待することが大事だ、という思いがある。互いの訪問は、人とのつながりを作り、固め、維持する役割を持つ。異国で情緒を保つ上で、社交はとりわけ重要な事柄となっている。

海外にいるアメリカ、イギリス等の同胞とは会うことはないが、互いに電子メールで自分たちの催し物やニュースを伝えあっている。

（2）個人ごとに異なる生活戦略——根底に不確かな未来

以前はビザが切れてから難民申請をしたり、勧められてもその必要はないと考えた人もいたが、「今は、超過滞在の人は殆どいないのではないか」と、あるビルマ人グループのリーダーは言う。彼ら超過滞在者は孤立せず、在日ビルマ人社会の周辺で暮らしている。難民性の薄い人は、「政治活動はせず、お金を貯めるだけ貯めて捕まったら帰る」、「ビルマに帰っても職がないので、長く一〇年とかいる人は、日本に居続けたい。捕まったら難民申請する」など、考えは様々である。

難民認定されても、就業環境や住居その他、申請中の生活と大きな変化はない（男性、四〇代）、という。認定後も相変わらず、三年ごとにビザの延長をしなければならない。改善される点は、難民旅行文書を発行されて国外に出かけられることだが、訪問国によっては制約[54]もある。

ビルマ人も時の流れの中で、政府の意に負けて服従した人もいれば、志を果たせず帰国した人、日本からアメリカ、カナダ、オーストラリアなどへ移った人もいる。日本人と結婚した人もいれば、ビルマから家族を呼び寄せた人もいる。内面の思いは様々である。インタビューした人は数が限られるし、偏りがあるのを認めた上で、いくつかあげてみたい。

【ケース1】 Aさん（男性四〇代後半）

元公務員。民主化闘争で当局ににらまれ、正規の旅券を高額の値段で購入して、観光ビザで一九九一年に来日。難民申請して、認定された。建築現場の作業員や電気工事工として、四年ほど働いた。その後、仲間うちで資金を出し合ってビルマ料理店を開いた。料理店は自分で時間が自由にできると話す。将来はビルマで小学校の先生をして、子供たちにいろいろなことを教えたいという。

Aさんの在留資格は定住者だが、まだ帰国を考えているので、日本への永住申請はしていない。同国人の世話をし、海外の同国人とも連絡を取り合っている。彼のように帰国すると決めているのは推定で二～三割、多くは元活動家である。

【ケース2】 Bさん（男性二六歳）

二〇〇六年、父と来日。父は名古屋、母はニューヨークにいる。現在日本で大学生。祖父が一九八八年の民主化デモに参加したため、家業の店舗を続けることができなくなった。祖父が新聞公告で彼と縁切りしてくれたため、彼本人はビルマ国籍があり、旅券を持つ。日本では、アパートの六畳にもう一人のビルマ人男性（難民認定申請中）と住んでいる。

Bさんは二年に一回、ビルマに帰る。本人は自分を難民とは思っていない。いつでも帰れる安心感をもっている。駐日ビルマ大使館に一ヵ月に一度行って、約一万円の税金を払って、旅券を更新してもらう。難民申請すると、ビルマ政府ににらまれ、帰れなくなるので、デモには行かない。デモでは、大使館員が写真を撮るので、警戒している。あまり申請者とは関わらないようにしている。将来は、アメリカ行きも考えている。Bさんは立場上、難民ではないが、背景には難民に関連するいくらか〝微妙〟な部分がある。

【ケース3】 Cさん（男性四八歳）

大学卒。一九六二年、家族は軍政により、所有する工場、映画館を国有化され、没収された。学生時代に民主化運動に参加した。迫害され来日。母と兄はカナダにいる。タイで旅券を買い、韓国・釜山からフェリーで入国した。難民認定では、最高裁まで争い、認定された。日本語は調理場で覚えた。伝票の裏に字を書き、独学した。お金は教会関係者、そのほか仲間から少しづつ借りた。利子はなく、返すという信頼が大事だという。

Cさんは現在、大学院の修士課程に在籍している。学費の工面で苦労している。正規の旅券で日本に来たビルマ人女性と教会で出会って結婚。彼女も大学院生である。彼女の留学ビザが切れても、難民認定されたCさんの配偶者であるので、彼女は日本にいられるという。将来の目標は、二人で難民向けに英語を教えることだが、どこに住むかは未定である。

【ケース4】 Dさん（女性四〇歳）

一九九二年来日。子供四人を日本で出産した。ビルマ料理店を経営している。開店の事業資金はアメリカにいる姉が出してくれた。子供の教育と将来を思い、アメリカに数年前にグリーン・カードを申請した。取得できれば、アメリカに行き、日本とは往復するという。

Dさんは認定前は、夫が仕事先に行くのに東京駅経由だと人目につきやすく危険だと判断、住所を仕事場の近くに移すなど、細心の注意を払った。長女が小学六年の時、「自分は日本人ではないのか」と聞かれた。気持ちはアメリカに向いている。

Aさんは来日二〇年を超えるが、帰国の意思が強く、BさんとCさんは不明、Dさんは在日二〇年だが、アメリカ行きを考えている。一般に年齢が若いビルマ人の場合は、まだこのまま日本に留まる生活を続けるかどうかは決めていない。

ビルマ人は難民認定の申請中は、政治的に活動していても、難民認定されると一転、政治活動はやめてお金を稼ぐようになる。将来の帰国に備えるためである。仲間からは、あんなに活動していたのに、と見られる。家族がいる場合は、仕方がない、と容認されている。ビルマの政情が流動的で、帰国が可能かもしれないと思うことが背景にはある。

元々、ビルマ人の考え方の中には、民主化したら、すぐ帰るという考えがあり、子供にも日本語ではなく、母国のビルマ語教育の方を重視している。一方で、「アメリカ、カナダ、オーストラリア等に移ることを考えて、英語学習を子供に勧める」家庭もある。日本に定住するという意思は、それほど強くない(55)。まずビザの出やすい日本に先に来て、その後どこかに行こうと思っている人はいる。日本は〝とりあえず〟の目的国である。言葉の点で慣れ親しんだ英語国に行きたいという思いはある。親族なども、そこで暮らしている。

背景には、在日するビルマ人が、学生その他、エリートのインテリ層だったこと、比較的富裕層出身であること、世界情勢にも通じ情報入手ができたこと、自由の象徴アメリカへのあこがれがあることが、まず理由としてあげられる。前述のDさんはもとより、将来を決めかねているBさん、Cさんも親族がそれぞれ、カナダ、アメリカにいる。Aさんは帰国願望だが、元来アメリカに行きたかったが、日本への短期ビザが出やすいことで、日本に来ている。

繰り返せば、日本に来たビルマ人は、そもそもアメリカに行きたかった。結果として、今日本に居住せざるを得なかった、という事情がある。それゆえ、大きな欲求不満があり、自分の行く道を見失うおそれがある。こうした帰国か再定住かという人々に、日本語学習の必要を含め、援助供給側からの、日本への〝同化圧力〟は、大きなストレスであったことは想像に難くない。

しかし帰国か、アメリカ等への再移動という二つの選択肢の間にも、微妙な揺らぎが出ている。反政府デモに参加し、教師の職を失い、父親の勧めで一九九三年に来日、難民認定（二〇〇六年）され、日本でビルマ人と結婚した女性は、「認定はとれたけど、先のことは何も見えていない。子供の進学、仕事や貯金など、自分の老後も含め、生活のあらゆることに見通しが立たない。……私たちは今後、日本にずっと住み続けられるのか、ビルマに帰れるのかわかりません(56)」。

将来の展望が描けない中で、ビルマ人の長期滞在、定住化が進んでいる。帰国したくても、子供が日本語しかできないなどの理由で、推定で約六割位の人が日本に定住を考えている（あるビルマ人組織のリーダー）、という。一九八〇年代末から一九九〇年代前半に来日したビルマ人の約四割弱は、四〇歳以上となり高齢化し、将来の無年金化も懸念される(57)。

駐日ビルマ大使館に届け出ができないため、子供が事実上の無国籍である。日本では一九八五年改正国籍法施行により、「父母両系血統主義」となったが、無国籍の両親から生まれた子供たちは、無国籍のまま成長する。また、大半の人々が難民であるために、学校設立の寄付ができるほどの余裕はない。ビルマ政府の援助があっても、政府に反対した難民の子弟ということで、その学校には通いにくい[58]。ビルマ人の子供で日本社会で〝成功〟した人はまだいない。ファッションモデルか、デザイナー位である。

子供が成長し、日本語が流暢になる中で、親たちの「お客さん意識」(外国人意識)が打ち負かされ、日本定住を決め、日本が故郷となる日は、来るのであろうか。大学、大学院への進学希望が増えてきているが、子弟の義務教育以外での就学は困難である。文科省が難民へ特別の配慮をするよう通達を出しているが、学校側にはなかなか伝わっていない。UNHCRと三大学が連携して、「難民高等教育プログラム」を提供し、その枠内での無償の大学進学者もいるが、数十人応募して、まだ四人といった具合である。

他方、地域社会の変容はどうか。新宿区で、外国人がこれ以上増えるのを嫌がる声はあるものの、同区のアンケート結果では、否定的反応が下降している。ビルマ人と関わりのある人ほど、抵抗感は少なく、ビルマ人だ日本人だという関係ではなくなってきている。ビルマ人との目立ったトラブルはなく、生活ルールは守られていると感じている。子供を通じてビルマ人と接する人もいるが、きっかけがない限り、日常での付き合いはそれほど多くはない[59]。必ずしもビルマ人に対して、日本人住民が「やさしい」必要はない。「程よい距離感」と異質な存在への「許容度」があれば良いと考えられる。

これまで外国人証発行では、「在留資格なし」と書いて発行されていたが、新しい住民基本台帳制度で在留資格なしの人々は、自治体の対応次第では、抜け落ちるおそれがある。そうすれば、登録のない人が一層、新宿区に集まってくる可能性がある。

5　おわりに

二〇一一年三月一一日の東日本大震災で、ウガンダ、トルコ（クルド）、ビルマ、ネパール、エチオピアからの難民が被災地で、瓦礫撤去のボランティア活動をした。難民支援団体には、震災の翌日から「被災地に行って支援をしたい」という電話がかかってきた[60]。移動に制限のある難民認定申請中の人は、入管から一時旅行許可を得て参加した。福島原発崩壊による計画停電で、工場や飲食店で働く難民たちの収入は打撃を受けた。ビルマ人たちも、地震、津波、原発事故の影響で、仕事をやめさせられた人もいるし、仕事がないために働く時間が減少した。生活は厳しかった。

原発事故の影響をビルマにいる家族も心配した。ビルマに帰った留学生もいる。情報が不在・不明で、どこに避難するか、ビルマに帰るか、迷った人達もいる。日本に在留資格のある人は、日本から一時的に海外に行けるチャンスがある。震災直後に出国した外国人は、前年同時期の二倍を上回る、約三一万六〇〇〇人であった。出国したのは、短期滞在者（九〇日以内）が最も多いが、次いで留学生、在留外国人の家族、日本人の配偶者などである。大震災以降、ビルマ人がとった行動は、①放射能への怖れで、約一〇〇人の超過滞在者が入管に出頭し、帰国したことと、②ビルマ新政府への模様眺めから難民申請を控えた、ことがある。しかし、難民申請中の人たちは一度、申請を取り下げない、と日本から出られない。

難民の人々をボランティア活動に向かわせたのは、自分たちを庇護してくれた日本社会への感謝がある。自分たちが今住んでいる社会の役に立ちたい。「申請中の援助はありがたいが、それだけだと、人間として〝半人前〟でしかない。税金を払って、貢献したい」（あるビルマ難民）、という思いがある。これより先、新宿区が調査でビルマ人に、地域の中でやってみたい活動を聞いたところ、「ボランティア活動に参加したい」四二・九％、「自国の料理や文化を日本人に教えたい」が、三四・三％となっていた[61]。

法に従って保護を求める人々。逃亡後のビルマ人の生活状況の変化、適応。生活再建の中で、申請中、彼らに与えられた選択肢の幅は限られ、日々の決定は、様々な外的要因に大きく影響される。申請中、そしてその後も、ビルマ人にとって問題なのは、お金がないことが一番困難なのではなく、生活変化の中で、社会的支援がないことや労働状況の厳しさである。働く場は、日本社会との一つの接点である。大事なのは、いろいろ制約のついた「特別在留許可」を受けることではなく、「難民」という確たる地位を得て、日本語教育を受け、ビルマからの家族呼び寄せもできるようになることである。一定の期間を定めて、手続きにそれ以上の期間を要する場合、就労を許可するのは、合理的である。申請者の認定後の早期自立にも役立つ。

世界ではこの分野の著名な研究者である、ジェイコブセン（Karen Jacobsen）とランダウ（Loren Landau）が、UNHCRに難民・難民認定申請者の働く権利の推進を求めている[62]。日本においても、多くの難民認定申請者が在留資格を持たないことに鑑みて、申請者の利益が十分に考慮される必要がある。目下、自治体の公共施設、多言語サービス、人件費など、経費は決して軽くない。現場職員や個々のボランティアの隠れた努力も大きい。彼ら難民・難民認定申請者の就労は、受け入れの財政負担を軽減し、自立を促し、日本社会からの排除を防ぐ道である。在留資格の問題は、難民を〝不法滞在者〟だ、とみなす誤解と批判を生みだす要因となっている。申請者を社会から疎外し、周辺化させている現状は、問題を〝不法外国人〟と同じ文脈で語ることになっている。住民基本台帳制度の導入で、法務省と市区町村との連携が図られるのだから、難民・難民認定申請者への日本語教育、職業訓練での連携も図られる必要がある。従来、関係が希薄だった、国の「難民政策」と自治体の「外国人統合政策（多文化共生政策）」を地域で結びつけられるかもしれない。

新宿区では、ビルマ人住民に限らず、外国人住民への迅速で、正確な情報提供のあり方が、課題となっている。通信技術を利用して、定期的にコミュニティ・グループに、コミュニティ・サービス、催し物、新しい法律、難民関連の人権などの情報を伝えるべきであろう。その際、情報提供に留まらず、本人が実際にサービスを受けられるようになるまで、支援する必要がある。ビルマ人の中に支援グループを作り、保健、精神衛生、親が一緒でない子供を世話する、難民ボランティアを育てる必要がある。これからが、本当の丁寧さと根気が問われている。そして、丁寧な支援のためには、やはり人とお金が必要である。

難民認定の審査期間を、定住の準備期間と位置づけ、日本語学習や職業訓練を実施することもできる。就労を認めると、早期帰還が困難になることを懸念する声もあるが、合理的に期間を区切って就労を許可すれば、申請が却下されても、彼らが財政的に自立しての帰国は可能である。[63] 生活支援制度は、適正な難民認定手続きの前提であり、認定制度と並行して整備される必要がある。

地域社会で、ビルマ人は未だ「お客さん」で、催し物に駆り出される対象に留まり、地域社会を担う主体になり得ていない。また、民族ごとのコミュニティからの脱皮が難しく、民族を超えた結びつきまでには至っていない。そんな中で、二〇〇九年には、日本にいる難民たちが、自らを表現し、権利を主張するために「日本難民連携委員会」(Refugee Coordination Committee Japan, RCCJ)を結成した。「難民による難民のための組織」である。日本では近年、政府や市民社会の難民問題への包括的な取り組みが、時とともに改善されてきている。あるビルマ難民は、「(以前は)病気にならないようにしていたが、日本がそのうち変わり始めた」という。

日本では二〇一一年、難民条約六〇周年、日本の加入三〇周年を記念して、国会で、難民の保護と難民問題解決へ向けて、継続的に日本が取り組むという決議案が、全議員の賛成で、世界で初めて採択された。しかし未だ社会的、法律的課題があることも事実である。難民特有の事情の理解やニーズの把握といった活動までは、及んでいない。

支援のニーズは、コミュニティ、単身女性、家族など、一層多様化している。本章では触れなかったが、徐々にアフリカ諸国からの出身者が、増加傾向にある。彼らは、同じ国の出身者同士でもコミュニティを持たず、互いに孤立しがちである。彼らの意図を理解し、彼らの中の最も弱い立場にある人々を見つけ出すこと、こうした「特別の配慮が必要なグループ」への取り組みは不十分である。支援団体に最も良く接触してくるのは、最も弱い立場にある人ではない。

難民条約は、難民の保護とともに、社会生活上の各種の権利を与えることを締結国に義務づけている。誰に、どのような条件で、どのような資格で、入国を認めるかの最終的な決定権限は、国家にある。それは、国家の独立と主権に不可欠の前提である。これを法的に具現化したものが、入管法である。しかし、国家に主権があるからといって、難民の出入国が国家の全くの裁量に委ねられるということにはならなくなってきている。難民の認定は、国の主権に属し、国の専管事項だと理解することもできるが、国際法の発展で、その内容が批判されてきている、という。[64]

日本では、外国人人口の九〇％以上をアジア地域の出身者が占めている。日本では、「在留特別許可」を使って、多くの非正規滞在外国人が正規化されてきた。地域・自治体での、ビルマ人の長期滞在と定住化の一方には、東アジア地域での政治情勢が不安定な中で益々、人の移動が動的になる現実がある。日本は、ビルマ人の庇護という役目を、今後とも果たしていく必要がある。

＊本章は、拙稿「東京・新宿のビルマ人難民認定申請者（上）」『大東文化大学紀要』第五二号、二〇一四年三月、及び「東京・新宿のビルマ人難民認定申請者（下）」同第五三号、二〇一五年三月に、加筆・修正して収録した。

第6章　気候変動と強制移動

――気候変動は避難移動の直接の原因となるのか――

「私たちの島々はいつか海に沈むのです。問題はそれがいつになるかということなのです」[1]（キリバス大統領アノテ・トン Anote Tong）

1　はじめに

気候変動と人間自体に原因がある事柄により、生態系に深刻で、急速な変化がもたらされている。そうした事柄が、社会に直接間接の影響を与えるという事態が増えている。事態の程度が、通常の何らかの方策では対応することができない時、一時的か永久的にか、他の場所に移住する他、選択肢はない。

世界中で、地震、洪水、地滑り、暴風雨のような突発的な災害で二〇〇八年～二〇一三年、約一億六五〇〇万人が避難した[2]。世界人口の一七%、約一一億人が〝南〟の途上国で、飲料水に欠乏している。今の段階では、森林破壊は、気候変動に主として影響してはいないとされるが、破壊地域は南が一番多い。気温上昇で、健康状態への影響が世界中で出ており、体力のない貧しい人々を直撃している。熱波、洪水、暴風雨、旱魃のために、栄養失調、下痢が起こり、病原菌を媒介する生物が、マラリアやデング熱を広め、傷害や病気を起こりやすくしている。

気候変動が意味するのは、洪水、暴風雨、旱魃のような極端な異常気象から、氷河の溶解、海面上昇、海水の酸性化の他に、進行する速度が地域ごとに比較的緩慢な気候パターンまで、様々な種類がある。

突発的、及び緩慢な気候変動に関係する災害は、避難や移住（移動、以下両者を併用）を増加させ、以前からある社会的な脆弱性や貧困と相まって、急速な都市化とそこでの人口成長を進めている。

突発的な気候変動は、頻度と激烈さを増し、世界中で重大な影響を与えている。その反対に、砂漠化のような緩慢な環境悪化に関連する多くの状況がある。全体的な傾向として、大半が暴風雨、洪水、旱魃などの自然災害で、その数が過去二〇年間に、年間約二〇〇から四〇〇を超えている。(3) 水資源の減少は逆説的だが、洪水の増加傾向で補われている。

全ての国が気候変動の影響を受ける一方、いくつかの国々は特に脆弱で、緊急の対策が必要である。例えば、インド・グジャラート州での旱魃、ネパールでの洪水のほか、イエメンでは水不足が発生している。海面上昇と塩害で、エジプトでは農業全体を支える耕作地が減少している。バングラデシュでは、二〇〜三〇年前には年二回収穫できたが、塩害で大半の土地が年一回の収穫となり、海老の養殖に転じている。(4) インドネシアでは海面上昇の影響とともに、多くの地域で雨季の平均降雨量が増え、乾季の長さが増え、雨季には洪水、乾季には旱魃の危険性が増大した。これは、水資源、農業、林業、保健医療とインフラに特に影響を与えた。(5) その他、特にアフリカ諸国は、気候変動に最も弱く、災害への対応能力が最も不足する国々である。

世界人口の約四%が、海岸から一〇〇キロ以内に住み、沿岸部の保全は重要である。海面上昇は、長期には大規模の移住を呼び起こす。バングラデシュ人一七〇〇万人は、海抜一メートル以下に住んでいる。同国の七%の土地が海面上昇で永久に失われている。[6]

気候変動に関連する要因（海面上昇、暴風雨の激烈さの増大と頻度の高さ、海洋資源への影響、海水の酸性化、淡水への影響）のいくつかが互いにつながり、特にサンゴ環礁が低地にあるいくつかの島では、生活が脅かされている。キリバス、ツバル、モルジブでは、海面上昇の被害がある。さらに、熱帯性サイクロンの通り道に変わる予想がある上に、暴風雨が頻繁になり、状況が激烈化している。二〇一五年三月、バヌアツでは、以前には経験したことのないサイクロンに襲われた。一六万六〇〇〇人の住民が被害を受け、そのうち七万五〇〇〇人が住居を失い、一一万人が飲料水を必要とした。[7]

二〇〇五年の第六〇回国連総会で、キリバス大統領アノテ・トン（Anote Tong）は、海面上昇で同国は水没の危険があり、国際社会は人の移転という選択肢を真剣に考えてもらう必要があると訴えた。彼は、移転以外の方法は時間的に間に合わず、今は事態がこれから先数十年のうちに発生することを論議する時だ、とした。[8] キリバスの人々は、当面の対策の他に、永久移転の可能性を視野に入れねばならなくなっている。洪水、暴風雨は、大量の人口避難の前兆とはならないが、海面上昇による移住の可能性は大きい。この現象は、長い期間かかって現われ、実際上、回復は不可能である。被災民にとっては、移転が唯一の取り得る選択肢である。移転は、気候変動への究極的な適応の形である。

大洋州は二〇一〇年〜二〇一四年、推定で三一万八〇〇〇人が突然の災害で避難している。避難者数は、他地域に比べ少ないが、総人口に占める避難者数では二〇一二年、サモアとフィジーは、避難数が世界で最も高い一〇ヵ国の中に入る。[9] 以前は殆ど災害のなかった島嶼国でも、対処が必要になっている。

またベンガル湾の島の人々も、海面上昇の結果として、移住を迫られてきた。アラスカの多くの島々の人々は、激烈な暴風雨と急激に進む沿岸部の浸食で、内陸部への移住が予測されている。[10] 技術の進歩で、人々は益々、災害の危険から自分たちを守る対策と、被害を最小にする対策を、政府に求めるようになっている。

「国連気候変動に関する政府間パネル」[11]（the Intergovernmental Panel on Climate Change, IPCC）は二〇〇七年の通算四度目の報告の中で、グリーンランドの氷が溶ければ海面が七メートル上昇するが、これには数千年を要するとした。経済成長で、CO_2の放出が今後も続くとすれば、IPCCの予想では、二三〇〇年までに〇・三〜〇・八メートルの海面上昇が見込まれる。これに基づけば、海抜一メートル以下の場所に住む人々は、来世紀には直接被害を受けると見られる。

IPCCによれば、海面上昇は、多くの太平洋の島々の生活を支えている重要なインフラや構造を脅かすことが予想されている。既にパプアニューギニアのカーテレット諸島（the Carteret Islands）のかなりの数の人々が二〇〇八年にブーゲンビル（Bougainville）に移転することを計画していた。科学専門家は、これらの島々やツバルやキリバスが、今世紀の半ばには完全に水没する危険性[12]をいう。

IPCCは、農業適地、作物生育期間、生産量が、特に乾燥・半乾燥地で減少が予想されるとし、天水農業での生産物は二〇二〇年までに、いくつかの貧しいアフリカの国々で、五〇％にまで落ち込むと予想した。

IPCCはまた、報告書の中で、アフリカ、アジアでの水不足を予想している。飲料水への需要が人口増加と生活水準の向上と相まって高まり、気候変動で供給量が減少している。しかし事例研究では、反対の事実が起きている。飲料水と灌漑用水の不足欠乏への影響はより少なく、幾分移住が増えるのみ[13]である。

同報告書は、気候温暖化の結果として、二一世紀末には三つの事柄が起こると予想している。[14]①熱帯性低気圧が強さを増し、気温上昇のため暴風雨と洪水が頻発する。②蒸発で土壌の中の水分が減り、食料不足が生じ、旱魃が増加する。③海水量の増大と氷の氷解で、海面が上昇する。

最初の二点が、突発的な自然災害の直接の結果である一方、三点目は、長期的で緩慢に起こる。

ＩＰＣＣは一九九〇年に、気候変動のゆゆしき結果で、海岸線の浸食、沿岸部での洪水、厳しい旱魃により、何百万人もが避難させられるので、大規模な人間移住になるかもしれないとしている。続く研究では、気候変動は益々、生態的及び社会制度に劇的に影響を与えているとした。土地資源の悪化と非自発的な定住、紛争の後遺症が残る社会、あるいは紛争が継続中の所では、気候変動の影響はさらに大きくなる。悲観論者は、劇的な人口移動、政治的な不安定性、紛争、計り知れない人間への危害と、受け入れ社会への強い圧力を憂いている[15]。

避難人数を多く見積もる人々（極大論者）は、今世紀半ばまでには避難者は二億人になるかもしれないとまで言う。少なく見積もる人々（極小論者）は、逆に人数を絞り、極大論者の考えは因果関係の理解を誤り、〝決定論的〟な見方をしており、経験的な証拠では、事態は限定的だと異議を唱えている。人数を多く言う人々は、確かに人間が本来持つ環境への適応力や回復力が、避難に対する地域社会の脅威の感受性を和らげることを無視している。さらに、気候の研究者たちは、気候変動が発生する時間的な幅、変動の強度については不確かで、誰がいつ、どの位、どこへ行くのかは、不確かで不明である[16]。

環境による何らかの影響のために移動する人々、移民／難民の正確な定義がないことと、移住自体が情緒的に動機づけられ、時には受け入れ地域、あるいは国に恐怖を生じる問題だということになって、環境変化と強制移住（避難）の間のつながりが論議になるのは、驚くことではない。

勿論、環境が理由の強制避難は、最近の現象ではない。土地資源の欠乏や環境悪化は歴史上、移住の波や紛争につながっていた。移住や人口移動は一般に、人間の歴史の一部であり、重要な適応の仕組みである。移住は、気候変動の影響だと一般には仮定されるが、人間定住の全体の歴史から見れば、移住は、環境圧迫への適応の形であった。実際、移住は環境がもたらす状況への事前、事後の対応策ともなりうる。

一般に環境への圧迫、特に気候変動では、移動の自由を含めた、市民的、政治的、社会的、文化的、経済的な人権が、発展する可能性を秘めている。避難という非自発的な状況の中で人権を擁護することは、六〇年以上にわたり受け入れられ、発展する概念として、国家、国際機関の責任の中に埋め込まれてきている。権利擁護の概念と、国際法的及び規範的枠組みが、種類の異なる弱い立場の移民たちを援助するために開発されてきた。これらの法律は、移動が自発か強制か、一時的か永久か、国内か国外か、にかかわらず、移民の問題に対処している。

二〇一一年の「カンクン適応枠組み」(the Cancun Adaptation Framework)は、気候変動による避難、移住と計画的移転について、理解、調整、協力を促すことを決めた。このことは移住問題が、「気候変動に関する国際連合枠組み条約」(the United Nations Framework Convention on Climate Change, UNFCCC　略称、気候変動枠組み条約)の中に挿入された最初のケースとなった。

さらに、「ナンセン・イニシアチブ」[17](the Nansen Initiative)は、国際社会が自然災害や気候変動に関連した避難や移動性の問題と、管理運営について、集団的にどう考えるべきかについて、重大な問題を投げかけた。同イニシアチブによる地域協議の結果、災害を防止し、備え、実施上での効果的なやり方が見出されてきた。将来、行動が予想される分野は、「保護の課題」として集約されてきている。[18]

その際、気候変動での合意を、避難や他の人道問題にどう組み入れるかの問題が、解決すべき問題としてある。多くの人々、国々にとって、気候による避難は現実的である。しかし、避難民の保護と援助は、主にまだ個別に行なわれ、国際社会の確たる責任と資源なしに、世界でも最も貧しく、弱い国々の手で行なわれている。災害避難は人道的課題で、人権に関わり、開発を損ない、状況次第では、社会の安全の問題につながってくる。

環境変化、特に気候変動の話と移住は、世界的な政策課題である。課題の背景にあるのは、グローバルな規模での気候変動とその潜在的な影響は、強制移住のように、新しい現象であり、影響が一地方、地域に限定されないという事実である。人間の自然への対応の仕方が環境変化の核としてあり、それへの対策が中心になることは明らかで、あらゆる次元で政策をとることが必要になっている。

〈気候変動と人々の避難〉の間のつながりについては、学問的及び政策形成のための言説が数多くある。しかし、証拠に基づき、政策決定を生み出す研究が、殆ど存在していない。全体として、このつながりについての主要な研究方法は、非政治的で新自由主義的であり、一般に環境変数が環境ストレスの状況の中で、移動の決定を形作るという管理的な枠組みである。非政治的な言説に、現地で起きていることと経験的なデータを組み合わせて作られている。[19] 人々の移動の決定には、彼らを取り巻く政治的・社会的な力の存在と、家族の脆弱な生計を条件づける無力さ、[20] とがある。

事実の解明には、社会・経済過程の状況、つながりを探り、家族の生活資源の入手を媒介し形作る、社会的、政治的権限の配分を見る必要がある。移動の形態と過程を条件づける、これらの構造要因の存在とつながりは、国や地域の現場ごとに異なる。「権力構造の偶然性」への考慮が欠かせない。権力構造からの人々の排除に関しては、定住への参加型アプローチなどを通じた、適切な介入を確保することが必要になる。しかし、論議で一般に欠けているのは、この見方が、政策担当の関係者から全体として無視されていることである。

気候変動は明らかに複雑で、多くの原因があるにもかかわらず、社会学、政治学、法学、人類学、地理学、経済学などの間で、分裂状態にある。そのため、環境悪化と人間移動の複雑なつながりを理解する妨げとなっている。良質な研究も、強い政治的な指導力もない中で、マス・メディアの扇情的な見出しが躍り、発生の規模を誇張し、環境〝難民〟の入国を防ぐ抑圧的な政策を招き、そして避難する人々（以下、避難民）の真の保護を妨げている。[21] かくして、経済移民から、一般には〝環境難民〟と呼ばれる避難民を区別することを難しくしてきた。

包括的な問題は、環境変化と強制避難の間のつながりは何か、どのような構造的特徴が環境ストレスへの対処の際、何人かの人には移住をさせ、他方で何人かは移住せず、あるいはできないのか（つまり、彼らの対処の方法と受容能力はどんなものか？）、である。問題をより細分化すると、①なぜ人々は移住し、どんな役割を環境変化は果たしたのか（気候変動の概念化と因果関係の測定）、②移住の引き金となる環境悪化への人々の意識が果たす役割とは何か、③環境悪化は、他の社会的、経済的、政治的要因と、移動の決定でどのように相互作用するのか、④環境変化ないし悪化の状況から、誰が移住するのか、誰が残るのか、⑤環境悪化に直面した時、何が人々を移住から妨げるのか、⑥環境に誘発された移民は、どこから来てどこへ行くのか、⑦環境に誘発された移住はどのように起こるのか（目的地の選択と使われる連絡網は？）、⑧避難の状況、発生率や規模をどう予想するのか、⑨避難民、あるいは潜在的避難民の数についての今ある論議は、実効的な対策に役立つのか、妨げるのか、がある。

本章の課題は、上記の点を踏まえ、気候変動の状況の中で、災害、紛争、避難と、移住のつながりは何か、この状況の中で、避難民保護の特別の問題は何か、社会や法は、避難を防ぎ、避難民保護と恒久的解決をどのように求めたらよいのか、を明らかにすることである。

2　環境的な避難民
――定義と類型論――

環境に関連して避難する人々について使用される概念、含まれる仕組み、影響を受ける人数、地理的な範囲が曖昧である。移動に関わる特別な用語としては、主に六つの主要な区分がある。難民、国内避難民、無国籍者、先住民、被人身売買者、移民労働者。そうした中で、新しく作られた〝環境難民〟（environmental refugees）の用語は何を意味するのか？　それは国境を越えた移民と国内避難民（internally displaced persons, IDP）の双方を含むのか？　逃亡・移住の根本原因は何か？

環境悪化と強制移住の間のつながりをめぐる議論は、非常に論議のある数多くの用語を生み出している。気候変動がもたらす危害、より一般的には「環境からの危険を逃れる人々」を表わすために、研究者は数多くの用語を生み出し、使ってきた[22]。

環境難民（時には、ecological refugees とも使われる）を指す場合、英語表現が最も普通だが、より中立的な用語としては、environmental（あるいは ecological）migrants や ecomigrants が使われる。時の経過で、この環境難民の語は拡大され、開発プロジェクト（中国の三峡ダム）や化学工場の爆発事故（インドのボパール Bhopal、旧ソ連のチェルノブイリ Chernobyl）により避難させられた人々を含むなど、数多くのプッシュ要因を含むまでに広がってきた[23]。

（1）用語をめぐる歴史的経緯

環境による人の移住の問題は、絶えず新しい話題として歴史上提示されてきたが、ラーベンスタイン（E. G. Ravenstein）は一八八九年、移動を動機づける理由として、〝好ましくない環境〟を挙げている[24]。彼は、移動を理論化した、最も早い時期の論者の一人である。

環境が強制的な移住を引き起こすことへの関心は、一九七〇年代に遡る。環境難民の語は、一九七〇年代にワールド・ウォッチ研究所（the World Watch Institute）のレスター・ブラウン（Lester Brown）が作り出し、その後一九九〇年代に一般化した。

一九八〇年代半ば頃から、異常気象で加速された環境の悪化が、特に途上国で進んでいるとの見方が現われ、二一世紀の人口避難の主要な原因になると予想がたてられた。環境難民の言葉は、国連環境計画（UNEP）に源を発する。環境難民の語は、UNEPの政策文書の題名として、イサーム・エル・ヒンナーウィー（Essam el-

Hinnawi）によって一九八五年に最初に使われている。[25] 彼は、土壌の質的低下と農村からの人々の大量流出に関心を寄せた。UNEPは、本部が途上世界にある数少ない国連組織の一つであり、国連内で、北（先進国）の関心・利害よりも、アフリカに強く結びついている、と言われている。

環境悪化への懸念は一九九〇年、気候変動についての国連の最初の政府間報告書の発表でさらに強められた。政策担当者やドナー政府は、環境変化が人間移住に与える潜在的な影響を深刻な懸念として認識するようになった。

一九九三年には、イギリスの環境学者ノーマン・マイヤーズ（Norman Myers）が、二一世紀末までには一億五〇〇〇万人が環境難民になると予想し、大量移住のおそれが、さらにかきたてられた。地球温暖化が益々進むということで、〝気候難民〟（climate refugees）という語が公に急速に広まった。[26] その後、政界、学界で広く普及し、頻繁に使われるようになったが、特にマイヤーズは、この言葉を広めるのに大きな役割を果たした。

人間の生活は、異常気象のような極端で急激な出来事と、海面上昇、塩害化、川の堤防の崩れ、乾燥の影響といった緩慢な出来事の増加で弱体化する。資源の減少・枯渇で、競争・争いが引き起こされる、安全上の懸念である。この新しい強制移動の形が、異常気象を促進因として現われ、新しく〝climate〟とか〝environmental〟難民の語が現われた。

避難の潜在的な大きさ・規模についての懸念は、特に二〇〇七年のIPCC報告で大きくなり、環境的な避難民への保護が不十分なことに、関心が高まった。気候変動と闘い、そのあり得る影響を和らげるための緊急の方策が必要だという国際的な認識が高まったことで、近年は益々、環境的な強制移動が、主要な政策課題になってきた。

二〇〇九年一二月、コペンハーゲンで開催された気候に関する国際会議に先立ち、バングラデシュ政府が発表した大量避難の可能性が話題を呼び、西欧諸国に対し、気候による移住の道を新しく開くよう要請がなされた。ナンセン・イニシアチブのような新しい計画が持ち上がり、保護の欠陥・空白を埋めるために、権利擁護の主張が唱えられた。さらには、移民の新しい範疇を作るべきだとか、中には環境難民のために難民条約を模した新しいジュネーヴ条約の作成の提言さえあった[27]。

一九七〇年代以来、環境難民の波を予想する人々（警鐘者）と、それに疑いを持つ人々（懐疑論者）とに、大きく分かれる[28]。一般に前者は、移住の主要な促進因として、環境因を大きく評価し、分離する傾向がある。環境学、災害学、紛争研究者が多い。気候変動と安全保障を結びつける立場に立っている。他方、後者は、移住過程の複雑さを主張する。難民及び強制移動の研究者である。

人間社会は、様々な階層の人々により構成され、利害・権力の異なる状況がある。そうした中で、人間移住が単一の原因だけで、起こるとは考えにくい。問題は、なぜ他の政治的、経済的、社会的原因から、環境因を分離するのかである。答えはおそらく、下記に述べる紛争研究の場合と同じく、分析の視点にある。

環境難民の概念の主要な提唱者の一人である、マイヤーズは、移民、難民、庇護が専門ではなく、生態学が専門である。彼の主な関心事は、移住ではなく、気候変動に関わる差し迫った環境惨事の脅威にある。彼は雑誌記事の中で、移民の入国問題をある種の脅威として気づくべきだと主張しているわけではない[29]、とまで言っている。換言すれば、彼の主眼はあくまで、明確な展望を持ち、緊急の方策を取らないなら、欧州は夥しい数の新入者を受け入れねばならず、不吉なことになるので、押し寄せる難民の波を避けるために、環境悪化の様々な原因に対策を取ることを政府に要求することである。

環境難民の用語を世に押し出す上で重要な動きをしたのは、紛争研究の分野の人々だと言われている。ベルリンの壁の崩壊と冷戦終結後、紛争と強制移動の主要な原因が超大国の対立から、論点が移動したためと言われている。「トロント大学・平和と紛争プログラム」のホーマー・ディクソン（Thomas Homer-Dixon）は、環境と紛争の間の関係について、三つの仮説[30]を出している。①環境的な欠乏は、国家間での単純な欠乏紛争につながる。②環境的な欠乏は、大量の人口移動の原因となり、それが集団のアイデンティティ紛争の原因となる。③環境的に不足すると、経済的な喪失を引き起こし、社会制度は破壊され、欠乏紛争になる。

彼は①は取り下げたが、残る二つは維持し、環境的に何百万人もが避難し、共同社会の紛争につながる例として、インドのアッサムとバングラデシュに焦点を合わせた。環境がらみの紛争研究には、二つの主流派がある[31]が、いくつかの主要な発見物に関しては、環境研究も紛争研究でも合意があると見える。両者をつなぐのは、環境はいくつかの内的に関連する紛争原因の一つであり、紛争は環境因を含むと見られ、国内で大半が発生しているとする。この場合、国家の役割、より一般的には、社会の問題解決能力が決定的に重要となる。

少なくとも一九八〇年代以降、科学者は環境変化を人間移動に結びつけてきた。初期の論議は、〝環境的移民〟(environmental migrants) の数の予想と将来の推測である。近年になると、異なる状況の中で、概念的及び経験的な研究が、環境要因と人間移動の関係を調べるようになってきた。これらの研究は、気候と社会・経済要因について、より深みのある広範なモデルを見出した[32]。その時以降、研究は、環境因が人間移動で役割を果たすとしている。

環境難民の語の使用は、アメリカで甚大な被害を起こした二〇〇五年のハリケーン・カトリーナの後、同国の市民権活動家により強力に唱えられている。他方研究者は、強制移動（避難）の因果関係を単純な説明に基づいているとして、環境難民の語の使用を批判している。気候変動は既に環境に影響を与えているが、その強さと拡がりは、一様でも予測できるものでもない。極端な異常気象が益々一般的になり、環境的な流動性が続いている。避難の主原因として一つに絞るのは、学問的に正しくないとされるからである。エル・ヒンナーウィーの論説が発表されてから三〇年が経っても、難民と環境のつながりについては論争が続いている。

(2) 迷走する定義

エル・ヒンナーウィーは既に見たように一九八五年、UNEPの文書の中で、環境難民の最初の定義を行なった。環境難民の定義で最も引用されるのは、その彼の以下の定義である。

自分たちの存在を危険にさらすか、生活の本質に深刻に影響を与える、自然か人間により引き起こされた環境的な崩壊のために、一時的にか永久に、自分たちの伝統的な居住地を離れることを強いられてきた人々(著者仮訳)

この定義は、UNEPによって使用されている。

エル・ヒンナーウィーは、インド・ボパールでの化学工場でのガス漏れ事故と、旧ソ連時代のチェルノブイリでの放射能漏れ事故による避難後、環境難民を定義し、三つの分類を行なっている。①一時的な避難を余儀なくされたが、環境の損傷が修復された時には、元の家・場所に戻れる人、②永久に避難させられ、どこかに定住した人、③元々の居住地が、彼らの基本的に必要な程度を越えて悪化した時、より良い生活の資源を求めて移動する人、である。

彼の定義はその後、他の人々によって洗練され、包括的になってきた。例えば、二〇〇七年には国際移住機関(IOM)が独自の定義を発表している。

マイヤーズは数十年にわたって、環境変化と人の避難について研究を重ねてきたが、彼も環境難民について定義をしている。要約すれば、「人口圧力や深刻な貧困の問題と相まって、旱魃、土壌浸食、森林伐採、砂漠化、その他の環境問題のために、居住地での安全な生活をもはや得られない人」とした。彼は続けて、「絶望の中で、彼らはどこかに避難場所を求める以外に選択肢がないと感じるが、実行は危険を伴う。地域全体の人々が国を逃げ出すのではなく、多くの人々は国内避難となる。全員が永久的というわけではなく半永久的に、近い将来に戻れる見込みは殆どなく、半永久的に居住地を放棄せざるを得ない」と述べている。

環境難民のテーマは、シュ－ケ－（Astri Suhrke）によっても取り上げられ、彼女は、〈プッシュ－プル要因〉の組み合わせに応答する、〝環境移民〟と〝環境難民〟の区別を述べている。そして環境難民の概念は、環境の極度の悪化のために、避難させられる弱い人々に、特に言及するべきだ、としている。この区別は、部分的には事実を言い当てている。環境悪化が緩やかに始まれば、環境移民と関連し、突発的で不可逆的な悪化が起これば、難民の流出を誘発する限界点へ到達し、流出が始まる。

しかしそうした区別は、いくつかの点で疑問が発せられている(33)。問題なのは、難民をどのように定義するのかという点にある。現在の難民の法的な定義は、究極的には政府や国際難民政策に方向を与えるものだが、その際難民の定義は、移動の始まりの早さや強制されたかどうかではなく、国境を越えたか、そして原因国が保護を与えることが不可能か、与えようとしない場合の保護のニーズに集中している。個人が難民のラベルを貼られる状況には、〝環境的〟の用語は余分になる。シュ－ケ－が定義する〝環境移住〟につながる一群の要因は、不明瞭である。それは、人が難民になる時に起こるものを、単なる環境因にしてしまう。国家にとって、彼ら移動民は、国としての責任・義務が少なくなる、環境難民のラベルを貼ることの方が、国の利益にかなう。

環境難民の用語は、その使用法が、極度に政治的様相を浮かびあがらせてきたので、定義を作る上で困難となる点や、論議となる点を指摘するのは、重要なことである。定義は、環境移住の概念化とこれらの人々に政策を作る上で重要な一歩である。しかし、作業を難しくする、二つの主要な要因が存在している。一つは、環境と移住は相互に対象とする領域が膨大で、簡単には結びつけられないことがある。二つ目は、環境変化や悪化を考える際、移住の他の促進因から環境因を分離することの難しさがある。移住が、自発的か強制かの混乱もある。マス・メディアや政策担当者に、予想される人数や将来予測を求められるが、多くの研究者には正常な研究を進める上で、大きな負担になっている。

学術的に定義をたてるということは、移動を決める基礎となる要因を理解することである。そして、定義に該当する人々を明確に認識し、適切な援助を受け取れるようにすることである。これは政策担当者の関心でもあるが、彼らはそうした人々に、どんな権利が与えられるべきかを知る必要がある。正確な定義なしには、実務者や政策担当者は計画を立てたり、目標を定めて前進することもできない。

環境的、もしくは気候変動の結果として避難させられた人々を難民とし、彼らを含めるために難民条約の定義の拡大を主張する人々がいる(34)。他の人々は新しい条約の採択を言う。より広い定義は、より多くの人数を含めることにつながる。できるだけ多くの人々を含むよう、拡大する傾向はある。

しかし、環境諸要因に焦点を合わせることは、現在、庇護を受けている人から、庇護を取り上げることにつながる。難民の定義を拡大することは、条約難民に与えられる現在の保護の低下になる。その一方、政府は難民に対して持つ義務のために、難民の定義を狭くすることに強い関心がある。難民条約の中に、環境的事柄を含めることは、受け入れ国の反対のために、政治的に実行することが極めて難しい。

拡大という考え方は、難民の伝統的な概念を混乱させるだけで、経済移民として全ての人を分類し、難民条約が定める保護の義務を、国家に回避させる根拠になってしまうおそれがある。環境は、政治の枠外にある分野なので、難民の用語の使用は、受け入れ国に保護や援助への責任を減らすために、経済移民として扱われるようにしてしまう。資金の問題もさることながら、あまりに定義を広げると、最も保護の必要な人に損害を与えることになる。政治的難民と非政治的難民を混乱させる危険があり、取扱いには慎重さがいる。

また、環境難民の概念と、難民に与えられるような保護の必要性が誇張され、それには莫大な資金がいる。それを誰が支払うのか、どう分担するのか。最悪の場合、政治的に動機づけられ、回避される危険性がある。将来に気候変動の劇的な影響が現われるというが、何に原因があり、そして保護は?と、複雑で争いのある国際的な議論を避ける、強力な言い訳を与えるかもしれない。

気候、もしくは環境難民の概念は、緊急かつ不可避という意味ゆえに、注意深く扱われる必要がある。しかしその一方で、対策を急ぐあまり、庇護を求める人々への目配りを欠けば、彼らへの人種差別的な感情をかきたてたり、庇護を求める人々への一般的な入国抑制策を正当化するものとして、働く危険性がある。さらには、管理不能な移住の波という空想を引き起こすかもしれない。

繰り返せば、非自発的な移民の新しい種類の人々に、難民保護の範囲を拡大することは、特に難民のような脆弱者を保護する国際法の下で果たさねばならない国家の能力や意向を逆に弱めるか、さらに減らす危険性がある。難民保護の国際的な枠組みの一貫性を危険に陥れてしまう。様々な理由から移動する非自発的な移民がいる中で、気候変動の影響で避難した個人に特権を与えることは意味がない、という見方もある。

論議の激烈さは一九九〇年代末、国内避難民の存在、定義、保護をめぐる論争を想い起こさせる。当時、そうした人々の分類を新たに作り出すことに、激しく反対した人々がいた。それは、彼ら国内避難民を自国内に留めたい政府(主に先進国)の言い訳として使われることをおそれたためであった。しかし、「国内避難の指針原則」(the Guiding Principles on Internal Displacement)が採択された一九九八年以来、各国政府、国連機関、NGOには、受け入れられている。国内避難民は、もはや見えない存在ではない。

大半の受け入れ国は、改善よりも制約を望む。難民制度を環境難民に拡大する合意が成立する見込みは殆どない。カギとなるのは、環境的に避難する人々は、どれだけの国際的な地位を持つべきかという点にある。環境難民の用語は、難民条約には受け入れられる場所がない。環境の状況は、人の国際保護の論拠にはならない。用語は描写的で、国家に義務を課す地位ではないためである。

地位の妥当性についての論議は、単純な判断と先験的なラベルで作られている。用語が正確な定義を欠いていることは、避難を情緒的に捉え、生態学者と社会科学者の間の対話の欠如とも相まって、非常に偏った数と事態の推定に至っている(35)。

環境難民の用語は、以上のように法的に不正確だが、緊急という感覚とともに、グローバルな責任と説明責任が必要とされるので、〝環境移民〟(environmental migrants)よりは、強制力が強い。〝気候変動難民〟(climate change refugees)は、余りに漠然とし過ぎている。避難につながる生態系の悪化が、主要な原因となって、気候変動のせいかどうかは、一概には言えない。

逆説的だが、難民のラベルは益々、他の強制移民の集団を指すのに使われるようになっている。このラベルの使い方は問題で、特に複雑な構造的原因や逃亡の結果を示す上では、概念的に不適切である。「国連大学・環境と人間の安全保障研究所」(UNU-EHS)顧問を務める、オリヴァー・スミス(Anthony Oliver-Smith)は、環境難民の用語は、自然が過ちを犯していることを示す傾向があるので、誤った方向に導くと述べている。事実、人間は環境の中で、ある場合には自ら自分たちの生活を危うくする環境変化に深く関係している。大半の研究者は、環境難民に難民の地位を与えることは、定義を歪め、国際難民制度が持つ、絶対的に乏しい資源をさらに弱めるだけだと考えている。

研究の広がりにもかかわらず、現在は、概念、語彙、用語の理解が共有されていない。理解を深めるには、組織的な責任と政策機関が必要となる。国連は、現象を指す言葉使いについて合意に達していないが、国連統計局は単に、〝環境的原因、特に土地喪失や悪化、そして自然災害のために避難させられた人〟と、環境難民を定義している。

UNHCRは環境避難の人々の定義に、難民の用語を使うことには慎重であった[36]。UNHCRが関与して援助を与えれば、主権国家の自国民への責任を弱めてしまう危険性がある。ただでさえ、UNHCRにとって条約難民への庇護がかなり負担・重圧になっている時に、委任事項の過度の拡大につながる深い懸念があった。ひいては、難民保護の明確な必要性を曖昧にし、難民を保護し、援助する〝伝統的な〟機関としての中心的な役割を妨げてしまう。第二次世界大戦後、苦心の末作られた国際難民制度の再構成につながるおそれがある。どんな法的、ないし制度的枠組みが必要になるかについては、UNHCR内外でかなりの論議があった[37]。

しかし、インド洋での津波後の救済事業にUNHCRが参加したことは、自然災害の犠牲者の保護に、同機関が国際的に関与する傾向が増していることを示している。大半は国内避難民である。根底には、突発的な自然災害での逃亡による保護の問題があった。UNHCRは、環境による移動を認識して、今ある法制度の枠外にある、環境移民のニーズに合うよう、新しい保護の仕組みを作る必要が出た。UNHCRは、自然災害での保護を行うために、実施上での役割と、その法的な委任事項の両面を拡大することに益々、関心があると見られている。

環境という用語の使用は、重複し、互いに関連する分野の間の誤った分離を意味する。しかし、UNHCRの事業計画の中では分離されていない。UNHCRには既に、〝難民のような状況〟(refugee-like circumstances)の中で、当該の集団に援助を与えるために、「斡旋機能」(good offices)を使う手がある。

UNHCRには過去、国内避難民に関し、新しく責任を引き受けるという類似した経験があり、引き受けは可能である。批判的な人々は、国内避難民への関与は、資金と実施上の問題点から、難民に対する、本来重要な責任を弱める、と言っていた。UNHCRは実施上、そうした欠陥に陥らないような取り組みをしている。とはいえ、同機関の方針への深い懸念と疑いは晴れないまま、国内避難民はまた、大半が環境的な強制移民になる可能性がある。定義をめぐっては、環境難民の地位を受け入れさせようとする動きは、常に見られる。

環境難民の言葉使いは、国際的な政策立案者から無視された強制移動民の忘れられた範疇に光をあてる一方で、文献的には、個人や家族が移住を強制される一群の理由の一部のみを構成する、単一の原因を区別するだけに精力を注いでいるように見える。(38)

環境難民の用語は、国際法上での定義の合意がなく、国連が公式に認めたわけでもないのに、益々広く使われている。その結果、多種多様な用語があり、単なる混乱というわけではないが、役に立っていない。環境難民の用語は既に広く一般的になり、国際社会が行動すべき責任を表わしている。しかしこの用語は、難民や国内避難民のように、強制避難を定義する上で作られた、世界的に認められた枠組みの中にうまく合致していない。難民からの類推で考えることには問題があり、難民研究の学者の間では、拒否される傾向が強い。難民は自国との絆が壊れた人であり、他方、環境に誘発され移動を強いられた人々は、しばしば自国から援助を受けている。

しかし場合によっては、例えば海面上昇で完全に水没する可能性のある、国土が小さく、低地からなる、太平洋の島嶼国の場合には、個人は事実上、無国籍になり、無国籍条約の適用が可能かもしれない。同条約は、何らかの国際的な合意の基礎として、大きな可能性を与えている。

強制移動民の分類は、互いに方法は異なるが、政策的にも学術的にも、不可避である。現在の状況は、まだ「ぬかるみ」の中にあるので、おそらく問題に対する適切な定義は得られない。後天的な法的地位として定義を考える必要があるかもしれない。(39)

（3） 数の把握と地図作成

人の避難で、ハリケーンや洪水の影響を見分けるのは、一番容易である。数も十分に公表されている。世界中での洪水による被災者数は二〇〇〇年～二〇〇五年、一億六〇〇〇万人、ハリケーン三八〇〇万人、しかしこの災害による全被災者数の推定は、困難である[40]。被災地は人口密度が高かったかどうかという問題があり、正確に予想はできない。貧しい国々では、犠牲者は殆ど移動しない。大半の人々は、できるだけ早く戻ってきて、家を再建する。

予想の点では、海面上昇の結果を予測することは比較的たやすい。なぜなら、沿岸、海抜、人口の形態が十分に知ることができ、データを地理的情報システム（geographical information systems, GIS）に入力して、模擬実験ができるからである。地球規模で低地の沿岸地域に住む人々の数を数え、海面上昇や高潮のおそれがある人数を知ることができる。

マクロ段階では、環境により予測される大量避難の問題に、かなりの関心が向けられている。いくつか国際的な調査が行なわれ、予測される影響を和らげるために、早期警戒制度の開発と、地理的な影響についての地図の作成が進められている。他に、被災地での人々への社会文化的、経済的、政治的な影響を一層理解するために、被災現場で調査が続けられている。

強制移動民についての統計的な情報源は沢山ある。各国政府、ＵＮＨＣＲ等の国際機関、ＮＧＯ、研究者個人、そしてそうした情報を集める沢山の技術がある。しかし、見出すプロセス、分類、数え方で大きな違いが出る。マス・メディアは、環境移住者の正確な数を求めるが、把握は難しく、現在の数字はあくまで推定値である。避難する人々の世界的な数の推定では、非常に幅があり、研究はもとより、政策を立てる上では不適切である。また各地域には、数だけを取り上げても実数の把握には大きな多様性があり、対策の効果は曖昧になる。大げさな推定数があり、それらの数字は、推定の方法や基礎にある仮定が、批判や論議の対象となっている。

人口と環境要因の組み合わせから生じる重圧を経験しがちな地域を見出すことは可能である。環境による重圧は、貧しい国では、紛争と間接的につながる可能性がある。災害発生の場合、道路や河川設備が破壊されたり、実質的に変化するので、緊急の対応が求められるところでは、地図を探すことは唯一の解決策である。担当部署は国連機関で言えば、OCHA（国連人道問題調整事務所、the UN Office for the Coordination of Humanitarian Affairs の略称）、そしてNGOである。肉眼で衛星写真を分析するより、例えば難民キャンプの総人口を推定する上で、コンピュータの計算は正確で、より早いことが示されている。

地理的な技術は、今や強制移動民のデータの収集と提示に広く使われており、正確さと品質、情報提供の問題を解決すると考えられている。最も広く使われる技術の一つは、GISで、それは地理的位置の情報記憶装置とつながり、データの変更を加味して、自動的に最新の地図を表示する。GISのソフトは世界中で、緊急事態計画の調整に日常的に使われている[41]。

新しい技術は、政治と明確に無関係だと言うわけにはいかない。GISやGPSを避難民の状況の対策や監視で使い、機器による遠隔探知が、これらの移民への支援の向上や連帯として正当化される。しかしこれは、必ずしも、いつも適切だということにはならない。UNHCRは二〇〇八年、グーグル社と組んで、世界中の難民への関心を高める目的で、難民キャンプの場所を示すために、ダウンロード可能なソフトの開発を行なおうとした。しかし、パレスチナ人の活動家がすぐさま、これに反対した[42]。自分たちの身の安全への脅威を感じたからである。占領区域内にある二七ヵ所のパレスチナ難民キャンプは、半世紀以上経つが、UNHCRは運営に関わっておらず、難民という分類からは除外されている。UNHCRには、難民の居場所をつきとめたいという必要性があるが、それは特定の国家内で人権の様相をつきとめることであり、欠点を指摘された国は、難民への規制を強め、移動という人間の持つ自由を、逆に制限することにつながるおそれがある。

ところで、数の推定の基本的な方法は大半が、例えば通常の水面の高さで、どれだけ多くの人が生きられるかを算出することであり、海面上昇で彼らが全員、移動を強いられると見る。環境移住は、海面上昇の単純な測定以上に複雑なものであり、気候の流動性という、まだ一般に予測不可能な形が含まれるので、これは過度に単純化した考え方である。

また、データを集める動機が問題である。実際上、地域協議で明らかになっているのは、移民を多く受け入れている国は、国境を越え避難した人々の人数、保護よりも、災害予防、被害の最小化や回復力を論議することを優先する傾向があることである。[43] データを明らかに移民管理に利用しようとするなら、移民は協力しないし、不正確な情報を報告することになる。そうしたデータは、政治的に中立ではなく、否定的な結果を持つかもしれない。難民や移民福祉に焦点を合わせたＵＮＨＣＲのような機関でさえ、上記の例のように、個人の利益に反したやり方でデータを使うかもしれない。

突然の災害に続いて起こる人々の移動パターンを調べるのに、携帯電話を使う可能性があるが、いくつかの問題点がある。該当する組織なり個人が、避難した人々の意見を必ずしも取り入れず、自身の利害に沿うようデータを集めるなら、そうしたデータの内容が問題となってくる。これは重大な倫理問題を引き起こす。情報発信の容易さと、個人情報との係わりが問題を複雑にする。利用するには、審査を行ない、問題を解決しておく必要がある。そして、彼ら避難民が単にどこへ行くのかを見ることよりも、彼らの動機のような、移民の特性を捉えることが重要である。

さらに、データが収集され、正確であってさえ、伝達・配布普及の実際的、あるいは政治的な問題のために、簡単に入手できないかもしれない。

不確かな推定は、信頼して使用できないし、データを比較する可能性を弱める。これらの情報が否定されずに広まれば、移民の波のおそれと人道危機に対する、誤った見方を社会に浸透させることになる。

環境移住の研究の大半は、環境変化と移動の間の直接の関係を考察し、移動を強制される人々の数に、焦点を合わせるのが一般的である。しかし近年の地理学には、現象にさらに踏み込んだ分析も見られる[44]。

データには不可解で解決すべき点があるが、気候変動の傾向は動かしがたい。環境移住を予測することは、計り知れない発展の可能性を持つ分野として残っている。弱者を見出し、誰が危険にさらされ、どの時点で発生を見出すことができるのか。現在、将来誰が、避難せねばならないか、を見出す方法は存在していない[45]。突発、及び緩慢な環境災害の双方で、より良い予報は不可欠である。潜在的な危険地の地図作成は、起こり得る場所の特定に役立つ。

今後は、環境変化の結果として避難した人々の数について、信頼できるデータを作り出し、整え、配布する必要があろう。そして、現地での調査や統計の方法の専門化を進める必要がある。事実のより良い理解には、生態学、人口学、社会学、経済学、地理学、文化人類学等の研究者の意思疎通と協力がいるし、人道救済や開発機関の実務者との同様な関係が不可欠である。今日まで、分野を横断した情報交換は限られてきた。

避難の類型を枠組みし、予想される危険地域の地図を作成し、同地域を監視し、変化する地域の情報を捉え、移住傾向を辿ることは、対策を立てる上で実りある方法であろう。

(4) 類型論

環境移民や環境難民の移動には、数多くの類型論がある。通常は、発生の形で、突発か緩慢な移動か、時間的には、一時的な移動か滞留か永久移動か、そして空間的には国内か国際移動かに分けられる。緩慢な移動は、元の居住地に戻るか、永久の避難かになり、土地や水などの資源の枯渇、森林伐採、砂漠化、汚染で引き起こされる。

先のエル・ヒンナーウィーは、環境難民を時間的には三つに分類した例である。すなわち、①一時的な環境悪化による一時的避難、②永久的な環境変化による永久避難、③資源の緩やかな悪化での一時ないし永久避難、である。シューケーは、環境要因の組み合わせで、環境へ負担がかかり、人々が移住は必要だと感じる重圧点に進む際に、具体的に現象面を分けて、森林伐採、海面上昇、砂漠化、旱魃、耕作用の土壌悪化、水と空気の汚染悪化に刺激された移動に、論議を分けて考えている。

環境移住は本来、強制避難の形なのか、自発的な移転の形はとれるのか。環境崩壊の予想、及びそれに続く政府の定住計画をどう考えるべきか。強制と自発の間の区別は重要なのか。これらの疑問点が、環境移住の類型論に影響し、容易には解決への道を見出せない。

以下では、国連の取組みを例として取り上げてみたい。

国連では、「機関間常任委員会」（the Inter-Agency Standing Committee, IASC）の下に二〇〇八年、専門家の作業グループが作られている。「国内避難民の人権に関する国連事務総長代表」（the Representative to the UN Secretary General on the Human Rights of Internally Displaced Persons）の仕事を基にした類型論が作られ、気候変動と人々の保護という状況の中で、人々はどのように避難させられるのかをOCHA-IDMC(46)が調査し、報告書が作成された(47)。

ＩＡＳＣの類型論の最初の分類は、「突発的な（sudden-onset）災害」による避難である。OCHA-IDMC の調査では二〇〇八年、二〇〇〇万人以上の人々が、気候関連の突発災害で避難している。ＩＡＳＣの二番目の分類は、旱魃のような「緩やかに始まる（slow-onset）災害」の避難。同じ OCHA-IDMC の調査では、二六五〇万人以上の人々が同年、一二の旱魃の影響を受けていた。事態の発生に働く要因の決定や、因果関係が突発的な災害の場合より複雑であるため、避難者の推定値は、十分に得られていない。IASCの三番目の分類は、緩やかに始まる災害の特別な場合である。小さな島嶼国のように、海面上昇で国家が消滅の危険がある場合である。そして最後の分類は、紛争を通じた間接的な避難である。

IASCの類型論には、もう一つ分類を付け加えられるかもしれない[48]。気候変動の影響を緩和したり、変動に適応するために、外部者や当局の措置がとられるために避難させられる場合がある。例えば、開発援助や人道救援活動の際に、薪の採取を禁じ、煮炊きに石油、ガス等の化石燃料を提供したり、森林保存でそこに住む人々を追い出すことがある。先住民や地元民の生活や権利に十分な配慮なしに実施されれば、人々の避難に至る。

IASCの類型論は、突発災害、緩やかに進む災害、そして紛争に焦点が絞られた。気候変動のその他の影響、例えば伝染病やある種の病気の感染拡大のように、明確に対象とされていないものもある。突然の災害で避難させられた人数の推定値がある一方、避難の型や周期については殆どわからない。政府の追跡制度は不適切不十分で、避難させられても、政府が特に用意した収容施設に行かない人がいる。人々は何度避難し、どこへ行き、いつ一時避難所を離れるのか。多くの疑問点が残っている。その意味で、作業はまだ進行過程の中にあると言える。

最後に、ゼッター（Roger Zetter）らの分類を紹介したい[49]。彼らは、移動の型（季節的、戻る、繰り返す、永久、一時移動）を分け、介在する変数による多様な原因（社会経済的地位と移民の選択）と、環境が結果として持つ複雑性（森林破壊、漁場の減少など）を見ようとする。

彼らは、事柄をより深く分析するために、互いに異なる環境避難の形を三つの型に分けている。①環境的に動機づけられた移民、②時期の選択を持つ環境的な強制移民、③国境のあるなしにかかわらず、直ちに逃げねばならない環境難民、である。これらの型は、移動の引き金となる出来事の状況や、被災地への援助に関係してくる。

次いで彼らは、人数の予想の代わりに、経験的なアプローチを行なう。危険地域を見出し、地図を作成する。

変化する状況を監視する。避難の引き金となる限界点を調べる。そして、移住の傾向（資源枯渇、資源をめぐる争い、紛争の現在、及び潜在的紛争の原因）をたどる。地図で焦点を絞った計画に従い、危機の状態、その規模や発生までの時間的幅を、正確に予想することがカギとなる。

正確な類型論に基づき、避難地図を作成することは、きわめて有用である。脆弱な地域を示し、おおまかな予想とそれらの地域から生み出される人の規模を整理することは、計画の具体的な第一歩である。同時に、人々の回復力、持続性や適応の事前対策を言う前に、人々の生活、環境変化と強制移動（避難）の間の関係を調べることである。

気候変動は、地理的な多様性でゆっくり始まったり、突然発生するだけではなく、様々に異なる地元の、社会的、政治的、経済的構造の中にある、社会としての対応能力によっても、地域への影響が大きく異なってくる。世界的な推測に頼るよりも、潜在的な避難の規模を理解する方が、より価値ある道である。徐々に進む直接、間接の環境変化と悪化が移住の決定に果たす役割を知り、このことを対策と援助に活かすことが重要である。

3 「環境難民」はどのように発生するのか

〝南〟の途上国では、気候による環境避難があり、状況は最も激烈である。これらの国々や地域は、統治能力や市民社会の構造が弱く、人権や安全の確保ができない。どうすれば保護の能力を高められるかが課題である。気候変動の現われとしての異常気象は、例えばモザンビークの人々に一層問題となっている。同国では、洪水が移住と避難の原因である。再発する洪水で、人々は永久的か半永久的に移転を余儀なくされている。旱魃、沿岸部での土壌浸食、海面上昇、それらが異常気象とつながり、多くの人々に影響を与えている。ザンベジ川沿いでは、一時的な大量避難が恒常的な風景となっている[50]。

貧しい国々は、一般に富裕な国々よりも、環境変化が原因の災害に弱い立場にある。そして貧しい移民は、富裕な移民よりも、影響を受けやすい。貧しい人々が最悪の環境に住んでいるというのが一般に真実である一方、貧しい人々が自然資源を酷使するという場合はあるが、全ての面で貧困は環境悪化を発生させたり、促進するというのはあたらない[51]。

気候変動、災害、避難と、移住の間には、単一の因果関係はないが、現象の間には明確なつながりのあることが、益々認識されてきている。移住と環境に関連する問題は、大雑把に見ても、急速な都市化と不規則な都市域の拡大、過疎化、効率的統治制度の実現の難しさ、森林伐採、土壌浸食、非持続的農業と生産制度、農化学薬品での汚染、水不足、健康と回復力の低下、移民による受け入れ社会と資源及び生態系への影響が、関わってくる。「環境難民」の語は、既に見たように、定義が貧弱で、法的に意味がなく、混乱を与えていると批難されてきた。環境難民のラベルは、環境に圧迫された移動の源となる、社会、経済、政治要因が相互に絡む、多数で複雑な因果関係を過度に単純化するので、非常な疑いがある。

環境と移住の現象は、決して新しいものではなく、環境諸要因は何世紀にもわたって、人口移動の明らかな要因であった。アメリカでは一九三〇年代、ダスト・ボウル（Dust Bowl）の平原での旱魃[52]で、何万人もがカリフォルニア州へ移動した。一九六九年〜一九七四年、アフリカのサヘル地域では、何百万もの農民や遊牧民が都市に流入している[53]。

大量移住で良く知られた事例は、特にアフリカ（サヘル、エチオピア）だが、また南アメリカ（アルゼンチン、ブラジル）、中東（シリア、イラン）、中央アジア、南アジアにも見られる。

ただし現在のところ、緩慢に悪化が始まる、砂漠化、海面上昇、森林伐採が、国内そして地域の国々の間で、移住にどう影響するかは、よくわかっていない。移住の形によって予想される変化が、環境にどのように影響するかもわからない。

近年まで、環境は、特に、経済的事柄が優先される移住の研究からは、対象として取り組まれてこなかった[54]。これまでの移住理論の大半は、移住の促進因として、環境を無視する傾向があり、環境を管理する理論の多くは、移住の流れを無視してきた。環境につながる移住はまた、国内で発生し、主として南の国々が影響を受けると考えられていた。

長期にわたる環境悪化は、複雑な方法で、移住と相互作用する。そのあり様は、人が移動する理由を明らかにするのをむずかしくし、彼らが事実上、環境による移住者かどうかの判別を困難にする。マス・メディアの報道にもかかわらず、環境と移住の体系的な研究は、きわめて限られたままである。

移住と環境変化の間のつながりは、多面的な方向性を持ち、統治、貧困、社会結合力の程度、紛争のような他の要因を調べる必要がある[55]。気候変動は、強制移動の引き金となる単なる要因の一つである。経済・社会要因、それは環境移住を促すが、環境変化と複雑な相互作用をする。環境変化は、移住の他の促進因をさらに活発化させる働きをする。それらは、どうつながっているのか。以下、環境避難の複雑で、多岐にわたる因果関係を考察してみたい。

(1) 権力構造と移住の歴史的位置づけ

環境への重圧と移住は、その国が固有に持つ移住政策の歴史的な背景（枠組みづけ）と国内段階での移住についての広範な言説で文脈づけられている。現在の研究や政策分析に多く見られる、環境変数が環境に重圧を加え、移住を決定させるという方法ないし主張は、非歴史的で非政治的な枠組みとなってしまう[56]。研究を特徴づけるのは、政治研究である。これまでの研究は、環境面に限られた注目しか払ってこなかった。

いかに構造的な決定要因が、環境への圧力を仲介し、場合によっては環境重圧を生み出し、永続化させるかを理解することが、分析の中心となる。権力構造の特徴や働きは、国毎、国内の地域毎に異なる。制度、及び他の権力関係の構造が、異なる社会集団を越えて、女性、男性、子供、高齢者、地域社会、民族集団にどのように異なった働きをするのか。

権力と政治の観点から、問題を枠組みづけるということは、この問題が手段・方法としてよりも、構造的に対処されるべきことを示している。換言すれば、移住観の歴史と政治形態が、環境により避難させられた人々への考えを枠組みづけ、集団への権利をどう与えるかの方法を形作っている。移住の歴史の中で、移住はどう理解されているのか。そして、移住過程に関する権利の保護がどのようになっているのか、である。

すなわち、移動の様々な形態や、避難民への諸権利は、政府により、どのように形作られているかの問題がある。その理由は、移民や避難民に関連する政府の政策が一方にあり、それをぬきにして、権利の保護に関する規範的な枠組みは、真空状態の中では存在しないからである。危機が絡み合う時、対策は〈政治的‐歴史的〉経験と現在の状況を定める諸要因によって作られねばならない[57]。

これらをいくつかの国の事例で確かめてみたい[58]。

【事例1・エチオピア】 強大な国家権力の下に、地方有力者の権力独占が構造的な特徴である。土地を仲介するのは土地所有者ではなく、地方官吏。彼らは党への忠誠者として任命され、彼らが代表する国家の力は、環境状況を管理する政策を作り、実施される上で決定的に重要である。地方官吏の権力増大の源となっているのは、中央政府が強要する選挙の票のとりまとめにある。彼らは、土地、仕事、信用貸し、食糧援助のような最も基本的な事柄の利用に関し、決定権を与えられている。相対的に自治権を持ち、市民には異論を述べる手段はない。

一九八〇年代には、主要な旱魃を政権の正当化に使い、住民を強制的に移動させ、大規模定住を実施した。旱魃の際の移転を、被災した人々の生活を救うためというより、反政府勢力への反撃を目的としていた。その出来事への後遺症があるため、環境問題への解決手段として、政府が主導する移転計画に対しては、一般的な疑いという感情が人々には残っている。その結果、政府の現在のやり方は、環境に負担がかかる地域に救済物資を与えることに焦点がある。

農村には人口増加で、国が配分する土地がなくなり、中止された。そのため、若者は相続以外に土地を入手できず、土地なしの人々が発生している。そうした中で、環境への負担が相乗作用し、緊急の移住が増えている。土地への圧力、生態環境の悪化、経済の自由化が全て、〈農村‐都市〉移動を増やすことになるが、都市での労働市場は飽和状態で、同様に危険な状況にある。

政府は国内避難民（ＩＤＰ）の用語は使わず、国際的な国内避難の指針原則も実施されていない。域内諸国が定めたカンパラ条約は、ＩＤＰの保護に幾分関係しており、その加入国ではあるが、批准はしていない。人権の国際合意には尻込みし、イデオロギー的にも抵抗がある。

【事例２・バングラデシュ】 環境からの影響が、人々に益々意識され、避難による影響という事柄は、高度な政治問題となっている。権力に不平等性があるため、ある種の集団に災害からの防御を一層弱くしている。周辺化された社会集団は、典型的に限界耕作地を耕し、その結果、貧弱な穀物量しか収穫できず、環境からの重圧と、災害（洪水、堤防の浸食、塩害化）に弱くなる。これらの影響で益々、力の不平等にいたっている。堤防が崩れ、被害を受けた家族には、補償として政府の土地を与えるということが決められているが、そうした土地は不足するか、入手可能な土地の多くは、土地エリートが取得している。その結果、被災者は生活のため、小作でも日雇い仕事でも、土地所有者に益々依存するようになる。慣習的、集団的な地域社会の権力構造からなる、社会権力と政治権力の結びつきが環境への対応を困難にし、移住への制約・抵抗を作り出している。飢饉は一般に、耕作条件が悪いためだが、かなり政治的な原因がある。権力構造が貧しい人々に対し、環境被害を受けやすくしている。

【事例3・ベトナム】 洪水は避難の促進因である。ベトナムでは、水や水関連の災害を受けがちである。また、潜在的に海面上昇の影響を最も受ける国の一つである。政府の対策は十分ではなく、現在ある堤防では太刀打ちできない。〝洪水と生きる〟という国家計画を持つベトナムだが、政府の文書には、避難や定住という事柄への言及はない。移転の用語が好まれ、国際的な「国内避難についての指針原則」が適用される余地はない。国は容認しないが、非管理の移動は、制度上は無視され、権利の問題は発生しない。一党独裁で、この問題への関心はなく、人権の遵守の概念と保護はまだ発生期にある。ただし、経済自由化の一環として、移動規準も緩められ、自発移住が一九九〇年代末から、登録移民を上回った。二〇一五年までに、危険地域に住む少なくとも一三万五〇〇〇家族が、メコン・デルタの洪水浸水地区から安全な場所へ移転の見込みである。気候変動は、開発問題と位置づけられ、人道や政策への懸念材料ではない。

【事例4・ガーナ】 域内諸国からの難民を受け入れる他に、国内及び国際移住は、社会の長い伝統である。移住の性格は、他国よりも政治色は薄い。現在、国内移動は、植民地時代、植民地解放後の政治・歴史的な要因に強く結びつく一方、社会経済的に社会に吸収され、政治的に敏感な問題とはなっていない。農民と遊牧民が交錯する境界地では、両者の争いがある。また、北のサブ・サハラと南の沿岸部では、生態系の悪化があるが、環境悪化への認識は限定的である。

移住や避難の問題は、まだ権利にはつながらず、移動に関する規範や条約による保護の制度もない。国内避難の指針原則の実施を求める兆候も見られない。カンパラ条約には加入しているが、批准はしていない。政府は、経済に優先度を保ちながら、環境による影響を調和させようとしている。この点でガーナは、人道的に環境悪化に怠慢な反応をしているというより、開発活動で対応することを選んでいるといえる。

以上、四つの事例を見てきたが、アフリカでは特に、水などの物理的な資源よりも、第一に経済問題に直面している。実際上、水が人々の必要に見合うだけあっても、それを利用するための、人的、制度的、財政的な資本が制限されている。

バングラデシュには激烈な自然災害があり、政府は人道的な対応を迫られている。バングラデシュ政府は、自然災害は開発問題ではなく、人道的に不十分だとの立場から枠組みづけている。ベトナムは、避難への政策対応を、広範な開発計画の中で行なおうとしている。エチオピア、そして幾分程度は下がるが、ガーナも開発計画の中での対応を選択している。

ゼッター（Roger Zetter）たちが言うように、ベトナムやエチオピアでの開発主導のやり方は、人々の権利や市民社会を擁護する政治空間を開かない。人々の権利は、政治的な言説の中に、弱々しくしか埋め込まれていない。政府は全体として、人権政策とその実施を促進することには乗り気ではない。

政府に、公共政策として避難・移住に関わる気持ちがないのは、政策枠組みを開発することへの政府の尻込みがある。国内移住があることを認めることへのためらいと、社会経済的な結果を管理する政策を作ることへのためらいが、〈政治‐歴史〉遺産の結果となって現われている。国内避難の指針原則を採用できないのは、国内移住に取り組む政策と実施措置を作ることへのためらいがあるためである。

政治意思と関与が起きないのは、環境による避難は将来の問題であり、目の前にある直接的な開発活動や貧困削減の目標よりも、優先順位が下がるためである。これは否定しえないとしても、人権へ対応するには、政府は幾分、政治的基盤が不安定である。政治権力が相争うところでは、物質的な権利を与えることは、政治エリートの権力を脅かすため、到底下からの権限要求には応じられない。政策と統治する社会への挑戦をおそれ、移住と避難への政治的な否定がある。そうした人権擁護に気の進まない弱体な政府がある。かくして権利は、権力構造への挑戦とならない形で、開発へのみ組み入れられる(59)。

権力構造の力学は、多様である。そして権力行使は、静的なものではない。そして政府は、既存の権力構造を脅かす、国際規範や条約に基づく権利を制度化することへの抵抗がある。移住に関する歴史と複雑な政治環境は、土地利用や土地の権利と結びつき、高度に敏感な問題である。バングラデシュでは、土地を扱う非公式の権力ブローカー（彼らは賄賂を要求する）が力を持つのは、国家制度の弱さという固有の特徴があるためである。ケニアの権力構造の中には、伝統制度と政府の制度の均衡関係の他に、土地をめぐる複雑で多様な民族の利害がある。国家への不信が、特に定住計画で国家が果たす役割に対し、人々の抵抗感を生み出している。

移住は、複合的な因果関係の複雑なパターンを含み、その中では、自然要因と環境要因が、政治的、経済的、社会的要因と緊密に結びついている。環境変化は、貧困、地域社会への国の支援の程度、経済機会の利用の可否、意思決定過程の有効性、弱者内及びそれを取り巻く社会の結合の程度のような広範な要因から独立して、人間の安全を損なっているわけではない。

ブルンジでは、旱魃と環境悪化が、土地をめぐる紛争をさらに悪化させる可能性がある。小火器の所有が激増し、兄弟同士でも土地をめぐって殺し合いがある。(60) 環境悪化は関係するが、主要な原因ではないという場合、そうした移住は、環境移住と呼び得るのか疑問になる。現在の移動の形態は、益々複雑になっている。

環境変化は、社会変動の全てにおいて共通の要因であり、特に気候変動は多くの原因の一つである。多くの研究者は、一般に他に生存の道が全て無くなった時、移住は最後の手段だと言って、旱魃と移住の直接のつながりを主張する。環境変化が必ずしも、新しい移住を引き起こすのではないが、既にある移住のあり方をさらに複雑にする。その中で一部には、人々は環境的かもしれない理由で動くが、同時にまた、既にある経済、政治、社会、文化要因に関連している。気候変動が移住を引き起こすかを問題にするより、気候変動が今ある移住の促進要因にどう影響するかを調べることの方が好ましい。

さらに言えば、グローバルな視点から問題を考え、そして地域の現場での気候変動と人間移動の相互関係では、環境促進因が単に、移動の促進因かどうかではなく、むしろ移住を選ぶために諸要因が、互いにどう作用するかにある。気候や他の要因が、移住と言う選択肢にどう影響を与えるかについて知ることは、家族のとる手段が何であれ、出稼ぎを含め、気候変動への対策を強めることにつながる。

概念的には、移動の決断を条件づける、社会・政治的及び経済的な過程のつながりから、環境要因を区別することは難しい。経験的な事実でも同様に、事態は複雑で、直線的な過程ではない。むしろ、変化する環境状況からの影響は、他の要因が移住の決定には重要ではなくても、人々が移住という決定を進めるのか、それとも踏み止まるという決定をするのかの、社会、経済と政治要因という広範な状況の中で考えられねばならない。

環境諸要因は、特に生活への圧力を通じて、移住の一因となる。環境諸要因は、移住に影響する他の促進諸要因と相互に作用する。いくつかの地域では、生活の全的な崩壊にいたるまでになっている。

依然として不明なのは、環境への圧力がどのようにして高まり、どの程度で衝撃を与えるようになり、移住を引き起こすのかである。注意を払う必要があるのは、突発的な災害と緩慢に進む災害の間の交差である。突発的な災害は、緩慢な災害の過程を悪化させ得る。

（2）島嶼国と環境変化

南太平洋の島々では、気候変動が同地域の海水温を上げており、海面上昇と沿岸部の浸食、洪水が問題になっている。フィジーでは、住民が沿岸に住めなくなり、高台に移転した地区がある。人口約一〇〇〇人のソロモン諸島のタロ島では、水没をにらみ、将来の全島移住を決めた(61)。

中でも、キリバスは(62)、気候変動の影響に最も弱い国々の一つと考えられている。水没のおそれがあり、問題はいつまで、どれだけの人が住み続けられるかということにある。同国は、三三のサンゴ環礁からなり、サンゴ礁の上にある人口約一一万人の小国だが、陸地が平らな島々からなり、平均標高は二〜三メートル、平均数百メートルの幅である。気候変動の影響がじわじわと迫り、国が沈むのは時間の問題だと言われている。サンゴの上の土壌は貧弱で、農業発展の機会は殆どない。人口密度は非常に高く、人口増加率は年約三％。太平洋で最も貧困率の高い国の一つである。

キリバスのインフラには大きな負担がかかり、多くの家々は近代的な衛生設備を欠き、町の下水設備につながっていない。浜辺や農業用地は、洗濯や排せつの場として使われている。資金不足で、サンゴ礁を越えて外海に下水を流すだけの十分な長さを持つ設備の工事費用が手当てできなかった。その結果、汚水は波で逆流する。気象条件と高波により、飲料水は質が低下し、汚染されている。これらの要因が、勢いを増す気候変動と合わさって、食料、水、保健医療、インフラに影響を与え、災害に対処する政府の能力に脅威を生み出している。

二〇〇四年、キリバスの人々はオティン・ターイ宣言（the Otin Taai Declaration）の中で、人間が原因の気候変

動は、太平洋の島々の人々に否定的な影響を広範囲に渡って与えていることを認めた。その内容は、

①浸食、洪水、暴風雨による、沿岸地とインフラの破壊
②サイクロンの頻度の増加と激烈さ
③島の人々の生態系であるサンゴ礁の喪失
④降雨パターンが変化し、旱魃が増す地域がある一方、他地域での多雨と洪水の発生
⑤降雨の変化、海面上昇、洪水のため、飲料水への脅威
⑥サトウキビ、ヤムイモ、タロイモ、キャッサバが高温と降雨の変化で損害
⑦デング熱や下痢の発生が増え、健康面で影響

であった[63]。自国に住み続けるためのあらゆる方法を使い尽くすまでに、どれだけ適応が可能かである。島からの他島への移住という道は、キリバスの人にはなじみのないものではない。一九四〇年代、キリバスのバナバ島（Banaba）がリン酸塩の採掘で、人口の大半がフィジーのランビ島（Rabi）へ移った。人々はまた、サウス・タラワ（South Tarawa）の環礁に移動。その結果、キリバスの全人口の半分以上が一つのサンゴ礁に住むことになった。同地での人口密度を下げるため、政府は一九九〇年代、約五〇〇〇人を外部のサンゴ礁に移した。気候変動の影響は、海水温度を高め、海水を酸性化し、暴風雨が強まると、海面上昇が起こる。それがサンゴ礁を破壊する[64]。サンゴ礁が死ぬと、人々の生活収入や食の安全が脅かされ、人々は移動を強いられる。ここで大事な点は、低地の島々の居住性を減らしてきたのは、地形上の変化よりも、むしろ化学変化にある点である。海洋が大気中の二酸化炭素を吸収し、海水の酸性化を引き起こし、サンゴ礁に被害を与え、サンゴ礁の弱体化で波

の勢いが増し、島々を危険に陥れている。[65] 一方、沿岸漁業の状況も変えている。サンゴ礁は推定約一〇〇万種の生物の家であり、地球上で最も生産的な生態系の一つであると言われる。人間の食料供給に不可欠で、全世界で一〇億を超える人々が、サンゴ礁関連の漁業に依存している。加えて、サンゴ礁関連で潜水などの観光業が毎年、何十億ドルの収入を生み出している。[66]

特定の島々でまさに苛烈な衝撃がおきた際には、永久避難は唯一、実行可能な長期的な手段である。世界的な環境変化のために、島からの避難は特別の事例だが、歴史上ことさら新しいものではない。これまでにも火山活動による、多くの島々からの避難退去の歴史がある。しかし気候変動の場合とは、性格上違いもある。火山噴火で退避した島の人々の大半は、退避を一時的なものだと予想、多くの場合、当局の判断よりも早く帰島する。しかし気候変動の場合、島々に住む多くの人々は、水没のような激しく再生不能な変化がおこれば、今後何世紀もの間、戻るのは不可能だと考えている。[67] その結果、島、家、アイデンティティを永久に失ってしまう。これは誰が移住を決定し、誰がその費用を支払うかに関わり、過去の過ちから学ぶ必要がある。

環境的な避難、特に複合的な移住の場合には、「無国籍」になる危険性を高める。無国籍と環境避難の複雑な相互関係の例は、二〇〇四年に発生したインド洋津波の後遺症の際に見られた。ある推定では、約一〇〇万人の無国籍の子供たちがタイに居住し、その多くがビルマからの移民の子弟であった。[68]

無国籍になることは、どの国の法の下でも、市民とはなれないことである。世界中に、少なくとも一一〇〇万人いると推定されている。彼らは、文書や登録を通じて、自分たちの国籍を証明できない人々である。

無国籍者、及びその他の非市民は、気候変動の影響に非常に弱い土地に住み、それを和らげる手段は殆ど得られない。気候変動のため、特に避難の可能性が高い所で、彼らへの支援を行なう上で障害となるのは、適切な対策に欠かせない信頼性の高いデータが不足していることである。

植民地化と第二次世界大戦後の信託統治制度の結果は、この地域の移動に深い影響を与えた。ニュージーランド、フランス、アメリカが中心となって統治した結果、全体として国境を越えた移動が増加したが、かなりの多様性が見られる。大洋州の島嶼国は、この数十年に最大の人口増加があると予測されている。大洋州での家族生活は典型的に、地域社会や村での緊密な拡大家族のネットワークの中にある。

島国の間では、ビザなし渡航で相互に便宜を図っている。しかし、域内の大半の島国の入管政策には、広範な家族集団の移住を容易にする特別の条項はない。今ある地域的な入国管理の枠組みには、自然災害で国境を越えた移動を特に手助けする政策はない。労働の分野での、現在の法的な枠組みの特徴は、自発的な移住の機会を著しく制限している。入国許可後は、職業に就くことは厳格に管理され、多くの国は労働後は人々に帰国を促している[69]。周辺の大洋州先進国は、これらの島国とは反対に、太平洋島嶼国の市民には、ビザの供与でも一般に厳しい立場をとっている。

そのためこの地域では、緩慢に始まる環境避難につながる、複雑で多様な原因を与えられて、政策及び制度上の欠陥を埋めるために、一時保護や人道ビザのような新しい手段が必要となっている。「私の国は沈んでいる。引っ越さなければ」と、気候変動の影響を劇的に演出するあまり、逆に投資の可能性を押し止めてしまっている、という否定的な面もある[70]（メルボルン大学教授、ジョン・バーネット）かもしれない。

今は、島嶼国と非島嶼国の双方で、過去、環境が誘因となった避難の経験から教訓を引き出す時である。手遅れになる前に、予防措置を講じることである。

(3) 遊牧民と環境変化

遊牧民は長い間、いくつかの国々にわたって生活を維持してきた。彼らは移動する能力を持ち、周縁地での生活の危険に対応してきた。しかし今日、遊牧は気候変動に例証される、新しい環境の状況が現われ、それと移動を制約する政府の政策で、深い影響を受けている。気候変動は、遊牧民にとって、特に財政的に、生活の回復力を損ない、脅威となっている。

ケニアでは、遊牧民は重要な少数民族だが、生態系の変化に弱く、対応が益々困難となっている[71]。財力のある遊牧民は、肥沃な牧草地に移動できるが、中小の貧しい家族は、既に移動した親類を頼って出稼ぎする。親類のネットワークは、出稼ぎ決定の重要な要因である。出稼ぎ先の多くは、エルドレットかナイロビで、そこのスラムに住みつく。都市の親類は、仕事を斡旋し、財政的な援助をする他に、短期、長期の住居を与えている。

ケニア政府は、彼ら遊牧民を定住させる政策をとっている。同国では、移住と避難は、土地問題、政治権力、資源利用の不平等、社会不満の結果、高度に政治問題化している。植民地期に強制退去を実施したことと、不平等な開発、民族毎の住み分けが背景にある。問題の複雑さと相対的に弱体な政府、加えて政治的抵抗や資源や能力の欠乏が、進展を阻んでいる。環境悪化による避難民の保護という条項は、法的、規範的枠組みには入っていない。

オマーンとモンゴルでは、政府は彼ら遊牧民に定住を勧め、移動という伝統的な生活様式にはわずかな支援しかしていない[72]。気候変動は、牧草の質、水資源に影響を与え、農村の行動様式を破壊している。さらに、モンゴルでは、政府は税収を増やすため、鉱山業のような大規模の資源採掘の振興策をとっているため、遊牧民に不利益を与えている。同国では賃労働よりも、遊牧による生産物が主たる収入源である。遊牧民は牧草地が利用できず、住む土地を狭められ、資源利用や生活の仕方に変化がもたらされている。彼らには、権利も権限も与えられていない。オマーンでは、石油採掘産業が同じ乾燥地で操業し、遊牧の深刻な妨げとなり、生活を圧迫している。オマーンでは、賃労働が家畜の売買やその生産物より、家計に貢献しているが、やはりその収入の大きな部分は、家畜を利用しての仕事からきている。

彼ら遊牧民は、家畜に頼った生計と土地使用法を変えさせられ、オマーンでは旱魃、モンゴルでは旱魃と結びついた極度の寒さ、暴風、牧草地の減少という、厳しい影響を受け続けている。オマーンではまた、遊牧民に対する就職差別という長い伝統がある。彼らの伝統的な生活や社会制度が、気候変動や政府の行政措置で制約を受ける時、遊牧民は〝環境移民〟となり、自分たちの生活領域から離れて、移住を強いられる。過去には、この避難は国境越えだったが、今日では国境が定められ、国境の壁と政治が、自国内での移動に彼らの移動を限定している。これが、遊牧民を市や町に向かわせる理由である。都市では、彼らが持つ技術は限られた価値しかない。この傾向は、モンゴルでも同様である。

ソマリアでは、遊牧民が家畜を守るための伝統的な方法である移動ができず、不規則で異常な移動をするか、強制的に定住させられている(73)。少数の家畜しか持たない貧しい遊牧民や、トラックで家畜を運べない人々は、雨が少ない地域に取り残されたままである。遊牧民の中には、牧草や水の欠乏で、多くの家畜を失い、都市で永住することを決め、伝統的な生活をあきらめる人もいる。彼らは都市では、都市貧民や国内避難民と一緒になる。

(4) 避難民――移住と権利

避難民は、難民や紛争及び突然の災害で避難した人々と同じような保護や関心を受けていない。彼らは、他の避難民が、キャンプで受ける公的な援助・サービスや身の安全への保障をあまり受けることができず、自助にまかせられている。政府はなぜ、避難した人々へ権利を与えないのかを理解するには、「移住と権利」といった政治の分析が重要になる。この政治は、国際、国と地域の現場という、各段階で起きている。

二〇一五年一〇月、先述のナンセン・イニシアチブは、気候変動につながる人々を含めた、自然災害が引き起こした状況により、避難させられた人々の窮地に応える保護の問題を論議するために、ジュネーヴに世界中から国々を集めた。会議では、災害避難の新しい条約を作るのではなく、また国際難民法や人権法の下での国家の義務とはせず、国や域内組織により、特定の状況や課題に応じて、自身の枠組みへ効果的に措置を統合していくアプローチとなった[74]。移住と権利の問題は、各国政府により、今後どのように形作られ、制度化されていくのか。避難民を含めた強制移動民は、選挙権、外国人の追放など、数少ない例外規定の他は、国際人権法では市民と（強制）移民の間の区別はない。しかし、強制移動民の権利は頻繁に侵害されている[75]。

権利に基づく論説の主要なテーマは、権利は、避難という事態によって侵害されるべきでないことである。これは、国家が領域内の全ての人々に保証することを合意した、人権条約の中に示される待遇の最低基準だからである。しかし現実には、気候による環境変化のため、移動を強いられた人々の権利を保護する、同様な枠組みは存在していない。人権と気候変動の間には、断絶がある。相互に排他的な完全に二つに分離した言説が、この問題には存在している。

「権利」と言う概念は、人々がいかに取り扱われるべきかという、世界人権宣言、その他で表現される原則である。それには直接、間接に、移民集団の人権を守る様々な形の補助的な規範や条約がある[76]。ノン・ルフールマン原則（non-refoulement）は、移民が生命を脅かされる状況へ戻る筋の通った見込みが殆どない状況で適用される。どの社会にとっても危険要因のカギとなると見られる、先在する社会的、経済的、環境的な状況という中で、気候変動は、危険をさらに増すものと考えられている。環境要因は、広範囲にわたる社会経済的な権利から孤立して、権利や安全を損なうものではない。

環境移住の問題は、その焦点が、環境要因が避難と移住の単一の主要な要因であること、を証明することに向けられてきた。人間が生み出した気候変動があると認めるなら、人権の点から、これの明確な意味を否定することができない。人権法は、時の経過で進化する生きた法と言われる[77]。人権法は、危害を逃れた個人に保護の基礎を与えている。これは人権法が、支配する領域内で国家が個人に与えねばならない待遇の最低基準をいうものである。

人権法は難民法に強い影響を与え、難民条約の効力と適切さを増すようにしてきた。人権法は、「迫害」や「特定の社会集団」のような、カギとなる概念を普及させることに役立った。しかし、頻繁に使われている用語にもかかわらず、環境難民や気候難民の概念は、気候と環境の問題が、難民条約の難民の定義には入らないので、存在することはない。気候変動、移住、そして難民の範疇の間には、法的に取り扱うつながりがないことは明らかである。環境難民と呼ばれる人々を難民条約に入れることは、論理の上で根拠が弱い。

難民の権利は難民条約に示され、人権法で補われている。状況によっては、ある人は難民の定義で法的に要求されるものには合わないが、もし送還されれば危害を加えられる危険があるかもしれない。人権法でのノン・ルフールマン原則の拡大が、保護を与えることになる。これは様々な用語で語られるが、通常は complementary とか、subsidiary 保護と呼ばれている[78]。

しかし具合の悪いのは、環境難民についての文献の中には実際上、政策として「政治的」と「環境的」原因の区別を支持するよりも、環境悪化による強制移動民を対象とする人道法や庇護法制の拡大を論じたもの[79]があることである。そしてそれが、押し寄せる庇護民を抑制したい先進国政府により、環境難民の語が多用される根拠となっている。

これらの現象の影響を受けた権利擁護[80]が、どのように与えられるのかを考える時、法的、規範的な枠組みは、ほぼ未決定の状態である。そこには、保護上の隙間・隔たりがある。なぜ、隙間・隔たりがあるのかについては、多くの理由がある。難民なのか、移民なのか、因果関係が不明であり、強制として彼らの移動を定義する上での問題、避難民という特別の範疇を定義し、作り出すことの問題、誰が保護する責任を持ち、義務があるかの決定の難しさ、法的保護の新しい形がいるのか、それとも既存の法で適切に保護されるのか、明確な答えはない。

学者の中には、国際社会は気候変動による移住の因果関係の力学の解明にばかり力を注ぐのをやめて、代わりに制度改革をいかに進めるべきかを決める、権利主体の考え方をとるべきだという声もある[81]。多様な因果関係の中におかれた避難民に、権利を基礎にしたやり方は、政策立案のためには有用かもしれない。

国際的な人権法や人道法の枠組みと並んで、主権国家の国内法は重要だが、それと地域条約は補完的である。これらの法律は、保護の拡大の可能性を広げ、論議の範囲を広げる機会を与えてくれる。国家段階でこの問題を考える時、移住と権利の問題は、二つとも政治的には微妙な問題である。特に、二つの関わり合いは微妙である。一方には法的、規範的な権利保護の枠組みがあり、政府の移住と避難に関する政策は、真空状況の中にあるわけではない。むしろ先の項で見たように、その国の移住の歴史と政策が、政策の方向を認識させ、枠組みし、彼ら避難民の権利がどう明確化されるのかを決めている。

飢饉は往々にして旱魃によって引き起こされるが、自然資源の利用資格を人々から奪うのは、政治的、経済的な制度である。貧困、不平等、市場制度や政治の失敗は、何かが起こった際、原因は表面上、自然災害のせいのように見えるが、実はそうではない。飢饉の場合のように、人間が果たす役割や、国家が避難を引き出す環境災害に関連した事柄からの権利の保護を明確にする必要がある。

この件については、環境要因による移民の大半が、難民というより国内避難民であることで一層、その意味が強められる。強制的に避難させられた人は、しばしば元の家に戻らない。大半の人々は国内避難民になり、彼らの人権を保護する国内規範や政府機関の下に入る。一九九八年の「国内避難の指針原則」は、避難民の権利で基本的な出発点となるばかりか、広範囲にわたる条約を束ねるモデルとなり得る。国内避難民のためにある既存の法的、政策的な枠組みが、十分に実行されるようにすることは、論議が波乱含みな、新たに国際的な地位を作る方法よりも、より利益があり、災害関連の避難への全体的な対応を改善する道と見られる。

環境要因は単独では働かないが、にもかかわらず保護の仕組みは、これらの特別の状況下でも、環境避難を含める必要がある。権利を基礎とするやり方と、資格に基づくやり方を併用することで、政策的にも幅ができる。権利を基礎とする場合には、計画立案に被災民を十分に参加させることが要求される。そして問題は、人権の観点からばかりではなく、責任の観点からも論議される必要がある。国際的な地位を認めるか否かにかかわらず、環境的に避難させられた人々の権利の問題は、緊急な政策事項である。

(5) まとめ

強制移動と環境変化の間のつながりは、激烈な環境悪化が強制移動を引き起こすかもしれない、という感じ方に最も明瞭に現われる。しかし観察すると、違う事実も存在する。例えば、ブルキナファソでの州間の移住では、一般に環境の変数は移住人口の五％を説明するだけで、旱魃による移動はわずか〇・八％であった。一九八〇年代半ばのマリでの旱魃の際には、逆に国際移住は減少している。旅費の工面がつかないためであった[82]。ここで言えることは、旱魃に関連して移住が増えるとの予想は、危険だということであり、人数の大小を言ったり、旱魃の誘因となる地球温暖化で移動が生じる、と言ってしまうことは、危険である。

環境悪化は、自然災害であれ人災であれ、人々が強制的に移動させられるという程度にまで、人々の生計を損なう危険性をもたらす。そのため、政府や国際機関にとって、避難民の移動を環境のせいにする、政治的に便利な理由がいくつか存在している。原因自体を環境としておけば、政府や国際機関の行動には何ら義務が生じない、気楽な対象である。環境は非難されても、反論することはない。

環境移住の状況で研究者は、人的な環境制度についての前提を疑うので、ミクロ段階での分析が重要である。

開発計画やプロジェクト自体が、気候変動に破壊的な影響を与える場合もある。ドナーによる開発計画やプロジェクトが、地元の対処能力や適応能力を損なうことで、環境変化の衝撃を際立たせるかもしれない。新しい農業技術の導入、市場経済制度と土地所有制度は、家族の収入を増やし、食料生産を高めようとするためだが、環境と開発の間の微妙な釣り合いを狂わせるかもしれない。ドナー政府と国際機関は、計画段階で、結果の可能性の評価に注意を払うべきであろう。前もって環境への否定的な衝撃を和らげるべきである。ドナーや開発機関は、環境を守る計画を行ない、被災国は避難民の救援を貧困撲滅計画や紛争防止計画の中に入れ込むことである。

ナンセン・イニシアチブは、自然災害や気候変動の状況の中で、国境を越えた避難に焦点を合わせた。実施上では、その焦点は拡大し、移動の原因や防止、強靭性、災害リスクの削減とともに、国内避難をも考えることが必要になった。さらに、避難と移住の間の線引きをする、分析上の複雑な問題があることがわかってきた[83]。

ナンセン・イニシアチブが提起した問題の性格上、対処の上で最も関係が深いと見られる機関は、UNHCRとIOMである。これらの機関に今与えられている委任事項には何があり、出現しつつある問題は、どこに当てはまるかである。UNHCRは、自然災害や気候変動の中で、避難した人々の保護へ責任を持つ立場にある。国連のグローバルな保護グループの統率者であり、「事実上の難民」に保護を与えている。グテーレス難民高等弁務官（António Guterres）の下で、自然災害の救援で大きな役割を推し進めてきたが、公式的に委任事項を拡大することには、ドナーと受け入れ国政府から、かなりの抵抗がある。UNHCRは毎年、国連総会に報告書を提出し、事実上、委任するという形で承認されている。

関係者の中には、UNHCRに単に権限を委譲する危険を言う人々もいる[84]。第一の懸念は、UNHCRは責任を果たす能力があるのかであり、機関内での優先事項となるのかどうかである。第二は、環境が原因で国境を越えて避難した人々は、難民とは性格上、非常に異なる人々である。避難の大半は、緩慢に始まる要因による旱魃のようなものから出る。個人ごとの地位の認定は、きわめて困難である。この分野で役目を引き受けることは、ＵＮＨＣＲに通常の業務を越えることを要求することになる、と言う。

ＩＯＭは、従来国連制度の枠外にあったが、近年国連制度の中に入り、移住に関わる最も重要な国際組織となっている。移住／避難の区別なく、移住について仕事ができる利点を持っている。さらに、この問題について膨大な調査報告書を出している。人道危機の際、移民保護で関係団体が提携するために、「移住危機作業骨子」(Migration Crisis Operational Framework) を作成した。ＩＯＭは世界中で、「キャンプの調整活動と管理担当」のグループの一員として、ＵＮＨＣＲとともにグループを共同で主導し、避難民の保護に活発に関与している。

ＩＯＭの事業は、自然災害と気候変動の分野で、人間移動の殆ど全ての局面を扱い、組織としてかなりの柔軟性がある。問題点としてあげられているのは、ＩＯＭは益々、保護業務に関与を深めているが、ＵＮＨＣＲよりも保護の委任事項が明確さを欠いていることである[85]。

ＵＮＨＣＲもＩＯＭも、自然災害が発生した場合、国内外の避難に対応する最も重要な役割を持つ一方、他の組織もまた、重要な働きをしている[86]。彼らの委任事項や事業もまた、ナンセン・イニシアチブによる追跡調査には適切な対象である。ＵＮＤＰのような開発機関は、災害予防と復興で特に重要である。同機関は近年、新しい戦略の主たる部分に避難を入れている。

国境を越えた自発的な適応移住は、自然災害への強靭性を増し、将来起こり得る避難に対処するために、太平洋の島々で、現在危険な状況にある個人や家族の適応策として、包括的で決定的な手段となる。いつか、いくつかの島は消滅するかもしれない。その市民は家をなくし、どこかに避難所を求めるだけではなく、無国籍になる。おそらく、これが国際保護としては、最も差し迫った問題である。

海面上昇で水没する小さな島嶼国の無国籍者の保護には、「無国籍者の地位に関する条約」(the 1954 Convention

Relating to Stateless Persons）と、「無国籍の削減に関する条約」（the 1961 Convention on the Reduction of Statelessness）と、ＵＮＨＣＲの無国籍者保護の委任事項があり、重要な問題となっている。ただし、気候変動と低地の島嶼国の消滅についての調査を除けば、環境の過程と無国籍のつながりを調べる実質的な調査は、今のところ存在していない[87]。

今ある調査では、関与する要因の数が多いため、気候あるいは環境災害で、移住が不可避というわけではない。多くの研究者は、災害が将来、今より頻発しても、政治的な取り組みや保護手段がとられ、必要な財政手段があれば、国外移住の必要は減らせる[88]、と言う。海面上昇でさえも、堤防の敷設や埋め立てで、部分的には衝撃を和らげ得る。現実に避難させられたり、移住を強いられる人の正確な数を決めるのは、投資、計画と資源次第だ、と言われる。実際の証拠に基づくものがあれば、人々が置かれている脅威や、彼らは元の家に戻れるか、それともどこかへ移転すべきか、を決定する基準を作ることができる。

4　環境変化と紛争
——因果関係はあるのか？——

大量避難は、生態系に影響を与え、その結果、人々の生活、そして国家の安定性に深い影響を与える。気候変動は、食料や水といった生活資源を減少させる。不足した人々は、資源の回復と適応の手段をとる。そのため、残る資源をめぐって、紛争に巻き込まれるかもしれない。最終的に、人々は地域を離れることを余儀なくされ、国際的な難民や、国内避難民の数を増やす、という予想が立てられている。そして環境移動や、それと関連する紛争を防ぐための戦略を開発することへの、国際社会の関心が高まってきた。

環境破壊・崩壊から逃げ出すことは、初めは、残っている人々の間での武力闘争といった、逆境への暴力的な対応は少ない。しかし、資源が同様に逼迫する、他の人々の領域に移民が侵犯する時、暴力の可能性が生じる(89)。つまり、生態系が悪化し、環境資源が枯渇する時、極端な場合、紛争と暴力にいたるかもしれない。それは、難民条約の意味での難民になる。

環境変化と紛争の間の因果関係、そして強制移動との関係について、世界的に関心が高まっている。問題は、政策担当者と研究者双方からの重大関心事となり、紛争に関連した避難の場合、環境要因はスーダン・ダルフール紛争との関連で、特に注目された。

環境への著しい負担は、既に見たように、移住を生み出す一つの要因となるだけである。そして、政治的、社会的な紛争もまた、移住と調整作用を生み出す。これらの二つの過程は、しばしば重なり合う。環境的な欠乏が生じ、資源をめぐる競争で紛争にいたる可能性がある一方、限られた研究ではあるが、移住それ自体が紛争につながる、という研究もある(90)。

しかし、現実及び可能性として、〈気候変動–移住–紛争〉のつながりは、問題含みである。確固とした経験的な研究は殆どなく、規範的で、多くの弱い仮定があるだけで、そのつながりを言うことには、非常な注意がいる。

気候変動と、極端な環境異変という事実はあっても、それが移住の原因となるというのは、まだ推測の域を出ていない。環境変化、紛争と移住の間のつながりはどういったものなのか。因果関係はあるのか。国家及び国際的な安全保障上の意味は何か。国内、国家間の影響・衝撃はどう違うのか、など疑問点は依然残ったままである。

環境による移住の問題は、複雑な要因、特に移動を強制する多くの原因があるために、発生の時期と規模を予測することは困難に満ちている。それゆえ、環境悪化が、移住と紛争の根本原因だという程度を調べることが、重要である。

（1） 環境悪化と紛争──直接のつながりはない

環境が原因での移住と紛争の間のつながりを一つとってみても、簡単に因果関係を見出すことは難しい。西側のマス・メディアは、紛争による大規模避難に対し、紋切り型の報道をしがちである。アフリカでの暴力的な政治紛争は、〝部族抗争〟の視点から説明され、文明化された西洋の理解を越えるとされる。熱帯雨林やゴリラを守ることの方が、難民の逃亡よりも、欧米の公論にとって、より重要なのは驚くことではない。

因果関係で、単一の要因を探りだそうとすることは、環境的資源やその衝撃が、政治的、社会的、経済的に多様な要因を通じて、人の移動に重要な役割を果たすという事実を、隠してしまうおそれがある。災害と環境悪化は、避難と紛争の引き金となる。それがまた、環境悪化を引き起こす。この問題には、考えねばならない他の多くのつながりがある。実際の事例で考えてみたい。

【事例1・ソマリア[91]】 この国では、国家の管理能力や効果的な行政の仕組みがないため、天然資源の誤使用や過剰使用で、環境悪化が広範囲に起こっている。商業生産や森林伐採は、天然資源の適正さを欠き、旱魃の原因にもなっている。木炭の輸出が、戦争経済の重要な一部になり、利益の多くが、土地の軍事的指導者のもとに集まる。

旱魃と紛争による避難の間には、間接的なつながりがありうる。旱魃は、肥沃な土地と資源をめぐる争いを激化させ、紛争を悪化させる。逆に、武力闘争は旱魃を悪化させる。戦火や軍事活動が、環境へ有害な影響を与える。自動式の火器が人々の間で普通なので、これまでの争い方とは異なり、族長の権威を認めず彼らを攻撃する軍事指導者のために、伝統的な解決の仕組みも弱まっている。

武力闘争のため、治安の悪い場所は通過できないので、遊牧民の通常の移動は妨げられ、旱魃のために移動する他の人々の移動も妨げられる。土地の接収や囲い込みは、遊牧民の移動を制限し、紛争の引き金となる。武力闘争はさらに、旱魃地域への人道機関の到着に影響を与える。ソマリアは援助者にとって、世界でも最も危険な場所の一つとなっている。そこでは、人道空間が危機的なほど、縮小している。

紛争と武装勢力の攻撃のおそれから、人々はケニアに逃亡。大量な人々の流入で、ケニアは二〇〇七年、ソマリア人に国境を閉じた。国境をまたいで居住するソマリア遊牧民には、国境越えが許された。警察、官吏に賄賂を渡せない人々は、警察から暴行され、勾留、そして強制的に帰国させられた（ノン・ルフールマン原則違反）。中でも、ダダーブ難民キャンプ（Dadaab）は世界で最も古く、巨大で最も混み合う難民キャンプの一つである。ケニアの環境状況は、ソマリアよりも良いというわけではない。

以上のことから、環境ストレスは、間接的に紛争とつながる可能性がある。しかしその衝撃は重大で、資源量の低下とこれらをめぐる争い、そして避難させられた人々による新しい土地での緊張、あるいは他の地域に生活機会を求めて動く人々が生み出す緊張状態から、不安定さが直接的に生じる。紛争発生の高いリスクがある国での環境ストレスの高まりは、人口移動を増大させ、潜在的な紛争の可能性が益々、出てくる。

環境によって誘発された紛争の多くは、宗教、民族、国内紛争を装って、現われる。[92] 紛争の大半は、宗教、民族、内戦の装いをまとって、環境誘因の紛争の中に埋め込まれている。

【事例２・スーダン・ダルフール[93]】〈環境変化－移住－紛争〉のつながりで、例外的な複雑さがあるのは、ダルフールである。北部ダルフールでは、気候変動の規模は歴史上、先例のないものであった。降雨量の減少で、半砂漠の耕作限界地は砂漠になった。気候変動の影響は直接、地域の紛争に関連したと考えられる。砂漠化は遊牧民社会の生活に深刻な影響を与え、牧草を求めて、南方への移動を余儀なくさせた。

砂漠化と旱魃が、遊牧部族の移住パターンを新しい土地に変えさせたことは疑いがない。気候変動は続き、土地の状態は、生きるためにどこかに移動せねば、と感じる程度にまで低下した。移住パターンの変化は、生存のための適地を求めて、ダルフール北部の人々に、より永久的な移住となり、紛争に至った。アラブ系の民兵、ジャンジャウィード（the Janjaweed Militia）は、追い出した人々の持つ土地を約束され、そそのかされた。

ダルフールでは歴史上長いこと、部族や他集団同士が紛争状態にあった。これらの紛争は一般に、急速な人口増加の中で、資源をめぐる争い、相対的な物資の欠乏、実質的な生活機会の低下、という相関する事実があった。ダルフール紛争の根源の一つとして、気候変動による資源をめぐる争いの歴史がある。サハラ砂漠の南方への拡大と共に、旱魃周期の期間の長さが増し、人間の行動に影響を与えたと言われる。ダルフールでは、小規模だが広範な農業耕地の拡大が進む一方で、遊牧民集団による家畜の牧草消費が増し、砂漠化を促進した。

今日のダルフール紛争は、一九八七年に起きた資源をめぐる争いであるフール・アラブ紛争（Fur-Arab 紛争、北部のアラブ系遊牧民が、中央部の定住フール人地域に侵入したことによる紛争）が一つの原因だったが、類似性が見られる。旱魃とそれに続く飢饉のため、一般に北ダルフールのアラブ系遊牧民が、より牧草の多い土地と毛皮を求めて、南下したことがある。他の農民との衝突は、避けられなかった。気候変動は移住を強いるだけでなく、紛争を引き起こす。

環境悪化と、同じ時期に起こる移住は、紛争の十分な条件ではない。紛争はむしろ、伝統的な資源をめぐる争いを和らげるために作られた、社会的な仕組み・構造の崩壊とともに、環境へ重圧がかかった結果である。一九七〇年代初期、当時のヌメイリ大統領（Jaafar Nimeiry）は、首都ハルツームで権力を固める方策をとった。そうした方策の一つが、ダルフールの部族を基礎とする統治制度を廃止することであった。ダルフールは、政権にとって難題であった。この方策は、結果的に、地域の伝統的な紛争和解の仕組みを壊す触媒として働いた。

一九八〇年代後半、一九九〇年代前半、ダルフールの部族集団を分割する戦略は、管理不能な状況に陥った。それは資源不足と相まって、資源をめぐって争う部族間の暴力的な相互作用の歴史を作り出した。そこには、争いの源に対応する仕組みは、存在しなかった。部族側に言わせれば、ハルツーム政府が、土地の統治制度に手を出したことで、主要な危機を招いた、という。

ダルフールのように、移住の形の変化と相まって、気候変動は人々の集団を紛争に陥れる怖れがあり、暴力の連鎖へと容易につながり、避難を生じさせ、地元の環境条件の悪化を促進する。気候変動は確かに、ダルフール危機の原因の一つかもしれないが、根本原因を一つに絞るのは、他の重要な要因を曖昧にする。ダルフール危機の原因は、環境悪化と地元資源の逼迫だけではなく、環境的に促された移住を管理する社会的な能力の低下と不能、地元の和解制度がないことにもある。

この理由から、移動パターンが争いを起こしそうな場所で、対話と和解を促す、地元の社会的な仕組みを作り出す特別の工夫がいる。自然環境と資源低下で起こる競争を過度に強調することは、紛争を助長し、大量避難を防ぎきれなかった、スーダン政府の責任を赦すことになる。気候変動を大量虐殺やテロリズムと同一視する、過度の単純化や運命決定論に走る危険がある。

分析が少ない中で、移住がどのように環境要因をめぐって暴力になるかを、結論づけるのは困難である。しばしば暴力は地方に限られ、組織化されてもいない。関係する地域社会の被害は甚大だが、武力紛争とは見られない。

資源の争奪では、力のある集団と力の弱い集団の競争になる。西アフリカのセネガルとモーリタニアでは、セネガル川沿いにダムがいくつか建てられ、水量調節と水力発電、耕地拡大と水運の興隆がめざされた。目的は良かったが、その結果は、川沿いの土地の高騰とこれらの土地を管理する権力エリートの間で争いが起こった。権力エリートは、自分たちに都合よく、権利や資源配分を決定、変更し、その結果、少数民族は突然、資源が欠乏することになった。排除された約二万人のモーリタニア人がセネガルに流入した。そして彼らは、没収された家畜を取り戻すために、モーリタニアへ襲撃を行なった[94]。

環境変化で生ずる紛争は、宗教、民族、そして他の抗争で生じる紛争よりも、数はより少なくなる。環境変化、ないし環境へ重大な負担をかけたことから起こる紛争は、それ自身が、社会的、政治的文脈の中に埋め込まれている。環境変化は、他の事柄（要因）が紛争の引き金となる、緊張状態への背景を作りあげる。

グローバルな気候変動と現地での環境悪化は、紛争発生の多くの要因の中の、単なる二つの要因にすぎない。大規模な武力紛争は、薪や炭の入手のような資源の利用をめぐって、燃え上がるかもしれない。そして、（伝統的な）紛争解決の仕組みが弱まり、自動火器の流通のような暴力紛争の危険性が増す時、他の要因は環境要因よりも、より決定的な役割を演じる可能性がある。

環境的な移住や紛争がどこで発生するか、という問題は、紛争が発生するかどうかや、どの程度か、を答えるよりも幾分やさしい。人口圧力（そして紛争の可能性）は、危険度と規模に応じて、分類可能である[95]。人口圧力が暴力紛争を生む可能性が高い場所では、環境にかかる重圧に適応したり、改善する制度上の能力が弱い。紛争を呼び込むと一般に見られる、三つのカギとなる条件がある。①再生可能な資源の質と量の面での減少。②人口増加と一人当たりの消費量の増大。③地元民の間で資源利用が不平等、である。

これらの条件がそろう時、生態的限界と資源争奪の二つの過程が、紛争を生み出すかもしれない。人口増加と資源利用に不平等さがあり、人々を急な高地の斜面や、砂漠化と隣接した限界耕作地のような、生態的に脆弱な地域に移住させる時、生態的な限界が発生する。これらの地域では、人口が高密度化しても、地域の資源を守る知識や資本がないこともあり、厳しい環境破壊となり、結果的に特有な貧困に陥る[96]。

環境資源の欠乏は、一九九〇年代に論議が進められ、広範に話題として受け入れられたが、国家内の暴力事態になるという、ある意味で衝撃的だが、大雑把な論から、今や分析の焦点は、二つの方向に向かっている[97]。第一は、紛争を促すのは、豊かな資源の独占的な管理であり、欠乏ではない、という主張である。第二は、気候変動が進む時、環境がもつ諸力は強まると見られる一方、カギとなるのは、これらの諸力は、単独では働かないことである。低開発、生活の環境依存、人口高密度と人口増加、収入の不平等を考察すべき、という主張である。貧困や不平等の他に、武器の入手可能性といった実際的・便宜的なものから、復興を支える制度的な介入能力、国家の正当性のような構造的なものまで、環境への圧迫と相争う利害に関連して、紛争の傾向に重要な役割を果たしているとする、より妥当な考え方である。

移住は、絶え間なく変化する、環境的、経済的、社会的、政治的要因の組み合わせに反応して起こる。現在の研究では、環境変化が一因と見られる紛争は、国内で発生する傾向があると考えられている。極度の環境問題が紛争と移住を引き起こす役割を果たし、時には受け入れ地域での紛争につながる場合でも、環境悪化と紛争の直接的なつながりは、アジア、アフリカ、ラテンアメリカでも見つからなかった[98]。

人々はめったに、環境関連の紛争のみで、移住することはない。全体としての状況の中で、その中に埋め込まれた構造から、〝環境紛争〟の過程のみを分離することが、現実からは困難だし、現実を歪めることにもなる[99]。

（2）保護と法的な隙間——国境越えの避難

ソマリア人は、ケニアのような隣国になぜ来たのかとたずねられると、首都モガディシュとその近郊の紛争だ、という。より詳しくたずねると、明らかになったのは、多くの人が最初モガディシュから地方や他の都市へ逃げたが、これらの地域は旱魃と環境悪化があり、さらに遠方への移動を強いられた[100]、という。この話は、紛争、環境悪化と避難が、いかに複雑に相互作用しているかを示している。旱魃もまた、二次的、かつ長距離避難のもう一つの形を作っている。

人はなぜ、家を離れたのか？　人間の移動は、めったに一つだけが原因ということはない。それは、経験的にも理論的にも、十分に確立されている。自発的か強制移動かは、時には区別が難しい。しかし法的には、その区別をつけねばならない。環境と紛争による強制移動の問題で、最も重要なのは政治的問題であり、保護の問題である。保護の際、どんな形の権利が環境的な避難民に与えられ、どんな国際制度が最善の形で対処できるかについて、論議が長い間続いている。また、どんな政策が、多様でニーズが全く異なる集団に対し、有効で、権利ベースのアプローチや因果アプローチは、効果的な保護を与えられるかどうか、という問題がある。

焦点は、国境を越えた強制移動民だが、難民条約の難民の法的定義を満たさない人である。移動が強制されたり、これが自国での保護の不在と結びついた時、国際保護の必要が出てくる。そして、この点では、理論的なものや一般化が、否応なくストップする点である。事例毎の原因の特定とニーズの評価は、避け難くなる。気候関連の災害と紛争による避難民は、多くの異なる保護問題に直面する。食料、水、住居、保健医療、そしてジェンダーに基づく暴力等々がある。

先のソマリアでの話を続ければ、洪水もまた、旱魃と紛争の二つの理由と同様で、逃亡する避難民の移動を妨げる。ソマリア南部では、二〇〇九年夏の突発的な洪水で、人々が国境を越えて、ケニアに逃亡するのをむずかしくした。既に資源が乏しい地域での、紛争、旱魃、洪水は、地域の資源を枯渇させる。降雨地域へ、大量で、異常な移動が起こった。今日では、人々は携帯電話で、地域の降雨について、直ちに状況を互いに知らせ合う。富裕な遊牧民は、トラックで巨大な数の家畜を運び、牧草地に突然、巨大な圧力を加える。これは、その地域に一層の災害を引き起こすこととなり、乏しい資源をめぐる争いが生じ、争いはさらに避難の引き金となる。[101] ソマリアでは、法律が公告されず、誰も知らない。法律は、実施・適用もされない。多くの点で、伝統的なソマリ族の法が、より重要になっている。

ソマリアからの避難民は、全員ではないにしろ、ケニアへの国境を越える。二〇〇六年ケニア難民法は、国連難民条約と一九六九年OAU条約を基に、彼らを難民と認定した。ケニア駐在のUNHCR職員は、旱魃と紛争が同時に発生すれば、原因は分離不可能とした。またダダーブ難民キャンプでのインタビューでは、旱魃は少なくとも、彼らの避難の理由の一つであった。[102]

また、ブルンジでの旱魃の際、多くの人々がブルンジ国内にいるより、隣国ルワンダへ国境を越えて移動した。ブルンジでは、避難についての法や政策はなく、担当局の官吏でさえ知らない。国境を越えての移動は、違法と考えられていたが、人々は民族的、言語的に国境沿いに住む、同じ人々であり、移動は容易であった。二〇〇四年の旱魃で、多くの人がルワンダに逃れた。しかし理由は旱魃だけでなく、二〇〇五年の選挙で、民族に基づく迫害があることをおそれていた。避難民自身は、UNHCR職員やルワンダ当局に政治的な話を詳しく語っている。UNHCRは、難民条約の難民の定義に合致すると判断した。[103]

今日、気候変動の結果として、国境を越えた避難民を保護する国際条約はない。国際人権法が、間接的な権利を与え、本国への送還が非人道的な取り扱いになる時、入国させ滞在できるようにしているが、これは全ての避難状況がそうであるわけではない。[104] さらに、各国の国内法や地域の国々の取り決めは、一般に移民本国が災害に遭って損傷を受けた状況に、一貫して対応しているわけではない。

現在の国際法の多くは何十年も前に作られ、今日論議を呼んでいる諸問題を考慮・想定していない。他の補助的な法関係のものとしては、国連の世界人権宣言、無国籍削減条約、難民についてのカルタヘナ宣言のようなものがある。気候変動への国家の責任を明確にすることは、最も複雑な問題の一つである。

既存の国際法の下では、いかなる国際組織もそうした人々の保護を委任されていないので、避難への最終的な解決を見つけるどころか、国境を越えて災害で避難する人々が、入国を認められ、援助が受けられる保障がない。法的な隙間が、一般に災害状況での国境越えの避難には存在する。継続的な滞在の例や国境越えの避難民の入国許可さえあるが、そうした措置は普通、一時的で、調整されているわけではない。法的な保護問題だけでなく、実施上で、制度的にも資金手当てにおいても、障害が生まれる。

事態の改善のために、ナンセン・イニシアチブは、気候変動の衝撃を含めた、災害という状況の中で、国境越え避難の問題に対応し、準備を整え、予防するために、政策的に可能な選択肢を見出そうとしてきた。同イニシアチブの主要な目的は、気候変動の否定的な影響を含む、災害という状況の中で、国境越えの問題に、どう適切に対応するかについて、影響を受けた国々の間で、合意を成立させることであった。この目的のために、運営委員会により、五つの地域（太平洋、中央アメリカ、アフリカの角、東南アジア、南アジア）で、政府間協議が開かれた。そして、同じ地域で、市民社会の団体の会合が、別箇に持たれている。

協議では、災害の際の国境越え避難に対応して、既存の地域合意が適用できないが、その可能性を調べる必要が出てきた。地域合意がない場合には、一時的な保護[105]、入国許可、恒久的な解決につながる滞在許可の開発を考える必要があった[106]。協議はまた、避難の多元的な原因という性質を明らかにした。特に、気候変動に関連し、緩慢に始まる災害と、その緩慢な影響である。人々の移動は、災害によって単独に引き起こされるよりも、むしろ災害と気候変動の状況の中で、移動が起こることを明らかにした[107]。

ナンセン・イニシアチブでは、二〇一二年、二〇一三年の二つの専門家会議を経て、二〇一四年二月、「一時的保護、または滞在措置に関する指針」（Guidelines on Temporary Protection or Stay Arrangements, TPSAs）ができた。この指針は、人道危機や複雑で混合した人口移動が発生した際に、既存の処置が合わないか不適切な場合、各国政府の対応を助けることを目的としている。指針は、多国間及び地域を基礎に合意される、長期的な措置になることを呼びかけている。強調されたのは、国家の単独行動や一時的計画よりも、該当する地域での国境を越えた調和のとれた取り扱いをめざし、避難民のさらなる移動意思を減らすことを目的としている[108]。

環境悪化に動機づけられて移動する人々は、もしも根本的な制度改革と考慮が働かないなら、法的地位を継続して欠き続けることになる。特別の社会集団に所属するが迫害を受けていなかったり、必ずしも国境を越えていなければ、難民条約では難民の地位は与えられない。彼らは〝法律上のジプシー[109]〟（legal gypsies）である。

人間の安全保障と保護の規範は、直ちに事態に即席の影響を持たないと思われるが、保護能力を与える、重要な拠り所になる。保護の論理を気候による環境避難へつなぎ、保護の規範と条約を強化することは、現地で何らかの理由で取り残された人々も含めて、移動を強いられた沢山の人々の支援に重要である。

(3) まとめ

紛争と環境変化のつながりには慎重であるべきだが、温暖化は地域の破壊と移動、紛争を導く、急激で大規模な変化を引き起こす可能性を高めると言う人がいる。気候変動は、今ある環境や開発問題に重なる時、主要な環境変化に影響を与え、個人、社会集団、そして国家にとって、安全保障上の問題になるという声もある。環境変化への懸念は益々、地政学上の安全保障や紛争の可能性の点から言い表わされている。気候変動、海面上昇や河川流域での浸食が、安全保障上の話の中心になっている。半乾燥のアフリカのサバンナでは、水資源の減少があり、遊牧民と農民の間に争いはある。しかし現在の研究では、環境要因はまだ、国家間の紛争にはいたってはいない。

人間の住む生活世界の、社会的、政治的状況は、非常に広大、複雑で、土地分配の形態、家族や地域社会の構造、財産の所有権や市場制度のような経済的誘因、法的な動機を含んでいる。これらの要因全てが、環境変化と相互作用し、紛争に導くのは、単に環境変化ということだけではない。環境的な紛争は、とりわけ資源をめぐる紛争というより、民族的、宗教的紛争を含む、政治的、社会的緊張それ自身となって現われる。

気候変動が、特定の場所で、移住の引き金となる紛争の可能性を、どのように増やすかを深く理解するには、他の要因と相互に作用する仕組みの理解が必要だし、これらの諸要因が変化するプロセスの理解が、大事である。気候変動は、その影響力が最も良く見える生態系でさえ、不均質な影響力を持っている。

気候変動は、人間生活へ潜在的に否定的な影響を及ぼす時、人間の安全に危険なものとなる。注意すべきことは、環境変化を安易に、紛争や強制移動につなげることは避けねばならない点である。実際のところ、〈気候変動－紛争－移住〉のつながりを知るには、一層の研究の深まりが必要である。

5　移動の決定、適応、そして回復力

環境変化は、人々の生活にどのような影響を与えるのか。人々の持つどんな資源が、どのような影響を受けるのか。緩慢に生起する環境変化と、突発的に起こる災害関連の環境変化の間の区別は、なぜ重要か。貧しい人々は、異なる影響を受けるのか。

地震、洪水での避難のように、突発的に始まる環境変化のような明らかな事例は別として、問題は通常、例えば砂漠化のように、緩やかに環境変化が始まり、環境の状況が低下して、環境移住の必要性が生じる場合である。事態は、生計を生活環境に直接依存する人々に、影響を与え、生活に緊張を引き起こす。

気候変動が長い周期で発生するように、環境悪化から生じる移住の多くは、緩慢だが長期間かけて起こる。これらの状況は日々無視されるが、環境移住で最も危険な形である。環境の変化は生活に影響を与える。特に人々の借金を増やし、収入を減らし、食の安全を損ない、健康に否定的に影響し、食料の質と量を低下させる。

災害は人々を貧困へ陥れる。暮らし向きの良かった人が貧しくなり、極貧層を作り出す。経験上で言えば、社会の中の最も貧しい人々は、資源、情報、社会資本といった、遠距離移動、特に他の国々、他の大陸への移動の際に、必要な資源を欠いている。彼らは、農村から自国の都市へ移動する。移動地での彼らの生存戦略は、物乞いや売春である。人々を他国に移住させる促進要因の一つは、相対的な貧困や社会経済的な不均衡の問題である。

避難は長引く傾向があり、世界的に開発面からの対策を緊急に必要とする、危機的事態が生じている。これは、強制移動民の開発面からの改善策を考えねばならないことを意味する。原因国、受け入れ国、目的国での開発計画が、人道援助を補完する必要が、緊急に出てきている。

社会に対する気候変動の衝撃・影響の解明をめざした、これまでの主流となる研究は、今後数十年において、移動を強いられる人々の数の観点から、問題を枠組みづけようとしてきた。しかし、数より重要なものがあるのではないかというのが、本節の論点である。貧しい人々に対する、環境変化による潜在的な移住衝撃を軽減することは、開発戦略の中心課題となるべきであろう。これらの目的は、また権利の擁護と人間の安全を考慮に入れるべきであろう。

（1） 生活への影響

危険な洪水地域は、特に南アジアや東南アジアの主要な河川、デルタ、河口部にある。また、ツバルやキリバスのような太平洋の国々では、海面が上昇し、多くの人々の生活に直接の脅威となっている。将来の被災は、確かなものとなっている。そこに住む人々は、気候変動の受け身の犠牲者[110]、と言われる。被害を緩和する措置が何もとられず、被災の可能性がある人々への保護がなければ、国外移住しか選択の余地がなくなる。次に、いくつかの事例をあげて実態の理解につなげたい。

【事例1・バングラデシュ[111]】 同国では、環境からの圧力は二つあり、一つは極端な異常気象。もう一つは緩やかに変化する気象である。堤防の崩れがあり、年に推定一〇〇万人が避難している。二〇〇九年のサイクロン（Cyclone Aila）で、少なくとも五〇万人が一時的に土地を失い、家がなくなった。土地を永久に失った人々は、貧困者となった。補償等はあるが、補償過程や土地の再分配をめぐる権利が適切に定められていない。被災者にとっては、手続きには限界がある。制度は透明性を欠き、利得は力のある土地所有者の手に集まり、貧者は近隣の村で、農業労働者となるか、都市へ移動する。

多くの人々は、国内南西部の環境的に弱体な沿岸地域から移住してくる。バングラデシュから、インドへの人の流入が継続的にある。インドには、数百万のバングラデシュ人社会がある。彼らは一般に、不法な人々とされ、国境の両側で無視されたままである。チッタゴン丘陵（the Chittagong Hill Tracts）地域での避難民と、ビルマからのロヒンギャ族の存在は、バングラデシュのもう一つの話である。

大規模な人口移動は、気候変動の結果だと言われているが、とられている政策はと言えば、災害救援と広範な回復事業のみである。若干の緩和措置はあるが、復興や将来の大規模避難や計画的な定住の考え方はない。政府は、緩和策と適応政策で問題を封じ込めようとしている。

政府の公式文書には、〝環境難民〟や〝気候の犠牲者〟の文言さえあるが、しかし公式の定義はない。彼らをどう見出し、権利を守り、ニーズにどう合致させるかの記述はない。難民条約には未加入で、国内避難民の公式定義はなく、国際的な国内避難の指針原則は、国内法に取り入れられていない。ただし、市民団体の活動は活発である。

【事例2・ベトナム】　同国では海岸浸食の脅威がある。中でも、脆弱な地域は、人口が最も過密なメコン・デルタである。洪水は、毎年定期的に起こる。一帯では、特に浸食が速い。海面上昇や、ダム建設や開発で、上流からの土砂の流入量が減り、また人口急増で内陸から人が移り住み、マングローブの伐採が進んだことなどが、浸食を進める要因だと言われている。

デルタでは環境変化で、地元民の健康、飲料水の質、土壌の質が悪化している。海水の流入で、井戸が使えなくなったり、かんきつ類などの収量が落ちたりと、既に人々の暮らしに影響が生じている[112]。人々は収入を減らし、生活の質を下降させ、就業機会が減り、借金が増えている。被災社会の人々が対策のため最も必要としたのは、環境問題への情報を入手することであった[113]。カンボジアでのベトナム移民のインタビューでは、彼らの半分は、部分的な理由として、環境問題のために、移住を決断していた[114]。

デルタの肥沃さと領土の拡大と防衛のため、ベトナムは、政府によるデルタへの定住と自発的な移住の歴史を作ってきた。しかし、現在のメコン・デルタは、経済、社会、環境要因のために、移民の流出が続いている。

【事例3・キリバス】　キリバスは、南太平洋に散らばる三三の環礁からなる島国である。人々は、自分たちの環境と漁業の面で、気候変化の影響に気づいている。しかし、科学で変化を説明されるよりも、むしろ原因は神の仕業だ、としている。[115] 今ある変化や土地の水没は、人間の悪行を罰しようとする神の合図、と信じている。この考え方は、キリバス人の思考と行動を制約し、自分たちが経験している変化に、積極的に取り組むことを妨げている。

他方、政府にとっては、海面上昇の発生で、気候変動による影響を減らすために、数多くの政策と計画が必要になってきた。大半の島々が海抜三メートル以下で、移転する高い土地もないため、持続性のある国内移住という道はない。そこで国の指導者は、国民のために国外への移住という、新しい機会を作ろうとしてきた。

二〇一四年、同国はフィジーのバヌアレブ島に、約二〇平方キロの土地を購入した。[116] 土地の購入は、国民が将来の選択の幅を広げるためのものだ、という。「尊厳を持った移住」(migration with dignity)政策は、キリバスの国民全体の長期的な戦略の一環である。

政策の目標[117]は、国外への移住を望む人々に機会を作ることであり、そのため第一に、受け入れ先を多様化し、オーストラリアやニュージーランドのような国に、在留民社会を作ることである。そうした社会は、長期的にその後の移民を支援でき、また送金を増やすことができる。費用は、政府が補助する。政策の第二は、移住した社会での適応を可能にするため、キリバスでの教育、職業資格の水準を、引き上げることである。

キリバス政府が提唱した、国境越えの労働移住計画は、気候による変化への対策の一例である。ただし、この政策は、移住の準備ができ、移住したい人には助けとなるが、誰にも利用できるわけではない。中には、限られた読み書き能力の人や、自給的な生活をおくる人がいる。生計を守るこの方法は、限られた数の人々にだけ、当てはまる。この政策は、全員の保護を確保した移住の仕組みではない、おそれがある。政策が、送り出し国や受け入れ国で、長期的に肯定的な結果を持つかどうかは、まだわからない。

【事例４・サモア】(118)　南太平洋に位置し、主要な二つの島に、約一九万人が住む。気候変動が様々な面で、人々に影響を与えている。沿岸部の低地のインフラは弱く、少なくとも人口の七〇％が、気候変動に対し弱い立場にある。被害の程度の大きい人や、家族からの十分な支援がない女性、老人等は、最も弱い立場となっている。困難な時には、慣習上の助け合い、安全網があるが、送金が、カギとなっている。移住は、家族の収入を多角化し、環境変化や気候変動に対応するだけではなく、より良い教育、雇用や社会的な連絡網の拡大を、求めることである。若い人々は、マス・メディアやソーシャル・メディアを通じ、情報に接している。気候変動への対策や災害リスクを削減するための教育キャンペーンも利用している。

人々の大半は、「気候変動」という言葉を知っているが、科学的情報を日々の生活にどのように適用できるかが、明確になっていない。気候変動が生活にもたらす影響や、環境の中での諸変化には気がついている。人々の中には、伝統・慣習的な知識を再解釈し、今ある事態を循環の一過程であるとしたり、他の人々は神の意思と関連付けしたりしている。一般に、自分たちを、気候変動の犠牲者とは考えていない。彼らは、何世紀にもわたって環境変化に対応してきた、と言う。

外国に滞在中の移民は、気候変動がサモアに与える影響を知っている。しかし先述のように、人々が移動する際には、経済、社会、環境要因の組み合わせの中で起こるが、彼ら移民は移住の促進要因を他から分離して、気候変動にのみ考えを絞っているわけではない。個人や家族が行なう移動は、沿岸地域からの国内移動、首都への一時的移動から国外移動まで、幅(119)がある。首都アピア（Apia）に移動した人は、コミュニティ活動に参加するのが見られる。一方、国外に移動した人は、教育、職業や生活の快適さのために、村に戻ることはむずかしくなっている。

政府は、気候変動への適応だけを目的とするのではなく、むしろ他方面にわたる問題への強靭性を増す、包括的な解決[120]を目ざしている。同国では、人々の移動は新しい現象ではないが、気候変動は促進要因として、現実性を増している。

【事例5・ペルー[121]】 アンデス山脈の東斜面に住む先住民ケロ（the Q'eros）は、教育、職業を求め、そして気候変動が原因で、移住を始めた。ジャガイモの生産量が低下し、降雨量の変化で質も低下した。ジャガイモへの寄生虫の発生・増殖や、アルパカやラマの飢えや死がある。経済的、社会的、環境的な要因が、ある程度、彼らの移住を説明するが、それだけでは不十分である。彼らは気候変動を、因果関係で理解しようとするわけではない。欧米的な理解にみられる、人間とその文化が一方にあり、自然と環境がもう一方にある、二分法の上に考えが立てられるのとは異なっている。

移住は、適応の形でありえ、気候変動はある意味で、移動に結びつくのだが、ケロの場合、気候変動は象徴的な重要事となっている。彼らにとって、気候変動と移住の相互関係は複雑で、通常の因果関係を超えるものである。祖先の地を離れ、儀式から離れ、儀式自体を観光用に見世物とすることが、気候変動をもたらすと考える。ケロの世界観では、自然と人間との関係は、分離されず、連続体として理解されている。大半の人々は気候変動を、神との間にある、相互関係の結果として説明する。しかし、何人かの人々は、その方向はとらず、宗教を変え、伝統的な儀式を取りやめている。

以上の事例から、気候変動は地域ごとに、人々の生活に様々な影響を与えていることが、理解される。次いで問題となるのは、移動を決定するプロセスの解明である。

（2） 移動の決定

誰が、どこへ、いつ、移住するのか。突発的な自然災害の発生は、しばしば行動を決める境目になる。ソマリアでの旱魃が、恒常的な政治的不安定さの中で、飢饉になったような場合である。突発的な災害は、緩慢に始まる災害の過程を悪化させる。緩慢に発生する災害への対処には、災害状況で人々がどのような回復力・強靭さを作り出し、現居住地に留まり、適応できるようにすることができるか、である。

太平洋の島国ツバルで、考えてみたい。

【事例・ツバル】[122] この国は、他の太平洋島嶼国と同様に、海面上昇の問題がある。問題への対処にあたって、二つの選択肢がある。第一は、干拓をして、新しい土地を作り出す。しかし、これは新国家の領海の線引きのような法的な区分が含まれてくる。第二は、自分たちのアイデンティティと社会を捨て、どこかに統合される。一万二〇〇〇人のツバル人はまだツバルにいるが、シドニー、その他の巨大都市に散らばるかもしれない。しかし文化、言語やアイデンティティを失うよりも、むしろ代わりに、新たな再創造もできる。また同じような環境を持つ他の島々への再定住ができる場合には、心理的な負担は低いが、しかし大半が低地なので、将来同じ運命になるかもしれない。

いずれにしろ、第二の場合は、他国に領土の譲渡を求めることになる。太平洋地域では、オーストラリアとニュージーランドが一般に、土地を融通すると考えられている。他の可能性としては、インドネシア、フィリピン、ソロモン諸島、バヌアツ、アメリカ、日本が、あげられている。

もし島の人々が、全島あげての避難か、退避が適切な選択だと決めれば、最初にすべきことは、移動の「ころあい」である。これは、適切な移住計画をたてることを可能にする。それとも、大災害の後の方が、人々に移動を納得させるのが容易かもしれない、という懸念はある。

移動の決定に際しては、環境変化の長期的な影響を理解し、適応と回復力（強靭さ）の観点から、移動の影響を適切におしはかることができる、長期データと研究に基づくことが、必要になる。長期データは、立案された適応計画の効果を、その後に評価できるようにするために重要である。人々の適応がどうなるか（可能性）は、権力のあり方が、国、地域社会に不平等な中で、事態が主として推進されていることを忘れてはならない。また、移動の決定は、家族とその立場の弱さや、その程度によって、強く影響されている。移動の決定を下すのは家族段階だが、そこでの社会経済的、及び文化的次元の話は、環境移動の促進因としては、あまり注意が払われないが、理解を深める必要がある。これらの要因は、人々の適応過程が進むにつれて、変化する。

何人かは移動を強いられる一方、他の人は移動するための資金がない。移動で最も利益を得る人々の多くは、彼らの隣人たちよりも、既に強靭さを持っている。貧しく弱い人々は、環境が悪化しても動く力がない。しばしば幼児、高齢者が取り残され、後に強制的に定住させられる。ジェンダーと人口構造もまた、環境的に誘発された移動で役割を果たす。

緩慢な環境変化では、移動可能な人々は、資金を持ち、社会的な連絡網と代替可能な生計手段を別に持ち、単独で移住する傾向がある。経験上、出稼ぎは、多様な生計手段を持つ家族にのみ、利益となる。他の人々は、出稼ぎで生きのびるしかなく、良くはならない。水準が低下することさえある。

こうした状況を踏まえて、「困窮移動」（distress migration）という言葉があるが、「避難」という言葉より適切かどうかについては、まだ論議が続いている。それに関連する論点は、いつ全ての家族が離れるのか、いつその場所での生存の可能性がなくなるか、という「時」であり、その時が「強制避難」と言いうる、という主張もあ[123]

る。

移動が決定したら、次に決めるのは、新しい社会を作るのに、人々はどこへ行くべきかである。途上国政府は、農村から都市への移動を一般に非難し、移動を容易にするよりも抑制しようとしてきた。比較的注意が払われなかったのは、環境関連の移住の目的地である。国内移住が都市区域で圧力を増す一方、国際移住は環境移住の著名な特徴になっている。この点に関しては、環境的な移民の出身地の出来事に話が集中し、目的地についての詳細は限られるが、頻繁に南から北への移住とされる。これは不正確である。環境への重圧による移住の大半は、短距離で、性格的に循環性がある。個々人は危機が終われば、元の土地へ戻る。(124) 〈農村－都市〉、〈都市－農村〉、〈農村－農村〉そして国境を越えて、〈南－南〉を含めた移動を、大きく理解することである。

ところで、避難させられていない、避難できない、避難したくなく、「留まる人」を見逃さないことである。何人かは、弾力的な回復力を期待して留まる一方、他の人は事実上、留まらざるを得ない。彼らは、移動のための資源も伝手もない。動くことができず、気候変動の最悪の影響を避けるための出稼ぎができない。(125)

ケニアでは、土地に〝霊〟がいることが、自分たちの土地からの移住を妨げている。(126) 何人かの人は、精霊とのつながりを持つ家を、離れることをためらう。家族を守る神が、家や土地にくっついてその場にいる。死者は、中庭に埋葬している。しかしこれは、年老いた層で、若い人々は、これらの伝統的な考えからは離れつつある。若い彼らは、移住で得られる社会的、経済的機会を重視している。

何人かの人にとって、留まることは積極的な選択かもしれない。適応と強靭性の戦略かもしれない。これは、受け身の犠牲者としての脆弱者集団の概念に挑戦し、代わりに、人々の持続可能な戦略と機能を表わしているのかもしれない。勿論、移住の機会を利用するための必要な技術、資源がないために、留まらざるを得ない人々もいる。脆弱な家族に対し、社会的な保護を強めるには、移動せずに留まる人々に、強靭さをつける方法が必要になる。避難すれば特別のニーズが必要となるが、留まる人にはそれに倍する深刻な保護の問題がある。被災者全員に対する取り組みが不可欠である。どちらの場合も、例えば権利を基礎にした保護制度や人間の安全保障の原則の適用が、留まる人々の支援で考えてみる一つの方法であるかもしれない。

(3) 権利と保護

自然災害で避難・逃亡した人々の大半は、自国内に留まり、人道援助は必要だが、迫害のおそれはないと広く思われている。避難民グループで最も周辺化され、弱い人々は、女性だけの家族である。移動の資源もなく、災害の渦中で現場に留まらざるをえない[127]。

無国籍者や移民は、しばしば一時的で、不法で、地理環境が最も悪い状況の中で暮らしている。無国籍者は、災害からの回復や、気候変動に適応するために行なわれるコミュニティ支援活動の中では、優先度が与えられていない。なぜなら援助は、一般に政府を通じるため、直接に最も被害を受けた個人というよりも、登録がない無国籍者には、配分されない[128]。市民権は、支援を受けるための条件である。

法に関係する事柄として、全ての人は人権を持っている。法は、女性、子供、障害者のような、特別のグループへの人権を強調する他に、全ての人に付属する普遍的な権利を述べる、国際、地域、国内の広範な法で、人を保護している。人権は不可分で、相互に依存し、相互に関係する、と広く受け入れられている。人権を支える基本的な概念は、人間個々の持つ固有な尊厳に由来している。

かくして権利は、立場の弱い移民や避難民といった、異なる人々のためにあるが、保護によって何を意味することになるのであろうか。国際法は、保護について実質的に言及はしているが、定義はしていない[129]。一般的な用語法においては、移住に関する保護は、移動する人々のために、政治的、市民的、社会的、経済的、及び文化的権利を守る他に、安全、安全保障、尊厳、脆弱性の軽減に関連している。

国民国家は動的な諸制度の集合体と見られ、自国領内の避難民を含め、依然きわめて多くの影響力を保っている。国家は人権法の下で、全ての人について自発的に責任を守る義務を負っている[130]、と言われる。避難した人々に対し、既存の土地か、新しい土地が定住に使われるかどうかは、国家主権として決定がなされねばならない。しかし国家が弱体で、統治構造が貧弱な中では、弱い人々は自分たちの利益を守る権利を利用し、改善を求める力を持つことができない。歴史上の経験や、開発で入植した（させられた）定住地での、避難民の数々の経験を検討することは、論議を適切に枠組みづけるのに役立つが、今日、弱者集団が無主の土地へ移動できる余地はなく、代わりに危険な土地へ移動している。利用可能な土地は欠乏し、過去と比べて実行可能な手段ではなくなっている。移住を制限しようとする政策、そして原因と状況に注意を払わないことが、貧しい人々の脆弱性を増している。

政治制度や政策で対応するという枠組みにもかかわらず、環境に関連する人々の権利を擁護する場合には、物質的権利（物資の受給権）の点からなされているのが、実情である。生活の回復、生活の安全ネット、安全な土地への定住のような、物質的ニーズが予想されている。生活再建に不可欠な、避難民のエンパワーメント、意思決定、定住計画への完全な参加のような政治的権利を与える、構造的な点が見落とされがちである[131]。分析の枠組みにおいて重要なのは、環境悪化に対し、単に脆弱な人々だけに権利保護を与えることだけではなく、他の多くの社会経済分野や、ぶつかる利害を横断して、事態を明らかにすることの必要性である。換言すれば、誰が権利擁護のための原則と規範の実施を確保するべきかである。政府の側からの対応に限りがある中で、バングラデシュのように、災害救援で活発に活動する市民社会組織やコミュニティ組織が、途上国で見られている。

環境への重圧や気候変動による避難に対して、現実及び潜在的な衝撃・影響が見込まれる中で、避難の概念は、権利と保護の状況の中で、どのように扱われるべきなのか。そして、権利、特に保護の権利が、移民にどう与えられるかという、新しい視点を与えている。

環境が誘因となった避難に関連して、人道機関の役割を認識し、国家が権利の保護を明確にし、対策をとることは、緊急の課題である。権利や保護の問題を明確にすることは、環境変化、特に気候変動の結果を管理するという問題の一部である。

（4） 環境による移住（出稼ぎを含む）は失敗なのか？

現在の論説の多くは、環境に誘発された移住を失敗と見て、最後にとられる受け身的な反応、手段として扱っている。しかし移住は、時には積極的で、前もっての対処であり、個人、家族、時には社会全体が自分たちのリスクや脆弱性を減じる方法となっている。移動を決断することは、被災地を離れるプッシュ要因として働き、好ましい場所は、経済的なプル要因になる。

気候変動の影響を受けた社会の多くは、既に自分たちの生計や安全の問題に適応し、耐え忍ぶ手段として移住を使ってきている。一時的な移住は例えば、異常気象の時に、どこかに賃労働で出かけ、家族の収入を得ている。気候変動への移住という対応を見ると、地域ごとに非常に異なっているのがわかる。ある場合には、洪水の増大が移住の可能性を減らすし、他方では移住を通じて生計を多角化する新しい試みともなる[132]。移住するのは主に男性だが、いくつかの国では女性が増えてきている。移住は主に家族の中の個人のみだが、インドでは核家族全部が一緒に移動している[133]。

どんな状況なら、家族は移住を危機管理の手段として使うのか。危機管理として、家族はどのように移住を使うのかを理解する必要がある。異常気象に直面した時、強靭性のある人々は、土地利用、教育、社会ネットワーク、公式・非公式の制度を利用して、様々な選択肢の中から手段を選び出し、利益を得ることができる。対照的に、上述の制度が利用できない家族は、変化への基礎となるものを欠き、進むべき方向を見失い、崩壊的な状況に陥る。危機が予想される中での事前に移動する人々は有利に見えるが、しかし危機が深刻化して事後に移動する人々と同じように、何人かは利益を得ることができるが、他の人々は一層状況が悪化切迫する(134)。

次に、類型化(135)してみよう。

【移住を生計改善に使う家族の場合】 選択肢が沢山ある中で、移住を生計上の良い機会と見る。タイ北部ランプーン県での移住は、活発、行動的で、移住は積極的な選択で、家族に利益をもたらす機会と見られている。同地では、降雨量の変化で、穀物生産量が減り、農業収入が下降した。しかし、地方政府の支援で、各種の所得創出策とコミュニティ資金の活用があり、移住は個人の選択の問題で、必要物ではない。移住者の送金は、子弟教育、医療、資産に投資され、環境変化の影響を感じていない。

【移住を生存のために使う家族の場合】 このグループにとっては、移住は生活安全上の最悪の結果を避けるための手段である。移住は、可能性は高いが、他に実行可能なものがあれば、第一の選択肢とはならない。移住は直接、食料確保のためであり、季節的か一時的に行なわれる。気候変動による穀物収穫量の不足や、家計の赤字の一時的救済である。移住は、隙間を埋める手段である。しかし貧困周期から抜け出すことは容易ではない。

人々の多くは、一般に土地が少ないか貧弱な土地で、何とか生活している。生計の多角化はできるが、この方法では、家族の食料確保には不十分である。このグループの家族は、上記の生計改善グループより、諸制度の利用が少ない。移住用に必要な資産はあるが、移住という選択は危険である。彼らは、移住が不満足な結果になるか、災害が対処能力を越えた場合には、生活状況が容易に危険域に入る。移住するには初期の支出が必要なので、借金の悪循環に陥り、移住がうまくいかなければ、飢えにいたる。

土地がなく、貧弱な農業技術、生活を天水農業に頼る、貧しい家族の場合には、降雨量の変化に敏感に反応し、〈農村 - 農村〉の移住を、気候リスクの管理のために使う。移住は短期のリスク管理で、家計の長期的な改善には結びつかない。土地なしの未熟練の家族にとって、移住は収入の不足分を埋め合わせるが、技術の修得や教育程度の向上にはならない。この種の移住は、生活上の強靭性を増したり、将来の何らかの機会につながるものではない。

【移住を最後の手段とする家族の場合】　このグループに属する家族の場合には、移住は家族を益々脆弱にし、貧困からの脱出を妨げる。このグループは、生存のための移住グループと似ている。所有する土地はないか、乏しい。貧しく、生活を多角化する選択肢もない。子供は親と同じ、低い教育水準のままである。職は、農業の未熟練労働につく。貧しさのため、食料消費を減らしたり、食物の質を下げたり、資産売却か村内の他からの援助を求めざるをえない。これらの家族には既に、移動の余地は限られている。村全体が同じ問題を抱えていれば、危機の際でも、相互の助け合いはむずかしい。

移住は、食料不足を避ける最後の手段だが、移住費用を手に入れるため、信用貸しに頼り、それが家族を益々貧しくする。数としては少ないが、再発する災害で移住を繰り返し、生活の基盤が崩れる。選択肢が殆どない家族は、生きるために、飢餓の季節になると、国内をさすらい移動する。

ガーナでは、移住の最も重要な引き金は、穀物生産量の下降、雨季のズレと失業。雨季が変わり、長い旱魃と洪水が頻発すると、危機が始まる。家族は収入不足を移住で埋めるが、残された家族全体としての、生活の改善はできない。母子家庭は、労働年齢の人を欠き、土地もなく移住もできない。

タンザニアでのこのグループの場合は、洪水が主要な災害である。予測不可能な気象パターンの変化と、移住の決定との間には、強いつながりがある。移住を決める上で影響を与えるのは、①洪水の増加、②洪水期間の長さ、③水不足、である。移住する人の大半は、若い男性で、女性は全体の約三分の一である。形としては、〈農村－農村〉と〈農村－都市〉が入り混じっている。

移動は、適応の形か、それとも通常の積極的適応には見られない危機状況の下で、人々が動いていることを示す指標なのか、直に言うことはむずかしい。上述した類型から読み取れるのは、移住は災害の結果、直接にとられる役割・機能という面が強調されるが、そうした面は少なく、代わりに、生活の事前の多角化という働きをする面がある。人々は、移住という適応戦略を使って、一ヵ所以上の場所で、彼らの資産を維持できることを理解している。

勿論これは、環境関連の強制移住が避けられないことを否定することではない。忘れてならないのは、移住は家族、個人、そして時には、社会全体が生活を改善し、リスクや脆弱性を減らす積極的な手段だということである。特に緩慢に始まる自然災害と、気候変動の影響の下では、国内の他地域、もしくは可能なら他国への自発的移住は、人道危機の時には、避難のリスクを減らし、雇用を求める機会を与えることになる。

（5） 適応と回復力——地元の声を聞く

災害は、緩やかな環境変化よりも一層、強制移住の明らかな原因であることははっきりしているが、その影響や対策は、社会的、経済的、政治的に、多様な変数を反映していることを無視すべきではない。直近では、ブルンジとソマリアでの経験に焦点を合わせた報告書がある[136]。その中で、気候変動、紛争と移動をつなぐ力学の複雑さのほかに、環境変化に対応する弱体国家の適応能力が乏しいという、危険性を浮き彫りにしている。気候変動で避難させられた人々の多くは、自国内に留まる傾向があり、国内避難民の資格がある。気候変動は、避難の他に定住の強制でもある。

インド・アッサム州では、政府の洪水対策に一貫性がない[137]。家族段階では、災害に対し適応能力を高めることの意味が、理解されていない。食料、保健医療、住居のような基本的なニーズが満たされず、送金額もわずかである。特に女性は、金融の知識に乏しく、金融機関の利用もできない。わずかな費用で、災害に備える方法（緊急用の食糧備蓄、安全な水、改良型の料理コンロ）や、生計の道を多角化する方法もわからない。送金を、災害防止に役立て、安い費用で洪水対策に使うこともできない。

途上国政府の多くは、生態系の評価を効果的に実施したり、保全策を開発する、科学的及び技術的な専門能力に欠けていることがある。説明責任や指導・訓練する、制度も弱い。統治システムも、組織を横断して、十分に調整されていない。そこでは、移住や開発政策が、環境政策と直接に衝突する。これらの不一致と矛盾が、地方や国段階で存在するだけでなく、国際的な開発機関や環境機関の計画の間でも生じている。

途上国では、技術的、人的、財政的な能力が不足しているために、避難民の適応は、益々むずかしくなる。政府の政策や人口成長のような、気候を変化させる促進要因でないものと、実際に気候の変化を促進する要因（気候促進因）の間の区別が重要である。気候促進因は、海面上昇、農地の塩害化、砂漠化、水不足のような、緩慢な変化であるのに対し、気候異変での大惨事は、洪水、嵐、氷河の溶解による洪水のような、突然の劇的な変化である。これらの要因全てが、気候変動にさらされる限界地に住む、弱い立場にある人々の数を増す。

途上国では全体的に、市民社会の構造と能力が未だ弱いままだが、他方で市民組織や地域社会組織が全ての国で、災害救援を行なった経験を持っている。これが、能力開発の足がかりとなっている。バングラデシュの沿岸部では、コミュニティを基礎とした適応を助ける活動が行なわれ、地盤が低い地域では、住居を洪水から守るために、土地の嵩上げの援助をしている。[138] 地域社会を基礎とした適応の試みは、適切な開発活動を刺激する。地域の人々による沿岸地域の変化の監視、早期警戒制度の導入、伝統的知識の活用、他の生活手段の開発につながる。地域弱者の適応能力を高める、マイクロ・ファイナンス計画もある。

長期的な視点で言えば、住民への権限付与や訓練、若者への技術修得機会の提供がある。これは、近隣の町で仕事を見つけられるようにする、開発関連の強化計画である。この種の長期計画は、強制移動や計画的移転とは反対に、参加型で権限を与える動きである。

適応と回復力

適応と回復を考え実践することは、災害の受け身の犠牲者である弱者集団という、紋切り型の妥当性を全く疑うものである。適応と回復の実践はむしろ、人々の技術や対策、働きを浮かび上がらせる。移住は、ありうる適応手段の一つにすぎない。

「適応能力」(adaptive capacity) は、起こり得る被害を緩和し、機会を利用し、気候変動の結果に対処するために修正を行なう、体系的な能力と定義できる。[139] 多様な要因が、気候的な変差に対処するのを可能にしたり、抑制したりするが、地域社会の場で考えると、一般に優勢なのは、開発程度・段階、資源利用の程度、そして科学的・技術的な能力の程度が該当してくる。

適応は、多様な形をとる。良質の教育、訓練、気候変動の認識、技術的改善方法(雨水の保管設備、旱魃に強い種子、沿岸部の防護物、生計の多角化、限界耕作地や放牧場を改良し、地域社会全体で過剰使用を回避する取り組み）があり、政府と市民組織双方で、環境変化への対処を図ることが可能である。農業や保健のような主要な分野での、適応能力を増すことが重要になってくる。

適応と回復を行なうのは、ミクロ段階では、家族であり、個人だが、しばしば短期的な対応でしかない。インド北東部のアッサム州は毎年、洪水で人々が避難し、食料が破壊され、家畜が死亡し、インフラが壊されている。送金は益々、家族収入のきわめて重要な部分となっている。この地方からの移民労働者は一般に男性で、州内やインド国内の都市区域の非正規雇用部門で働いている。男の出稼ぎで、残された女性は、災害への備え、農業経営、食料の確保など、家計を維持するために、新しい技術、知識や能力開発を必要としている。(140) カギとなる概念は、脆弱性を減らし、適応を進め、回復力を増し、持続性につなげることである。

適応と回復力を理解するには、多くの要因を分野別に分けた個別の適応の研究と計画よりも、視野の広い見方が必要とされる。それは、初期の福祉、生活の回復力、自己防御と社会資本のような要素を含んでいる。生活資源、資産、資源利用の可否、連絡網、教育歴、ジェンダー、人種、民族、貧困のような、非気候要因の知識が含まれている。

地元の知恵、考えを聞く

気候変動と移住の間のつながりを調べる調査の多くは、影響を受けた社会の見方を十分には考えていない。学者、政治家、開発実務者の声が、気候変動では独占的に語られるが、地元の人々の知恵、価値、信仰を尊重することが、被災社会を復興させる上で、重要となるのは論をまたない。

災害は非常に異なった形で現われる。脆弱な人々への洪水の影響は、地理的な位置次第だし、洪水は現実に農業に役に立つという面もある。地元の人に、彼らが何を疑問に思っているのかを聞くことは、最も適切で、外部者が誤った推測をするのを、避けることができる。

例えば、世上の一般的な言い方では、島についてのグローバルな話は、気候変動の影響を受けて島は沈み、彼らは不幸にも難民になるのを待っている、と表現される。しかし、インド南西部の海上にある、ラクシャドウィープ諸島（the Lakshadweep Islands）の人々の感じ方は、それとは違う[141]。島の人々にとって、気候変動はまだ十分、人々の共通の言葉とはなっていない。島の人々には、気候変動は生活への危険、生存への脅威として現われていないが、外部者には見てとれる。

島の人々にとって、波止場を損なう、波による海岸浸食の問題は、日々の食料、燃料を運んでくる、渡し場の仕事に直接影響し、島々を結ぶ輸送を阻害しているので、大きな関心事である。

島の人々は、近年の暴風雨や大きな波、洪水、温度や降雨量のパターンの変化を訴える。変化は感じても、気候変動のような、グローバルな過程とつなげることはできない。氷河の溶解、温暖化は、双方とも海面上昇になるが、予想はできない。科学者の言う危険と、地元民の感覚の間には、大きな溝がある。

島では、「場所に属する感覚」が、人々のアイデンティティを作っている。「誰でも、ここが好きだ」が、移動の可能性をたずねられた時の、人々の共通の言葉である。島の人々は、雇用と教育を求めて移動するが、静かで平和な島の生活と、人々との絆を求めて戻ってくる。移動は、彼らの価値や信仰制度に脅威となる。定期的に開かれる公の論議の場は、情報交換や協力の場となる。その場は、問題をあげ、包括的な解決策を見出す公の場であるが、しかし気候変動の話は出ない。

環境悪化を管理する伝統的な知恵が、彼らを適応の行動へと動機づける。島内、島々の間には、相互依存関係があるので、こうしたつながりは、情報交換と啓発に使われ得る。気候変動で引き起こされる移動は、もし起これば、彼らの適応、回復を支えている、土地の文化、知恵、アイデンティティは、損なわれる。

今後は、島の不可欠な生活活動に否定的な影響とたたかい、そうした被害をどのように減らしうるかを考えることが必要であろう。これは、現地で住み続けることを解決と考えるなら、避けて通れない課題となっている。

(6) 人々のリスク管理と適応戦略

移住は、被災民にも受け入れ社会にも、大きな影響を与える。人間の生活を損なう事態を避ける意味で、人の移動は適切だし、計画に値する。災害の発生原因が、緩慢か突発的かで、移住の形態は異なる。一時的避難、永久の避難から、循環的移住と永久の移住がある。緩慢な環境変化の場合には、限界点、すなわち移住にいたる境界を見分けねばならない。

気候関連の災害は、災害リスクの管理の方策を求める。適応戦略の適用と災害リスク管理の実施が、脆弱性を減らすことになる。気候の変動過程は性質上、長期間を要し、長期的な適応戦略を持つ必要がある。

生活面で適応を支え、強靭性を強化し、生活の持続性を可能にする、事前対策が最良のものと見られる。法的、制度的改革を進め、包括的で多元的なアプローチである。避難を防ぐために、計画的に適応や強靭性の強化を行なうために、どの程度まで、法的、規範的枠組みが、現場や地域の行政や、市民社会の側の力を支えることができるのか。

しかし、現状はと言えば、大半の政策は現在、殆ど全部が移動過程に注目し、焦点を合わせている[142]、ように見える。被災国は、しばしば限られた能力と保護の意思しか、持ち合わせていない。法律は、紛争後や災害後の状況では、きわめて限られた役割しか果たせていないが、国内法や実施措置は、重要な役割を果たすので、保護について、実際的及び法律上の欠陥を埋める必要がある。

法や政策による解決が必要な一方、これらを作るまでには時間を要するので、今ある法律をどのように適用するかを見ることも大事である。紛争、旱魃、洪水の被害を受けた国々は、特に気候変動に弱い一方、慣習法の枠組みや仕組みといった強みも持っている[143]。それらは今後、改善され、支援される必要がある。

移動が、環境変化の影響というより、適応戦略として理解するなら、移住を動機づける個別的な要因として、環境を分離することはできない。対策にあたっては、人々はなぜ、どのように移住するのかである。紛争と強制避難の状況の中で、救援、復興、開発計画での、環境政策と対策の統合を図る必要がある。

重要なことは、気候変動の影響を受けた社会に、政策を実施する場合、永久の移住が適切で、望ましいやり方だと、自動的に想定しないことである。気候変動に関連する移住は、適応する人々や社会の能力を反映したというより、変化の基礎にある事柄への対応が、弱いために起きている。援助側は、紛争及び災害によるリスクの高い人々というばかりではなく、少なくとも移動せずとも、伝統的な生活様式で、持続する方法で、人が住めるような長期的な援助と開発計画を工夫・開発すべきである。

また移住は、繰り返しになるが、単に失敗として見られるべきではなく、環境変化への適応の一つの形として、見られるべきである。人間の持つ潜在的な働きを無視せず、実際には地域社会はどう働き、反応するのか、かくして適切な政策対応とは何であるべきか、移住の肯定的な影響を調べる必要がある。移住は、適応計画の中でもっと論議される必要がある。

6　新しい対応策の開発
――能力と資金と研究――

災害を導く極端な気象の発生は、人々や社会がリスクに適応し、準備をどのようにすれば良いかで、政策担当者の関心を呼ぶ。アジアで起きた二〇〇四年の津波や、二〇〇五年のアメリカでのハリケーンといった、突発的に発生し、マス・メディアを通じて、人々に良く知られた災害の場合には、災害の犠牲者は公私の寛大さを呼び起こし、人道援助を受けることができる。

その一方で、多くの人々は、徐々に進む環境変化で、対処し適応するための援助も殆どなく、静かに生活基盤を崩され、根こそぎにされている。既述のように一般に、国際社会は移住を適応の失敗、とみなす傾向がある。しかし移住は、今もそして長いこと、多くの地域で気候変化への適応であった。気候の状況によっては、避難という選択肢もとらなければならない。

キリバス、ツバル、そしてマーシャル諸島の人々は、他の太平洋の国々への移住を望んでいる[144]。移住する人々の希望と選択で、目的を実現するためには、課題がある。彼らは、難民とも国内避難民との資格も認められない。他の太平洋の国々、もしくは域内の国々に定住できるように、太平洋地域での入管政策を変える必要がある。それは、気候変動で最も影響を受けた人々に、定住の権利を与えることである。

事態を予測、計画し、管理する責任は、主に国家であるが、国際社会、各国家、そして市民社会が、適切なやり方かどうかを、決定する必要が出ている。現在、多くの関心が、気候変動の交渉に向けられている。問題なのは、歴史的に多大な汚染者であった国々が、生態的な負債を認め、その結果として、被害を受けている途上国への責任を背負うかどうかである。

避難の危険性のある人々を、より安全性のある場所へ移すことは重要だが、災害リスクを削減する活動、気候変動への適応策、緊急対応策、インフラ改善、土地改革のような、生活上の強靭性を増す他の方策は、人々ができるだけ長い時間、自分の家に留まれるようにする活動である。長期的な気候変動へ適応するための出発点は、短期の気候的な流動性と、突発事態への準備と適応であり得る。対策が効果的であるには、適応のために包括的で、脆弱性を持つ、多様な要因に働きかけることである。

国際社会は、環境関連の避難民をどのように保護すべきか。難民条約の改定なのか。UNHCRが主導権をとるべきなのか。これは今ある、UNHCRの委任事項の能力を損なわないのか。保護と援助の費用は、誰が支払うのか。総じて、環境関連の移動という、新たな範疇の人々のために、新しい条約と、特別の委任事項を持つ新しい組織の必要があるのか、という点が問題になっている。

避難原因が多岐にわたる中で、既に見たように、気候変動と環境悪化は、移住を引き起こす要因の一つにすぎない。かくして、環境関連の避難に対処する新しい条約、あるいはより一層論議のある、難民条約の改定には、注意が必要である。とるべき方策は、新しい難民制度を作ることではなく、説明責任を果たし、国際協力を行ない、環境保護の基準を定め、統治を改善するための、真の努力をすることである。望ましいのは、今ある法的、規範的な枠組みを採用した、一九九八年の「国内避難についての指針原則」の例にならうことであろう。

(1) 避難移動への枠組みの不在

気候変動に関連した災害状況の中では、避難を減らす試みは、しばしば早期警戒と緊急事態への備えか、災害後の定住と救援計画に集中する。今現在、国内、地域内、世界段階での気候変動の中で、避難、移住への制度的な枠組みは十分、明確に定められていない(145)。

これまでの経緯を振り返ると、「気候変動に関する国際連合枠組み条約」(The 1992 United Nations Framework Convention on Climate Change, UNFCCC)は、気候変動の因果関係に応える、共通の国際的な枠組みを提供している。二〇〇七年には、「気候変動に関する政府間パネル」(IPCC)の第四回評価報告書が発表され、人間が原因となる気候変動が加速化し、既に環境と人間生活に深刻な影響を与えているとした。

各国は、気候変動と移住を結びつける土台を準備しようとした。国際社会は二〇一〇年一二月、「カンクン適応枠組み[146]」(the Cancun Adaptation Framework, CAF)で、気候変動に誘発された避難、移住、計画的移転について、可能なところでは、国、地域、国際段階で、理解、調整、協力を促進する方策を各国自らとるよう求めている[147]。移住が避けられない時、適応の手段は、危機状況が発生する前に、人々が自発的にかつ誇りを持って移動できるよう助けることとされた。国別の適応計画[148]は、上記の構想に沿って作られ、域内の気候変動戦略の中で、人の移動に組み入れることで達成されるようにした。

しかし移住は、テーマとしては現われたが、取り決め上では、移住をしなくともすむよう防止したり、必要な場合には、移住を手助けするための詳細な取り決めはなかった。適応戦略には、二つの面がある。①好ましくない「困窮移動」(distress migration)と避難を避け、②気候変動へ、より良く適応可能な移動を促す点である。

気候変動や環境要因が働く状況で、避難させられる大半の人々は、自国内に留まるという主張から、権利の保護の考え方が開発されている。一九九八年の「国内避難についての指針原則」は、この新しい種類の避難民に対する、権利保護の拡大のために、有用だと見られている。国内避難民の人権を支援する制度を作るやり方が、比較的成功をおさめたことが、背景にはある[149]。

しかし、東アフリカ地域の国々が加入している、二〇〇九年のアフリカ連合の「アフリカにおける国内避難民の保護と援助のためのアフリカ連合条約」(the African Union Convention for the Protection and Assistance of Internally Displaced Persons in Africa. 略称、カンパラ条約)という例外はあるが、避難が何らかの意味で、環境ないし気候要因に帰する人々の権利保護に、特別に対処することを意図した、国際条約ないし規範はない[150]。

移住に特化したわけではないが、強制移民の権利の保護という中で、益々該当するのが、いくつかの国際人権法である。さらには、「国際環境法」（International Environmental Law）がある。それらの法は、幾分一般的で、避難に特別に言及しているわけではないが、補完的な保護や、一時的な保護に役立つ可能性がある。[151]

もう一つ保護の点から言うと、一つの可能性は、人権の特別手続き機関を作ることかもしれない。[152] しかし強力な支援母体を持ち、事務局が利用できなければ、能力は限られ、既存のいくつかの委任事項の谷間に落ちてしまうおそれがある。

国家の責任は、「兵庫行動枠組み」（the Hyogo Framework for Action, 二〇〇五年、神戸の国連防災世界会議 the World Conference on Disaster Reduction での合意）や、先述の国内避難の指針原則に合意されている。しかし、国家の義務は正式なものとはされていない。

現今の災害リスク、適応、強靭性を求める政策が、管理面に焦点を合わせているのは、問題である。また、新しく強制移動の範疇を作るよう呼びかけることも不要である。革新的な政策や条約は必要だが、解決を求めるあまり、問題が発生する原因を環境に求め、政治的な背景、権力関係を無視している点が、忘れられてはならない。こうした点を無視すれば、政府の責任を曖昧にし、不平等さを維持し、問題を益々悪化させることになる。

ナンセン・イニシアチブ（その意義については後述）の最後のグローバル協議が、二〇一五年一〇月ジュネーヴで開かれ、避難民の「保護の問題」が、一〇九ヵ国により是認された。政府、国際機関、研究機関や市民組織の代表ら、三六一人が参加した。[153] 保護の課題は、災害リスクの防止措置と適応の広範なセットであった。同イニシアチブの手で開催された、地域ごとの国家間協議や市民社会の人々との一連の会合の成果を固めるものとなった。そして「気候変動に関する国際連合枠組み条約締結国会議」（ＣＯＰ21）がパリで同年一一月に開かれ、京都議定書に代わる新しい枠組みの合意がめざされた。

ナンセン・イニシアチブで見出された点は、既に各種の国際的な政策議題に流し込まれている。保護の課題は、国家が自発的に被災国や被災した地域社会と、人道的考慮と国際連帯に頼る人々を受け入れ、施策を調整することを意味する。避難の防止と適応としての移住は、関係者の主要な関心事になってきた。このため、「ポスト二〇一五年防災枠組み」(Post-2015 Framework for Disaster Risk Reduction)の交渉に、これらの問題をのせることが重要となっている。[154] 国際社会は、自然災害の中での人間移動が、一貫性を持ち、包括的な形で、対策がとられるよう重要な機会を持つようになって来ている。

とはいえ、今ある国内、域内、そして国際的な法制度は、災害の中で、避難から生じる保護の問題のいくつかにのみ、対応しているにすぎない。適切に対応するには、技術、科学、政治、人道、人権、開発など、分野を越えたアプローチが必要となってくる。それらは、人の避難、移住、計画移転といった、様々な人道的移動の形態に対応することになる。

(2) 気の進まない政府

二酸化炭素を排出する国々と、気候変動で最悪の影響を受ける可能性のある国々の間では双方とも、社会的な課題というより、物質供与の技術問題として、適応の概念を使おうとする考えがある。排出国側(主に、先進国)には、将来的に技術的、物的移転で、影響は相殺可能だという。気候変動での適応補償基金といった形での、資金供出を回避したい思惑がある。

しかし、海面上昇と沿岸浸食、洪水は、先進国では深刻な問題にはならない。先進国には、土地開拓や護岸工事などを行なう、資金や技術、計画を立案可能な人材がいる。しかし途上国では、経済力が劣り、技術や人的能力も限られる。先進国に比べ、気候変動で傷ついてしまう。

海面上昇に直面する国々でも、できることは沢山ある。例えばキリバスでは、国中のトイレから汚水が環礁に流れ込んでいる。固形や液体のゴミにきちんと対応すれば、サンゴ礁への悪影響や過剰な負担を減らすことができる。サンゴ礁の白化現象は減り、海面上昇しても、何とか国は維持できる[155]、と考えられている。解決には、資金と技術が必要だが、それほど高額でもなく、技術的にも十分可能、と言われている。

排出国にとって、責任を認めるということは、大きな問題である。「気候変動の政治」は、意見を異にするグループ間での集団行動、という圧力で苦しめられる。国際的な気候関連の交渉は、決まって「気候変動は境界の存在しないグローバル現象」という言い方で、論議は損なわれる[156]。それでも努力がいくらか行なわれ、前進を見ることはあるが、実施になると熱心さは失われがちである。

先のキリバスでは、大統領が移住を含む適応戦略について、緊急に論議することを国際社会に要求している。特に、労働移住の道を増やすことを希望している。そうすれば、移住者は送金を通じ、キリバスに残る拡大家族を支援できるからである。大統領は、オーストラリアとニュージーランドに、もっと人数を受け入れるよう要請している。国民が手に職をつけられるように、職業訓練を促し、「尊厳ある移住」をすることは、同国の重要な政策の一つである。しかし、これは短期の対応策と見られ、今後数十年を見据えた、より包括的で根本的な対策をたてることが課題となっている[157]。

気候変動と移住の間の関係について、政治的もしくはマス・メディアの関心が、全く不足しているというわけではない。行動を起こす上で、証拠となる因果関係が不十分だというのはあるが、不幸にも、気候変動と移住の関係は、気候変動も移住も、それぞれが大きく重いテーマなので、問題点を特に絞ると、重要度が下がるように見られるおそれがある。

国、及び国際の政治担当者が、気候変動による避難の影響を防ぐ行動や、和らげたりする行動を進んでとったり、またできるかは、疑わしいままである。

自然災害へのリスク管理をし、彼らの国家開発計画へ災害関連の適応計画を入れ込むことが、水没のおそれがある太平洋の国々の場合、負担として課せられている。海面上昇のため、将来、国土が低地の国家は、消滅するという問題は、国民への国家の義務という問題を浮かび上がらせている。一方、新しい領土の購入を通じた、国家の移転という事態が予想されるが、この件については、国際的な負担分担と新しい法的枠組みの必要性が、言われている[158]。

水没の場合にしろ、移住が全ての関係者に是認されたら、実施に当たって、実務上のことや、倫理上の問題が残る。誰が、移住費用や新しい社会、もしくは新しい土地の購入代金を支払うのか。法的な争いはどう解決されるのか。避難した人々は、各局面で、自分たちの生活がかかる事業に、どのように管理を続けることができるのか。誰が、周辺の海で漁業権を持つのか。これらの権利は、売却できるのか（実際上では、魚類よりも油や他の鉱産物資源の方が、より価値が高い）。また、新しく移住してきた人々と住民の間に、安全保障上の問題が発生するかもしれない。これらの問題は、島嶼国にだけ特有なものではない。

島嶼国でない場合は、定住地は内陸部にあるが、島嶼国でもその選択肢がある場合がある。特に、プエルトリコやフィジーでは、背後に広大な山地がある。しかしその場合にも、避難者と地元民の双方の間に、齟齬や軋轢があり、変化が見られている[159]。

気候変動は、地元の環境を変化させ続けるが、国際社会は、適応を進めるべく地域社会に手段を与えるだけでなく、選択肢がなく、どこかにより良い定住地、牧草地などを見出す以外にない人々を統合する、社会的、政治的資源を、新しい受け入れ社会（ホスト社会）についても与える必要がある。

政治家は、普遍的な原則に合意するのか、それとも一時しのぎを続けるのか、を考える時期にある。自分たちが法的介入を使うのか、新しい実施の仕組みを作るのか、それともその二つか、を決める必要がある。重要なのは、次の災害への政治である。長期的な開発を進め、気候変動への適応を、主流となる国家開発計画に入れ、人道的対応をしながら、環境に配慮することが、災害の周期と緊急援助の負担を和らげることになる。

(3) ナンセン・イニシアチブと同地域協議

先の項でふれたナンセン・イニシアチブは、環境に関連する避難の問題を世界的な問題にすえ、地域協議と研究を通じて、問題の理解を深めたことに利点が認められる。地域協議は、アフリカ、南北アメリカ、アジア、太平洋地域で、二〇一三年～二〇一五年に開かれ、概念的な枠組みを生み出し、保護が効果的に行なわれる措置を見出そうとした。そして特に、国家が課題に対し、いかにより良く対処できるかの指針を与えるために、「保護の課題」を作っている。ナンセン・イニシアチブは、環境関連の避難で、地域災害への理解を進めることになった。ハイチでの地震で、国境越えの避難が起きた際には、政策面で直接に重要な影響を与えている。直接の成果としては、ナンセン・イニシアチブの同じ言葉が、二〇一四年一二月に、南アメリカ地域の難民に関するカルタヘナ宣言が出てから三〇周年を記念（the Cartagena＋30）して、ブラジルで「ブラジル宣言と行動計画」（Brasilia Declaration and Action Plan）のような地域的な文書の中に、取りこまれた(160)ことである。

同イニシアチブは当初、自然災害や気候変動で国境を越える避難に焦点を狭く絞ることで、問題を明確にしようとした。しかし実施に伴い、徐々に対象は拡大された。国境越えの避難を考えるには、問題の根底に潜む、移動性、強靭性や災害リスク削減の他に、国内避難を検討対象に加える必要が出たためである。現実にはまた、国境越えする人々の数は、相対的に少なく、多くの受け入れ国は、国境越えの人々への保護よりも、災害防止、リスク削減や強靭性の方に、関心を示した(161)ことがある。

さらに、避難と移住の線引きという、分析上の複雑な課題にも直面した。どのような適応措置が必要かについては、国毎に異なる。いくつかの国の災害救助法は、国内での法的地位にかかわらず、災害に伴い、時の経過で援助自体は国民に限られるものの、初期の緊急局面では、全ての人に人道援助を与えている場合もある。とるべき対応としては、生計手段を他に作り出すのを促すほか、貧困を削減し、森林を再生させたり、生計手段としての遊牧を支援することを含んでいる。

国境を越えた避難を含めた、災害による避難は、既に世界の多くの地域で現実であるか、起こる可能性があるものとなっている。ナンセン地域協議では、避難を避けるべく、国家に第一の責任があることを確認した[162]。国家が、将来の避難を防止することが可能なら、責任を引き受けることは重要だが、責任を果たすために、被災国はまた、必要な技術や資金援助を受ける必要がある。

ナンセン地域協議で見出されたのは、各々の地域は、その地域特有の問題に対処するために、特有の優先順位を持っていることだった。世界的な温暖化に対して、分析される方法は通常、地元への衝撃や地元に合った適切な対応策へ十分な考慮を払うことなく、国際、国内の影響の点から実施されている[163]、と言われる。その他、危機の可能性や、海面上昇による水没のような、いくつかの状況での永久避難は避けられないおそれがある一方、犠牲者として運命論的な考えを持ち、事態への取組みを欠く人々への、もう一つのアプローチが必要になる。

地域社会に焦点を合わせた適応アプローチは、回復力を高める最初の第一歩である。このことは、移住・避難につながる長期の衝撃や、環境へのストレスへ、回復力をつける基礎と広く考えられている。その上で、国内での適応計画、貧困削減戦略、災害リスク削減戦略が、環境変化に関連した問題に対応する方法を絶えずモニターして、移住と開発が、計画作成面（移住、避難と移転）で、改善するようにすることは有用であろう。

協議ではまた、災害が原因の国境越え避難には、今ある国際的、及び地域内の仕組み、法や政策が、十分に問題に対応していないことを確認し、その備えを改善する必要を認めている。ナンセン協議の過程で、今ある法や仕組みを強化して、解決を見出すために、国家の役割を補完する、地域内の組織の役割を重要視した。もし可能なら、避難を避けるために、避難と人間移動の問題は、国内及び地域内国家の適応計画の中で、十分に統合される必要がある、とされた。

繰り返せば、ナンセン・イニシアチブの当初の狭い枠組みは、プロジェクト開始時には、政治的にも分析的にも合っていたが、広範な国際制度がある中で、国境越え避難を的確に位置づけることが必要だ、との認識が高まってきた。イニシアチブでは、開発、気候変動、人道、移住、人権を、地方、国、地域内、世界規模で、政策分野や制度をまたいで、問題に光をあてることになった。ナンセン地域協議はまた、被災した人々の保護を越えて、災害避難が起こる前に、計画的に、人々を国内か国外へ移動させることで、避難という災禍を避ける、政策的な選択肢を持つ必要性を強調した[164]。これは利点である。

しかし、重大な問題が依然、残ったままである。現在置かれている知識上の不十分さだけでなく、政策分野と統治段階にまたがる、複雑で、多岐にわたる問題の区分けとつながりが、まだ明らかになっていない[165]。しかし現時点では、明確な答えを出すことではなく、代わりに問題の理解を深め、枠組みづける努力を続けることであるかもしれない[166]。発生原因にかかわらず、避難し、国際保護を必要とする人々が、既存の制度的な委任事項の裂け目におちこまないようにすることが重要である。

ナンセン・イニシアチブは、問題をどのように枠組みづけるかについて、より広い視点を持つことの重要性を示している。ナンセン・イニシアチブは、特に規範的、制度的な空白に光をあてたが、次の課題は、自然災害と気候変動による移動を、広範な人の移動の枠組みの中に、位置づけることである。

(4) 協働

国家、市民社会、研究者、国際組織、そして被災者との協議を通じて、問題に包括的に取り組み、避難を防止するために、計画的移転、予想される危機状況を避けるための自発的、及び通常の移住が必要となっている。否定的な全ての影響を取り除くことは不可能だが、避難民のために、より良い保護を確保し、持続性を持った解決策が必要となっている。

しかし、災害や人の移動の政策枠組みは、避難と対策を行なう、政府の役割、国の仕組みに、集中しがちである。そして、現地での個別的な取り組みに問題を集中する。例えば、太平洋の島国は、災害関連の人の移動に対応する上で、いくつもの管理上の困難さがある。特に、多くの島国で土地の八〇％以上が、慣習法上の土地と分類される。つまり、地元集団が所有している。政府は、定住地を計画したり、避難民の一時避難所の場所として、慣習的な土地をあてることにためらいを見せる。土地所有者との争いをおそれ、また所有者が不確かなために、困難に遭遇する。法律は解決のためにあるが、大半の島国では、特に土地紛争の解決・仲裁で、行政能力を欠いている[167]。

太平洋の人々は、家族や血縁を頼って移住を行なう。同じ慣習集団の土地の中での移動は、慣習的な境界を越えての移動よりも、土地を問題としてあげることが、はるかに少なくなる。慣習法上の土地管理では、所有者集団との血縁関係を持たない、避難民を排除する可能性がある。そのため大半の国々は、場所として、国有地を選ぼうとするが、定住に利用可能な土地の量は著しく限られ、選択の幅は狭まる。

気候変動で、被災国家が、人間移動に対応する効果的な仕組みを作り上げるには、とりあえず四点[168]が、留意点として考えられる。①気候変動が移動に影響し、かつ移動により影響される特異な状況について、政府に情報を提供する。②適応計画の作成で、政府が、適切な専門家や実務家を関与させるようにする。③気候変動と人間移動の間の相互関係の両面に対応可能な、成功例を利用できるようにする。④移動を、政府の計画に組み込むために、政府に実行上の指針と技術的助言をする、がある。

ナンセン・イニシアチブの作業は、国連制度の枠外で行なわれてきた。しかし、災害と気候変動の状況の中で、国際および国内避難の問題は、国連の事項に戻す時がきた。そうすることは、国家が自ら、避難民の問題で、保護の行動計画を前に進めるのを求められることである。解決のためには、被災国を超えた次元の対策が、必要とされる。

方法として、二点[169]考えられている。①災害に直面する国々に対し、援助と防止策の集団的な負担分担の点から、国際協力を増やすこと。②関連する国際条約の中で、環境的な押し出し因を認識したうえで、一時保護のような移住経路を開くこと、である。

②は、緊急の場合には有効と思えるが、問題点が数多く含まれている。被災地域・国から、受け入れ地域・国への人々の避難で、責任の問題が出てくる。政治的な自覚と科学的な研究に支えられた、確固とした対応・防止策がなければ、事態の改善には向かわない。

公共政策は、環境関連の移住を緩和するかもしれないが、問題の性質を理解し、計画を立て、対処の仕組みを実行するとすれば、包括的な取り組みが必要である。ドナー、各国政府、国連機関（特にUNHCR、UNEP、UNDP）やIOM、世界銀行、NGOの間の協働を進めることが必要になる。協働を効果あるものにするには、現在分離したままの災害、気候変動、開発計画の研究者や実務者の関係を緊密にし、一体性を促すことである。

実施にあたっては、次元と分野を横断して、様々な行為者の集団としての努力が求められる[170]。どれか一つの機関に主導的な責任を与える選択肢はあるが、それを超えて、調整という方策をとる場合には、UNHCR－IOMの協働など、多くの方法が提案されている[171]。

二〇〇五年、国連人道問題調整事務所（OCHA）が出した『人道対応リビュー』（*the Humanitarian Response*

Review）は、主導する機関、分野別のクラスター・アプローチを開発している。このやり方は、共同行動を始めるモデルを提供している。おそらく、UNEPの下で、クラスター制度の実施資源だけではなく、広範囲にわたる制度、法、概念と情報を含むことになる[172]。問題を先に進めるには、国際、地域機関、各国政府の間に、認識を高め、主導する強い擁護者が必要となる。これは、参加主体、公開論議の場、そして問題領域自体が広いために重要である。

最後に、研究及び研究者の役割について述べる。これまでの厖大な数の調査・研究にもかかわらず、現在得られる科学的根拠では、環境に誘発された避難や紛争に関して、実行可能で具体的な政策提言は、確かに非常にむずかしく、幾分未成熟であった[173]。気候変動と、災害リスクと、それに関連する移住の影響は、気候変化が演じる役割について不確かなため、調査が分離されてきた。また用語の使い方と組織上の責任の違いが、障壁となったままである。にもかかわらず、この問題は今、実際に行動すべき課題となって、私たちに突きつけられている。

気候変動の研究は実際上、学際研究である。気候変動に関連した人口移動の理解を助ける、経験的な証拠類の多くは、環境学者の研究からきている。しかし大事なことは、強制移動の研究者もまた、政策を立案する上で含まれるべきことである。人間避難の力学に関する社会科学上の深い知見は、人間が適応する上で、重要な役割を果たすことができる。

環境と人間の安全という、広範な問題の研究では、三つの前提の中で考えねばならない[174]。すなわち、①人間の環境への認識と、環境を使う方法は、社会的、経済的、政治的に構成されること。②環境の問題は、貧困と不平等を含む観点から捉えること。③国家は、これらの問題を審査する適切な地位にはないかもしれない、ことである。

強制移動研究では、重要な区別として、批判科学と応用政策科学がある。批判科学は、国家の利益に役立てる応用政策科学とは、明確に異なる。研究は批判的であるものの、しかし政策に詳しい研究課題を発展させることは可能である。政策立案者、実施機関やドナー政府にとっても、容易に消化できるような、実践的な形で成果が提出されないなら、調査・研究のみでは、政策に影響を与えることは不十分である。

質的調査は、深さを持ち包括的な分析をするが、しばしば一般化は難しい。他方、量的調査は、より一般化された結果を提示できるが、究極的にミクロ段階で人々の生計や動きを決める、社会経済的及び政治的文脈の複雑さを明らかにすることはできない。両者は補完的である。研究者は多くのことをせねばならない。気候や災害が引き起こした移動を理解するだけでなく、政策担当者や実務家の使用のために、理解したことを伝えねばならない[175]。

人間活動により形成される環境は、定義上、絶え間ない変化の中にある。重要なことは、環境分野での強制移動という問題関心の高まりを、適切で建設的な政策提言を生み出す研究プロジェクトに移しかえる必要がある。これは、政治的、法的な枠組みの開発に焦点を合わせた啓発研究を超えて、動きを進めることを意味する。

7　おわりに

今日、気候変動を含む環境変化は、人間の安全に新たな脅威となっている。移住は、最初に取り得る適応の仕組み、ないし生存のための最後の手段である。移住は、資源を持つ人々が早期に移住し、危険から十分離れるための適応戦略である。緊急の場合や、移動資源が乏しい人々にとっては、移住は適応自体が失敗となるおそれがある。

私たちは、汚染さえもが世界化され、少なくとも自国の領域外への責任を痛感させるが、それを共通の認識とすることがむずかしい、世界状況の中で生活している。今や二億人以上が、出身国以外の国で生活している(176)。国際移動の規模、すなわち少なくとも、他国ないし他の大陸へ移動したいという人々の希望は、増えると思われる。人の国際移動は、グローバルな現象である。

途上国でも例えば、人と物資の自由な移動が、東アフリカ共同体で論議されている。城内国家であるブルンジもそれに入っているが、完成すれば、気候変動、旱魃、土地圧力の問題を和らげ、送金と新しい技術を通じた、開発を促しうるかもしれない(177)。人間移動の統治は、これらの変化を進めるものでなければならない。

環境悪化は、移民流出を作り出す。世界的な気候変動、特に温暖化は、特に強制避難を引き起こす。これは海面上昇に顕著だが、しかしそれ自身は漸進的に進み、いくつかの島々を除けば、数世紀かかると見られている。旱魃が増加し、異常気象で予想される災害は、移住の点から影響力を持つが、これらの事柄は地域的に短期にとどまり、現時点では予測がむずかしい。

現在は、リスクを管理し減らしたり、あるいは不確かな未来の気候に柔軟に対処可能な、確固とした方策を生み出す経験は限られている。気候変動の一般的な衝撃の可能性に、一面的に焦点を合わせてしまうことは、環境変化に直面しながらも、途上世界の人々の適応と生活には強靭性がある、という事実を曖昧にしてしまう。開発政策は、災害への対処にあたり、大量の強制移動を自動的に仮定してしまうよりも、人々の脆弱性を前もって軽減する方向を考えるべきであろう。

間接的で不完全ではあるが、欧州に庇護を求めた人々の研究では、庇護申請と自然災害の被災地の間に、全く相関関係がなかった(178)。逆に、その土地での政治状況の点で、強いつながりが確認された。

ナンセン・イニシアチブは、人間避難が多様で明確な力学、そしてより一般的には、災害という状況の中での人間移動を強調した。さらに同イニシアチブは、一般にこれらの移動の地域的な特徴と、災害避難に影響されて生じる、数多くの事柄に光をあてた。二〇一五年一〇月、各国は、国内、域内、国際の次元で、将来の行動分野を設定し、効果的な実施を確認する目的を持ち、災害と気候変動の状況での、保護の問題を採択するために、ジュネーヴに集合した。保護に関する協議事項は、新しく国際法を制定しようというものではなく、総じて関係者が直面する、問題の次元について、共通理解を深めるためのものであった[179]。

イニシアチブは二〇一五年一二月に終了したが、引き続き追跡するための提言が含まれている。国際社会はこれを土台に、次は何をすべきか。保護については、各国は災害が予想される場合、事前の行動をとることや、一時保護で国内法を含めて、合意することが大事だ、ということを考える必要がある。現に災害があったり、潜在的に可能性のある地域にとっては、事は急を要する。

気候変動の徴候があるといっても、必ずしも新規に異なる対策を設けることは、必要ではない。今ある広範で、構造的な性質をもつ、開発問題への対処能力を高め、貧困撲滅に力を注ぐことが重要であろう。そしてその中に、回復力と適応を改めて位置づけることが、重要な意味を持っている。

いかなる法律文書も、気候や環境要因で避難させられた人々に対応した保護を与えていないために、中には新規の特別法の必要性を言う人もいる。これに対し、国際法学者の中には、科学の分野で論争を引き起こしている論議に、国際法を巻き込む危険な動きだ[180]、という声がある。さらに悪いことには、様々な欠陥を持つにもかかわらず、難民・避難民を保護し、機能している、現在の法律の修正に動きかねない。

気候変動が起こる世界では、保護の概念の伝統的定義と概念理解の仕方を、変える必要があるかもしれない。強制移動の問題の解決を考える上で、環境要因の影響を考える必要があるが、この問題はまだ事例研究の段階で、今後の研究の進展に待たねばならない。これまでの発見物によれば、国毎に選ばれる適応手段の形態や性質が、重要となっている。現在のリスク管理アプローチは、将来的に気候変化が予想される状況の中では、不十分である。短期的な対処をめざす単純な〝影響と脆弱性〟の計画ばかりではなく、長期的な見通しを入れる必要がある。災害リスク軽減の分野は、推進すべき重要な分野であるが、人道的な保護の問題は、今後一層、政策的な枠組みの中へ組み入れられねばならない。それは、強靭性、生計や適応を、持続的な開発の中で実施することである。現在及び将来のリスク軽減を考える上で重要なことは、地元の関係者と地元民自身の参加である。トップダウン式に上から課せられた適応計画を避け、気候諸要因に他の衝撃・要因を加えて、事態を捉えるようにすることが大事である。

現代は多くの点で、避難する人々の保護の面で、空白・欠陥がある。気候変動と自然災害、開発プロジェクト、人道危機での移動（crisis migration）と、基本的な生計を求めての移動（survival migration）が、ある。人権法をはじめとする法制度は、こうしたグループに対して、十分適合するように、今ある法概念を絶えず、再考していく必要がある。

最も効果的な対応のためには、広範な人権の枠組みの中で、気候変動に関連した移動を考えねばならないであろう。しかし現在、国際合意を得るには、不可避の障害がある。おそらく不可能に近いのと思われるのは、国際人口移動と気候変動の問題で、世界的な合意に到達することであろう。近年、気候と環境問題に関連する数多くの国際会議が開かれているが、どれも拘束力のある解決策を示せていない。採択されても、各国による批准が不完全である。(181)

最後に研究は、気候変動だけではなく、環境に関連する強制移動の他の形態（人的原因で起こる、人口過剰や森林乱伐のようなもの）のケースも見て、環境的に誘発された移動の力学の調査に、焦点を合わせ続けるべきであろう。このことは、証拠に基づく政策が作られる上で助けとなる。大事な点は、強制定住が、環境を悪化させるおそれがあることの他に、移動に頼る生活自体が、環境悪化で益々、負の影響を受ける点を考慮に入れねばならないことである。

第4部　グローバル・イシューとしての危機移民

第7章　グローバルな避難と合意の政治

わたしたちは、おそらくこれまでどの時代の人間も知らなかった「人間」を知った。では、この人間とはなにものか。人間とは、人間とはなにかをつねに決定する存在だ。人間とは、ガス室を発明した存在だ。しかし同時に、ガス室に入っても毅然として祈りのことばを口にする存在でもあるのだ。（ヴィクトール・E・フランクル『夜と霧』より）

1　はじめに

人の移動は、個人、家族、部族、そして地域社会全員であれ、一つの場所から他の場所へ定住することである。すなわち移動（移住）は、人間の歴史をかたちづくり、変えてきた要因である。人の集団は、教育、文化交流の他、経済的、宗教的、政治的理由など多くの理由で移住する。大集団はまた、紛争、迫害、自然災害、厳しい生活状況をのがれるべく移動する。

中東とアフリカで長引く紛争や気候変動から、人の大量移動がおこり、世界はどの国も単独では解決できない問題の増加に直面している。問題に対しては地域及び国際的に対応し、協力する必要があるにもかかわらず、多国間の制度が持つ価値や妥当性に疑いが生じている。〝南〟と〝東〟への世界政治と経済力の変更、貧困対策の複雑さ、地球温暖化の中で、多国間主義に対する信頼感が失われ、時代の変化へ果たして対拠することができるのかという懸念が増している。

EUは今日、戦火、経済停滞、環境圧力を経験した中東、アフリカ等といった場所からの、移民・難民の巨大な移動に直面している。近年のテロ活動とあいまって、これらの動きは、EUの移住枠組みが有効かどうかに疑いを持たせた。EUは協議を行ない、新しい連帯のかたちがいくつかの国や世論の一部から求められたが、他の国々から拒絶された。危機感はもりあがり、EUの移住枠組みの将来の方向性について、大きな不確かさがある。

庇護申請が却下された人は、送還されれば自国に到着時に深刻な人権侵害にあう危険性がある。スーダン人の被送還者は到着すると殺害された。NGOによれば、同じような危険はイランにもある、という。[1]

難民の状況は益々、滞留化している。強制移動民の数が増えるのとあいまって、これは多くの人に、現在の状況を先例のないものと思わせている。しかし先例がないというより、むしろ世界的な移住と避難現象は、既に存在していたものの延長である。

世界は戦後、根本的に変化した。ヨーロッパ中心の難民から途上国の難民へと性質は変わっていったが、しかし難民制度はあいかわらずヨーロッパ中心主義で、断片的な修正は行なわれたが、グローバルな主要な変化に対する、根本的な変革は行なわれてこなかった。難民条約とUNHCRはまだ存在しているが、現代的な要請には応えていないと言われる。

冷戦で残された〝遺産〟とも言うべき国際難民制度は、二〇一一年に始まったシリア難民にも適用された。しかし事態に全くそぐわないことが、つづく四年のうちに明らかになった。状況は拡大し、事態は管理不能な危機に陥った。[2]

これまで制度改革がなされなかったことで、偏りは益々ひどくなっている。[3] 戦後、迫害に一貫して取り組む共通のルールとして始まった難民制度は、混乱し、無秩序で、大規模な人間の苦境の問題に対処できていない。冷戦終結以降、亡命の期間は平均一〇年以上となり、対策は進まず、絶望的な状態にある。何百万人もの生命を浪費するこのやり方は、非人道的でお金がかかる、ばかげたことと言えるかもしれない。

その一方、人道分野は成長をつづけ、急速に変化している。「危機移動」という、国境を越えた新たな問題が台頭し、国際協力が必要となっている。援助の必要な人々の数は増加し、人道援助要員の数は増員され、予算は、現実が難民制度にそぐわず、それほどの資金が果たして必要か疑問があるまま、大きく増額されている。これらの変化は、効果的で適切な能力をそなえた人道援助の新しい形を開発し、実施する必要性を表わしている。強制移動の性格が劇的に変化する中で、どのような知識や概念が、現代の諸問題を理解し、対応するのに必要だろうか。

2　新制度への準備段階と当面の措置

グローバル化と新自由主義の流れは、ある者にとっては移動の自由と可能性をひろげる機会になるが、他の者にとっては自由と可動性をへらすことになる。グローバルに展開する開発は不均質で、ジェンダー、階級、民族を横断して、「強制移動とされるもの」と、「強制移動とされない移動」の区分を曖昧にしている。市民と外国人の間の基本的区別でさえ、二重国籍やトランスナショナリズムの進展で疑問となっている。移住の動機を特定し、分類することが益々むずかしくなっている。

冷戦終了後の著しい特徴の一つは、部外者により、弱体国家で先例のないほどの大掛かりな取り組み（介入）が行なわれたことである。平和を強化し、平和が持続するようにするには、しばしば大規模な活動と莫大な費用がかかる。自由という価値の名のもとにとられた介入には、アフガニスタンでのように、明らかに様々な思惑が入り混じっていた。自立した民主政体という目標には届かず、自由主義的な平和構築の未来に深刻な問題をなげかけた。自由主義的な平和構築はなぜ、そう不完全なのか。どの程度になったら介入疲れがでて、介入は限界ということになるのか、あまり答えがでていない。

ふり返って冷戦の産物とはいえ、難民条約は高貴な目的を持ち、その原則のいくつかは、今日まだ有効である。しかし難民条約、それ自体は歴史のある時点で作られたものであり、それが時代背景を背負った非常に特有な難民の存在を作りだしてきたことも確かである。そして、「難民」を理解する時に取られる方法は、原因国での要因に焦点をあわせるあまり、難民が移動にいたった、その背後にある、より大きな原因、例えば植民地主義の遺産や、現在進行する新たな領土拡張主義を含めた現代の不平等な権力関係が見逃されている。

今の難民制度を、直ちに新しい制度に置き換えるというのは現実的ではない。当面は、今の制度を改善し、応用しながら、新制度の準備を進めねばならない。とはいえ今の制度には、危機移民の様々な問題への適用可能性にいくらか幅がある。ある場所では人道危機に対応できるが、他の場所では制度上、理論的にはできても、実施となるとむずかしい。また別の場所では、うめねばならないギャップがある。

こうした場合、制度上では、今ある規範や実施措置を法的、政策的な枠組みに組み入れるという方法がある。(4)国連の条約では、「すべての移住労働者とその家族の権利の保護に関する国際条約」(the 1990 International Convention on the Protection of the Rights of All Migrant Workers and Members of Their Families) は危機の際に立ち往生した移民労働者の権利に意味を持っている。国内に難民に関連したものがあれば、国際難民制度はそれを手がかりにして、ギャップをカバーしてみぞを埋めることができる。それがない場合には、リビアの政変で立ち往生し脱出できなくなった移民労働者の場合のように、新規に工夫した対応が必要になる。

危機移動は、これまでに作られた制度内に間接的に関わりあう部分がある。そうした場合には、今ある制度をより良く働かせることができる。ソフトローを活用すれば、今ある法や規範を適宜、補強できるかもしれない[5]。同様に、リビアでのＵＮＨＣＲと国際移住機関（ＩＯＭ）の協力活動のように、組織間の協調でギャップを埋めることができる場合もある。

3　難民の社会経済状況と援助

難民を見る場合、ヨーロッパにのみ焦点をしぼると、難民危機のグローバルな状況を見えなくし、世界各所で国境を越える移動が、〈形態〉と〈程度〉の点で、はるかに多様に大きく進行していることが見えなくなってしまう。

危機移住は、単に個人の収入を増やすためだけでなく、家族を支える目的と、教育、職の獲得、文化経験の点から、より良い機会を手にすることに動機づけられている。個人の移住の社会・心理面と、彼らへの避難の影響を知ることが重要である。都市に流入し、そこで足止めされている難民という、極めて弱い社会集団の保護の問題を全体的に理解することである。

彼らが直面する社会経済的状況（住居、教育、保健、雇用）と保護（法的地位、司法の利用、性的虐待）は生活上の重要な側面である。その多くが日常的に直面するものであるにもかかわらず、法的地位が曖昧な結果として、どの分野でも構造的障害としてたちはだかっている。ジンバブエでの事例では、今ある難民制度が一般に複雑な危機移動の動きに対応できないために、難民は非公式なやり方だが、地域社会を土台とした自助努力でギャップをうめている。しかしこのことはジンバブエに限らず、世界各所で見られることである。

現金支給――援助の一形態

紛争やその他の危機状況では、あくまで状況次第ではあるが、難民に直接、現金を支給することが良い効果を生んでいる。二〇〇四年から、難民への現金支給や「引き換え券」の配布が盛んになった。現金支給は、資金をだすドナー（主に先進国）や、資金が下降ぎみの国際援助機関が、より費用のかからない方法を求めたので、急速にひろまった。この方法は、従来の人道援助（二〇〇四年のアジアでの津波、二〇一〇年のハイチ大地震）の欠点を補い、食糧配布のみに頼った従来の援助の見直しと、時代の変化を考えたものだった[6]。現金支給は、技術の革新、特に携帯電話やキャッシュ・カードの利用で可能になった。

紛争、災害、滞留危機の状況では、難民・避難民は物理的脅威に直面するだけでなく、経済的な生存の問題に直面する。失業する割合は高く、法の壁が職の機会をさえぎり、収入を危うくする。難民は、貧弱な栄養状態、基本的なサービスの欠如、心理的苦痛、社会とのあつれきに悩まされる。この状況を打開する上で、現金支給は人道的な対応と考えられ、貧困削減の重要な手段となっている。

たとえば、イラク北部では約二四万の難民と九〇万の国内避難民が流入し、二〇一二年から人口が二五％増加した。既に限度をこえた狭隘な労働市場はさらに圧迫されることになった。そのため現金支給は、貧しい家庭の日々の生活をたすける重要な一時的措置となった[7]。

現金支給の長所は、多数ある。家族の生活をとりあえず安定させ、外的なショックへの対応力を強める。食生活を改善し、保健医療制度の利用が可能になる。資産の売却や借金など負の対応が減る。受給者は生活全般の事柄を自分で決められるようになるからである。

地域社会に対する利点としては、地方市場を刺激し、活性化する働きがある。難民・避難民と地元民のつながりを強めたり、援助配布での対費用効果もあり、魅力的な方法となっている。問題は、「支払い期間の長さ」と「金額をいくらにするか」である。

現金支給は、銀行送金か携帯電話への送金という方法がとられている。受給者が安全に受けとれるようにし、支給するスタッフを危険にさらさないようにすることが可能となる。銀行制度がない場所では、いま現にある支払い方法が活用されている。

一方、思わぬ落とし穴もある。支給資格者とそうでない人の間に、あつれきが生じる。加えて、支給金を勝手に処分したり、他人に譲渡すれば、ドナーは資金の出資をあきらめるかもしれない。

イラクではまた、失業対策事業で現金支給が行なわれた。地域でも貧しい地区が選ばれ、極貧の家族が対象とされた。公共事業での支払いは一日、US二一・五ドルで四〇日間。技術の程度と責任の大きさで金額が異なるようにした(8)。

一時雇用するときは初めから、難民と国内避難民だけではなく、同じように弱い立場にある地元民を含めることが言われている。地元社会の人々を含めることが、紛争地域では特に重要である。ある種の集団を排除すると、資源をめぐる競争・争いから暴力的な事態に発展する可能性がある。難民・避難民は、仕事の機会が縮小する中で低賃金で働くために、地元民と直接に競うことになるからである。

治安が不安定で、実施の期間が短い場合には、現金支給の援助を実施することは困難かもしれない。その後の滞留段階では、資格の取得、訓練計画、起業支援のような他の支援策とつなぎ、効力が長続きすることが求められるであろう。この型の援助は、ともすれば現金配布をどう管理するかに目がいきがちだが、支給後の状況を適正に評価することが重要である。

4　海外からの送金と頭脳流出

世界の貧しい国々からは、多くの危機移民が出るが、たとえ彼らが不法に出国しようとも、送り出す政府側には彼らの出発を妨害する気持ちは殆どない。途上国の見方からすれば、移住は国内での巨大な数の失業者、特にはじめて労働市場に入る若い人々に、職の機会を作る必要と負担をへらすことになる。移住はその国にとって、社会的、政治的な安全弁であり、放置すれば、欲求不満、怒りから、社会紛争、政治紛争の源になる人々に、職の機会を与えることにつながる。

貧しい国々にとって、必ずしも自らの思惑通りに事がはこぶわけではないが、国際移住は正規であれ不法であれ、自国に送金や投資をもたらし、新しい貿易につながる社会ネットワークの確立につながる可能性がある。流入する資金は国の収支バランスを高め、経済競争力を促し、貧困や経済格差の問題をふせぐことが期待される。もちろん、良い面ばかりではない。個人にとっては、移動が避難であり、生活状況の改善、子弟への教育の機会を求めるという目的があるとしても、受け入れられた所で人権が制限される意味では、やはり犠牲者である。彼らは、低賃金の危険で、汚い仕事につき、社会からは周辺化される。外国人嫌い、人種差別、移民疎外にあい、非公式部門の成長や社会不調和の張本人、とマス・メディアからは意地悪く報じられる。

マクロ的にみても、海外からの送金の問題点が指摘されている[(9)]。第一は、国際移住と送金は、送り出し国のマクロ経済戦略や人口政策の代替策にはならないことである。市民を海外に送り出している多くの国で、送金は長期の経済成長の基礎となる改革の導入を現実には阻害している。

第二に、送金は、家族や地域社会には即座に利益をもたらすが、開発への影響は限定的である。送金された金は個人的な使途につかわれ、公共の長期の開発にはつかわれない。したがってドナー側は、移民からの送金額がのびたからといって、政府開発援助（ＯＤＡ）の金額をさげることには慎重でなければならない、といわれる。

第三は、送金の効果は高められねばならないが、送金という利益が地域社会にまんべんなくいきわたらない。送金で逆に、家族間や地域内に社会経済的な格差をうみ、関係を悪化させている。

第四は、家族成員（父母、息子、娘）の誰かの出稼ぎで、他の成員がこうむる高い社会的コストがある。南アフリカでは、アパルトヘイト時代に確立した周辺国からの労働移住の社会的、人間的コストが、悲劇的なほど甚大だった。送り出し国の家族や社会は、生活をかき乱され、家族から分離された男性の間で、ＨＩＶ／ＡＩＤＳが流行した。

第五に、これも南アフリカで顕著に見られたことだが、送金された金は資金となれば価値はあるものの、将来をになう若いエリートたちが、長期間か永久に国を出ていくことになれば大きな痛手となる。

五番目の点は、いわゆる「頭脳流出」（brain drain）の問題である。この用語は、まだ十分に定義されているわけではないが、グローバル化、貧困、移住を考える際には、はずすわけにはいかない、用語自体はまだ描写的で、内容的に乏しいが、よく例としてあげられるのは医者、看護師である。しかし結論から言えば、彼らの移住と元の地域の住民との関係は、まだ十分に解明されてはいない[10]。彼らは多額の送金をするが、新技術や資源を持って最終的に自国に戻ることもあり、明確なことは言うことができない。

頭脳流出の問題は、送り出し国と受け入れ国の双方が、利益と責任を共有している。大半が同じ途上国に滞留する若い人々は、自身と国の将来のために、必要な技術の習得を求めている。彼らに、教育と訓練に適切な投資が与えられれば、技術の習得が可能となる。方法としては、先進国の開発援助の活用も考えられる。

5　難民は開発問題でもある

国連の二〇三〇年アジェンダは、移民は持続的な開発に重要な貢献ができるとしている。しかし現在のグローバルな移民危機は、移民が持つ多くの肯定的な面からはずれ、その良さを損なっている。危機移民は、様々な苦難の状況から逃げようとして移動する。暴力、貧困への闘い、気候変動、食が安定せず、危険な状況が背景にある。農村地域から巨大な数の移民が押し出される原因の一つは、農業と農村開発にむけた投資が欠けていることである。農業を持続可能にすることができれば、食の安定・安全が改善され、災害に強い生活基盤造りにむかうことが可能となる。

開発プロジェクトや環境悪化による避難で、資本主義の生産体系が、避難と移動を生み出す仕組みに関心が持たれている。難民という法的な定義を越えて、移動を生み出す資本主義の役割に注目すると、環境的（例えば、避難の原因として資本主義と気候変動をむすびつける）か、開発が引き金となった避難（メガ・プロジェクト、ダムや高速道路の建設による人々の移転）という見方もできる。

データ上では、アフリカ地域は世界でも都市化が最も進んでいると言われる。推定だが、二〇五〇年までに都市人口は三倍増えて、一二・六億人という予測もある。他方で、都市に流れ込んできた人々が作るスラムとその拡大に悩まされている。インターネット接続では、サブ・サハラにいる家族の四％のみが利用と、その機会はかぎられるが、携帯電話の所有数では二〇一二年の時点で、アフリカ全体で七五％、二〇一七年には九七％になると見込まれている。[11]

危機移動の形で最も多いのは、こうした文明の利器をつかった、都市への短距離の一時的移動である。開発、環境悪化は、紛争に劣らず危機移動の引き金になる重要な誘因である。

避難は、人道問題と同じくらい「開発問題」だという意識が浸透してきている。世界の難民の大半を受け入れている国での、持続性のある避難地（safe haven）としての「経済特区」の創造が提案されている。[12] 考えの背景には、これまで援助を主導してきた、政府や市民社会にくわえて、民間企業の果たす役割に期待が集まっていることがある。

過去一〇年、援助資金が窮迫する中で、人道機関は民間部門、特に企業からの資金提供に強い期待感を持っている。[13] 期待される企業規模は、多国籍企業から個々の国の企業、そして難民や国内避難民が作る小企業まで、幅が広い。

こう考えると、難民制度が従来、構想してきた世界とは全くちがった援助の姿が浮かびあがってくる。難民は人道問題としてばかりでなく、開発問題とも理解されるべき流れがある。際限なく衣食住を援助するだけではなく、繰り返し難民の大多数を受け入れている途上世界の国々で、職の創出と教育を通じて、人々の自律性の回復をめざすものである。

民間部門の関与が促され、急速な技術進歩が進む中で、人道制度の革新はさけられない方向である。実行にあたっては、被災者本位で、倫理問題を克服し、概念を共有し、成功例を見出すことである。

6　国際協調と地域合意

移動が、人道危機で引き起こされると、入国管理、国益、人道、開発、国際保護、国際協力、負担分担に関わってくる。今ある難民の法的、制度的枠組みは、難民の保護ニーズをみたすには能力がかぎられている。枠組みがある場合でも、実際に実行してみようとするとかなりのギャップがある。時間的に緊急であれ、緩慢であれ、自然災害であれ、人災であれ、各移動には共通点もあれば、相違する点もある。そのそれぞれが、保護すべきニーズを持っている。

国境を越えた移動を管理し、難民を保護するための国家間の合意、域内の制度づくり、国連の役割を新たに設定することが、数多く行なわれている。新たな動きに応じた制度的枠組みの検討、保護の方法の再検討、〝永続的解決〟の意味の見直しがすすめられている。

国連総会への「二〇一三年度事務総長報告」では、新しい事態の出現にもかかわらず、現行の制度はこの新しい現実に、即時かつ柔軟に対応していないとし、より包括的でグローバル人道制度を作る必要がある、としている。[14]しかし難民危機に何かをするために開かれる会議は、「世界人道サミット」(the World Humanitarian Summit) から、「難民と移民の大規模移動の対処についての国連上級会議」(UN High-Level Meeting on Addressing Large Scale Movements of Refugees and Migrants) まで、儀式的側面が強く、実際的で新しい考え方を欠くばかりでなく、新しい制度を生み出すのではなく、絶望的なほど現状にしがみついている、[15]と言う批判がある。

現在ある人道事業は、西側ドナー、主要な国連機関、そして巨大な資金に支えられたＮＧＯが独占し、他者の参入をはばみ、新しい事態にどう機能するかを考えると、危機は一層ふかいと見られている。この事業は、世界の安全ネットであり、紛争と危機の生存者に不可欠のサービスを与えているが、大きなギャップと非効率があると言われている。

大半のドナーや人道組織は、より大きな全体図を見ることなく、個々の危機に対しプロジェクトとして実行し、その活動のみを評価の対象としている。話が、人道制度の改革と大きくなると、対象は主に、国際人道行為者の手段や実施措置を改善することに焦点がしぼられ、論議自体もトップダウン型となる。このトップダウン型の方式は、問題に対し、短期的で、プロジェクト型で、あくまで外部者が考えた解決策で、あらかじめ定められた問題に対応するという形をとっている。措定された事柄の多くは、理にかなったニーズ評価の結果であるよりも、むしろ政治的な計算で決められている怖れがある。

近年は地政学的な変化が起こり、先進国と、経済的に台頭する新しい国々の間の権力バランスに変化が生じ、他方で自由主義の広まり、益々進化する科学技術という状況がある。ヨーロッパやアメリカでは、愛国的な国家意識が勃興し、世界の人々は、民主政府に経済と安全保障を委ねられるのか不安になっている。愛国的ナショナリズムという政治的な力は、平和と繁栄に必要な国際協力の拒絶・否定となるのか、不透明である。

この種の話は、現下の協力的な国際秩序に最大の脅威となる。国際的な妥協と多国間協力に抵抗する力が増大し、バラバラになった力のために、国連の活動は複雑さを増している。今一度、国際的な対話を行ない、問題を解決する必要性がでている。

移住の政治と政策を行なうことに抵抗があるのは、国々の間で「気が進まない」ことにある。途上国では、特に弱い統治構造のために、人権問題への対応でしりごみしている。難民への物質的ニーズを政府は認めるが、政治的な権利を与えるという構造的な問題は後回しにされる。人々のエンパワーメント、決定の尊重、定住計画への十分な参加は見送られる。社会政策問題としての避難と移住は、放置されたままである。

こうした状況の中で、難民保護のために協力的な域内制度を作ることは、社会的、政治的な緊張を高める大量避難を管理する方策として魅力的な点がある。世界各所で、地域ごとの域内合意を作ることは、野心的で希望的な観測に思われるかもしれないが、この合意を実現する緊急性は確実に存在する。

域内合意ができると、第一に、難民と認められれば、合意した国全てで、法的地位を与えることができる。受け入れ国での官僚的で、法的な手続きのために時間がかかるという障害の代わりに、例えばシリア難民は、受け入れ国全てで認められた、一様な法的地位を与えられ、危機の管理が容易になる。

第二に、域内合意は構造的に、関係国の間で協力のための誘因を作ることができる。EU、湾岸諸国、イランだけでなく、アメリカ、ロシアにも域内合意を支援してもらえる誘いとなるものを設けることができる。可能性としては、受け入れ国の開発計画へ難民を配置することである。レバノン、トルコ、ヨルダン、イラクでは、莫大な規模で、難民によるインフラへの圧力がある。ゴミ収集車の数が不足し、水道は不十分で、安全性が低い。電気事情は悪く、住居の値段は高騰している。これを改善することができる。

難民に関する域内合意が国家にもたらす、もう一つの重要な誘因は、長期的に見て、難民の母国で円滑な統合のための基礎作りとなる点である。域内で枠組みを調整して、国境を越え分断された難民社会を再びつなぐことができる。域内での合意は、紛争が終結する前でさえ、活発に行なうことができる。難民、受け入れ国、国際機関の間での協力が重要な出発点となる。

第三に、域内合意、あるいは域内制度づくりの考え方は、厄介な条約づくりに代わって、強制の度合いが少ない、法的な協力計画となる点である。国々の関心と意思に基づく、相互の合意として、より迅速に柔軟に対応可能な方式が可能となる。

最後に、地域的なグローバル合意は、難民の権利や生活を保護し、難民が資源や技術を習得する触媒となる。地元民には、開発へ参加する機会を作りだすことができる。協力制度は、適切な方向に適切な時期に資源が向けられれば、難民がいることを機会として利用して、開発の機会に変えることができる。インフラ建設は、長期的には新しい雇用への経済資産になる。

人道活動の新しい状況は、関係組織・団体の協力のあり方にも関わってくる。人道関係者はこれまで、資金の出資者と密接する関係を維持し、彼らのみが人道原則を守っているという自負心があり、改革への障害を自ら作る、〝孤立した文化〟を持つ、[16]とも言われている。変革は、適応、変化そして不断の改善のプロセスの中で、全ての人道関係組織の仕事の一部として進められる必要がある。

協力が効果的に行なわれるには、国際機関の間の調整が行なわれねばならないが、この問題は、古くて新しい問題である。リビア危機の際、国際移住機関（ＩＯＭ）とＵＮＨＣＲの間の調整は成功した事例だが、従来はあまり体系的ではなかった。[17]また、将来的に成功が保証されているわけでもない。緊急事態に備える計画は、二国間と域内の次元で、危機の際に、国家間の協力ができるよう、あらかじめ設定されておくべきである。

関係機関のスタッフは、広範囲にわたる危機移民に対処せねばならない。単に国外に出た難民だけではない。国内避難民の保護には、難民法の他に、国際人権法や人道法にも通じていなければならない。援助で必要とされるものの中には、一般に全ての型の危機移民に共通しているものもあるが、実行段階では、特定の原因と避難する場所で、異なる点があるのは当然のことである。

結果として、援助の実施にあたっては、微妙な点に関心を払い、役割、能力、原則、資金、技術そして考え方で共通した理解を持つことが求められている。互いに協力すれば、各組織が個々に新しい分野に努力をかたむける無駄をはぶけるばかりか、自組織の能力が許す範囲内で事態に貢献することができ、変革を妨げるリスクを分けあうことができる。

7　おわりに
――適切な政治意志の樹立――

人道制度が現在のまま、永遠に変わらないというのは考えにくいが、現在の制度は緊急な出来事に対応するには能力的に不十分である。人道主義、それ自体は普遍的だという事実にもかかわらず、現実は〝北〟の先進国のやり方にとどまっていると言われても仕方がない。

どのようにしたら、予測性を持ち適応性に富んだ有効な制度をたて、現在の複雑な人道危機の問題に対応できるのか。歴史的に国際制度の変更はむずかしいことが言われるが、一つだけ例外があり、それは危機の時だという。二〇一五年ヨーロッパで発生した危機は、誰の得にもならず、新しい制度が必要だという認識へのきっかけとなっている[18]。

EUの二〇一五年夏以来のできごとは、戦後の難民条約自体を作り出す準備過程になぞらえられる。EUの難民割り当て制は、旧ユーゴ紛争の時にも議題にのぼったが、実現されることはなかった。中央ヨーロッパとバルカン諸国内での政策と、EUの原加盟国の間に意見の相違があった。

難民条約の文言を苦心して、今日の問題にあうように再解釈するよりも、二一世紀の世界が求められているのは、難民ニーズにあうことである。現在の問題に応じた対処法を見つけることである。

現代の危機は、解決への新しい機会を提供している。避難がもたらす負担を軽減し、前向きの解決を図るために、実際の根拠に基づく指針が必要である。その場しのぎの不完全な対応ではなく、もっと包括的で予測した対応が必要となっている。もちろん、一つのモデルが解決策として、全てのケースにあてはまるわけではない。それぞれの国で異なるモデルが必要になってくる。カギとなるのは、受け入れ国と難民双方に利益となるモデルである。これまで経験した障害を理解して、証拠に基づき人道制度が新たに関われるようにする。

前例のないものとして現代の避難と移住を扱うよりも、現代の情勢は既にあった状況の拡大、延長として理解することができる。それゆえ、私たちは批判的に、危機移動の多様な原因を調べる必要がある。十分なデータを収集し、評価を行なう必要がある。避難状況でのデータを改善することはその基礎となる。データの収集と分析法を改善することは、避難状況への効果的な対策につながる。

研究の役目は、政策が適合性を保つことができるようにすることにある。建設的に批判し、理論と実務、唱道と研究の間の橋渡しである。難民の入国を抑制・制限し、彼らへの感情がしぼむなかで、事態に対する成り行きまかせの不安が広がっている。グローバルな難民移動の変化に対応し、問題を歴史的視点から捉えることである。想像力にとみ、比較の目をくみいれた学際的な視点から、研究者と実務者、そして難民との対話を行なう必要がある。

沢山の考え方が現われ、人道分野で多くの用語が使われているが、概念的な明断さを欠くために、誤用や混乱が生じ、中身のない言葉になる危険性がある。この流れに抗して研究を進めるためには、まず共通の言葉と枠組みを開発する必要があろう。

危機の際には、対策への枠組みをたてるために、責任の明確な割りあてで、難民との相談が必要になる。大半の難民は働くことをのぞみ、そうした道を見つけようとしている。自らの支援ネットワークに頼り、都市へと難民キャンプをはなれる。グローバル化した経済は、以前とは想像もできない姿をもつ可能性がある。民間企業、市民社会、難民の地域組織など、全てが難民のニーズに沿うように援助を続けている。携帯電話のような新しい技術があり、時代は難民制度を追い越しているように見える。新しい解決法が、緊急に必要になっている。

避難した人々が持つ技術・才能、望みや、集団への彼らの持つ働き・機能もまた、一般に使われることがないし、彼らの意見も聞かれることもないままである。災害後の定住では、しばしば人々は、新定住地をすてて、環境、経済、社会、そして心理的な動機から、以前の場所に戻ってくる。これを計画の失敗と考え、原因を計画の実施方法など、計画それ自体の技術面にばかり求めるのは誤りである。問題はむしろ、難民への相談や、彼らの参加がないためにおこる。これは立案者と計画者の側に、その土地への知識不足や文化への尊敬を欠くことがある。最小限、計画初期の段階で、難民と相談すれば、解決策は、彼らの文化習慣に適合するものとなる。彼らの自由を損ない、長く積み上げられてきた文化様式の生活を損なうことのないよう、政策の倫理面に注意深くなる必要がある。

ボトムアップやコミュニティ中心の考え、そして参加型アプローチは、人道援助では新しいものではないが、参加型アプローチは必要な情報をとるか、新しい解決策を示せないことで失敗がある、と言われる。[19]また、ボトムアップの解決法は、人道援助が最も必要な人々をしめだす、その土地の政治力学の影響を受けやすいことがあげられている。

解決策がとられる時、全員が平等に利益を得られるわけではない。難民の統合と定住の他に、より規模の大きい受け入れ社会との状況がある。問題は、排除/包摂の双方の経験が、難民の統合への道にどのような形を作るのかにある。〝避難の終わり〟といわれるものは、ニーズの終わりとは言えない。むしろ、援助計画で脆弱者がもつ特定のニーズへの配慮を欠いたり、リスクをへらす措置がなかったり、早期の回復をのぞむあまり、所得を獲得する機会を作らなかったり、政府が硬直し抑制的な政策を行なえば、脅威が複合した状態が続くことになる。[20]人道援助は、緊急状況でも、事後の状況でも、難民制度の中心部分である。しかし歴史的にも現代的にも、トップダウン型の援助が人々の苦難を軽減するよりも、むしろ苦痛を追加する、と広く批判されてきた。代わりに、難民制度の願いとして、自立（self-reliance）、自分で守る（self-protection）、参加型アプローチ（participatory approaches）、人間中心（human-centred design）などの言葉が言われ、難民が実際に生活する場での、難民の自律性の重要さが、繰り返し強調されてきた。

しかし私たちは、この移り変わる世界で、難民の受け入れを損得勘定で考えがちなことをどうすれば批判的に見ることが可能だろうか。人間として、他者に対する義務に発する援助活動は、政府の政策という、集団的決定が優先されている。他者の包摂という考え方は、「想像上の怖れ」のために現実的には力で排除されている。現代の難民政策をめぐる、この思想上でのぶつかりあいは、私たちの道徳的な考え方の最深部にある二分法を映し出している。現代の「難民危機」という言い方がもたらす迷路の中で、決して失われることのない、ある種の羅針盤を示すことが必要になっている。

今日の危機に対する人道的な意味から、適切な政治的意思を早急にうちだすべきであり、そしてより重要なことは、それは次の世代のためのものであるということである。

注

●まえがき

（1）Betts and Collier, 2017, p. 3.

（2）*ibid.*

●第1章

（1）Martin, Weerasinghe and Taylor, 2014, pp. 5–6.

（2）制度から外れる人々の移動は、研究者の間では、survival migration, trapped とか involuntarily immobile populations, anticipatory movements や mixed migration, migration-displacement nexus の用語で呼ばれている。こうした移動は、援助側からそれぞれ異なった対応がとられ、援助のギャップがうめられるようにされている。例えば survival migration は、難民制度、人権の枠組み、人道的対応のようなもので取り扱われている。

（3）Betts, 2014, pp. 78–79.

（4）著名なのは、ハリケーン・カトリーナの被害を受けたアメリカ・ニューオーリンズ。ハリケーンの接近で、資産をもつ裕福な人々は事前に避難した。友人・家族が他所にいる人も避難した。資産のない人（一般に貧者、アフリカ系アメリカ人、高齢者、私用車を持たない住民）は留まり、洪水が襲って来た時、被害にあい、閉じ込められた。移動が利点になる所では、社会的弱者はさらに困難な目にあう。

（5）Black and Collyer, 2014, p. 52.

（6）Zetter and Morrissey, 2014, p. 69.

（7）Black and Collyer, 2014, p. 52.

（8）*ibid.*, pp. 52–54.

（9） Betts and Collier, 2017, p. 7. ＵＮＨＣＲ規定第二〇条によれば、国連の一機関として通常、本部から支払われる行政管理費を除けば、ＵＮＨＣＲの他の全ての経費は、各国からの自発的な拠出金による。二〇一四年、同機関の予算の八六％は拠出金で、ＵＮＨＣＲの先進国への依存度が高いことを示している。ＵＮＨＣＲには、難民に国際的な保護を与え、長続きする解決策を求めるという大きな義務がある。一方、各国は単にそれに〝協力〟（cooperate）するだけである。

（10） 人道危機では、国家による難民への保護の必要度が高いため、国際社会からの保護が必要か否かを決めるにあたっては、庇護国政府の対応姿勢で三つに分類される。①庇護国政府が保護可能な場合。この時には、国際保護の役割は限定的である。②庇護国には保護の意思があるが、能力や資力を欠き、保護ができない場合。国際社会からの保護は、庇護国を支える重要な役割がある。③庇護国に同国市民や外国人への保護の意思がない場合。時として、政府には保護を与える能力がありながら、居住する人全員、もしくは国内のある集団に保護・援助を与えたくない場合もある。こうした場合には、紛争状況で介入を可能にした人道外交が、非紛争状況でも一般に適用されるべきである。

（11） Zetter and Morrissey, 2014, p. 68.

（12） 例えば、パレスチナ難民。難民条約に従えば、国連の他の組織から保護や援助を現在受けている人は、同条約の利益を受ける資格がない。かくして五一〇万人のパレスチナ難民は、ＵＮＨＣＲの保護下にはなく、難民条約上の保護も与えられない。同難民に保護と永続する解決策を与えるうえで、国連パレスチナ難民救済事業機関（ＵＮＲＷＡ）の事業が効果的かどうかは、国際難民制度の保護の点から問題にされる必要がある。

また、クルド人（Kurds）は世界最大の無国籍集団である。一方、ヤズィーディー教（Yezidis）の信徒はイラクの最も脆弱な少数者集団の一つである。過激派組織「イスラム国」（ＩＳ）がシリアとイラクの間に広がった時、クルド人とヤズィーディー教徒は攻撃の対象となり、彼らは難民キャンプや避難民キャンプに逃亡した。彼らの元の社会全体が崩壊した。

（13） 国家による非市民の強制出国では、ふつう deportation の用語が使われるが、イギリス政府の使い方を見ると、当該の個人（あるいは人々）を国から移動させることが、公共の善と見られる場合に該当する特別の用語であり、その個人が犯罪を犯し有罪となったことを意味している。それゆえ、通常の庇護民には forced removal が好ましいとされている（Bowerman, 2017, p. 80）。

（14） Tunaboylu and Alpes, 2017, p. 86.

（15） *ibid.* トルコとパキスタンの再入国許可の合意は、ＥＵとトルコの合意開始後、わずか四日で追認された。

（16） *ibid.*, pp. 84-86. センター職員の言い分は、「彼らはヨーロッパから追放されたので、トルコでは国際保護の申請はできない」というものである。勾留の第一の目的は、それぞれの国へ送還するための旅行文書を作成、準備することである。

情報は勾留者に全く知らされない。ギリシアからの送還事業では、ギリシア官吏やFrontexの係官が携帯電話を取り上げているので、彼らと外界との通信は断たれる。トルコ政府はＥＵとの合意の下、送還された人々の現在の法的地位や居場所の情報を公表していない。限られた情報によれば、被送還者は帰還に備え、所持品の整理に努めている、という。

（17） *ibid.*, p. 84. 人権団体は一致して、トルコは安全な第一次庇護国でも、安全な第三国でもないとしている。トルコの地政学上の位置から、トルコ法は一時保護（それも弱体な保護）をシリア、アフガニスタン、アフリカ諸国からの難民に与えているが、これさえ実施状況は不十分。トルコは庇護民と難民の権利を守っていない。アムネスティ等の人権団体は、トルコは「ノン・ルフールマン原則」（迫害の待つ場所に追い返すことを禁じる）を破り、シリア人をシリアに送り返している、としている。トルコは同国に入国しようとするシリア人に発砲し、何百人ものアフガニスタン、イラク、シリアからの庇護民を送り返している。同国はまた、〝不法入国〟を防止する能力も疑問視されている。

（18） Turner, 2017, pp. 72-74.

（19） *ibid.*, p. 73. カウンセラーによれば、未来は不確かだが、開かれていること、まだ希望があること、曲がり角の先に何があるか誰も予測できないことを伝える、という。そうすれば、収容者は現実的な目標を見つけることで、日々の生活を律する感覚を持ちうる。逆に、現実に焦点をあわせれば、否定的な考えを強めてしまう。一つの大きな希望は常に心の中にあるが、関係がうすい現実ばなれした唯一の希望で生活全体が占められるよりも、ほどほどの希望の話か、近い将来を見るように勧める。それは、彼ら収容者のなんらかの満足と動機につながる「つましい希望」だが、個人には達成可能なことを見出すのを助けることだ、という。

(20)　Tunaboylu and Alpes, 2017, p. 84.

(21)　Alpes, Blondel, Preiss and Sayos Monras, 2017, p. 76–77.

(22)　*ibid.*, p. 77.

(23)　子供は逃亡中、最も弱い立場にあるが、親と一緒でない場合には、緊急時の援助と保護を超えた対応が必要である。彼らが抱える問題点は、①非国家主体からの暴力と結果としての移動は、子供に直接影響を与えるが、子供自体が標的とされる（犯罪の強要、性的暴力、強制徴兵、拷問、脅迫など）。②障害を持つ子供やＬＧＢＴＱ（性的に少数の強制移動民。詳しくは後述）の青少年への危害。③帰還した子供や送還された子供が持つ問題。④難民認定手続き上の困難。⑤統合上の問題がある。

いずれにしろ、彼らは難民保護や統合過程で特有の弱さがあるので、地域社会、ＮＧＯ、政府官吏、国際機関の役割が重要になる。

(24)　Bowerman, 2017, p. 78.

(25)　*ibid.*, pp. 79–80. 送還後のアフガン青年との接触をこころみた調査があるが、それによれば、彼らとの接触はきわめてむずかしい。理由は十分明らかになっていないものの、彼らはよく移動し、多くの人は、イギリスにいたことを隠している。理由は、帰還は失敗したためと見られるか、何か犯罪を犯したため送還されたと思われるためである。西欧的な立ち居振る舞いは、仕事や家を手に入れたり、家族との関係を維持するうえで影響がある。宗教的に厳格さを重んじるタリバーン地域に出かける際には、特に英語を話すのを聴かれないようにし、国際電話での会話を見られないように気をつける、という。

(26)　Koser, 2014, p. 45.

(27)　Black and Collyer, 2014, p. 52.

(28)　Koser, 2014, p. 44.「国内避難の指針原則」（the Guiding Principles on Internal Displacement）が適用できるという議論がある。人権法、人道法を反映して、同指針原則は避難が発生した国に第一の責任を与えている。しかしこれは、おそらく短期ないし一時滞在の労働者を含んでいない。同指針原則が、不法移民に適用できるかは明らかではない。同様に、二つのＩＬＯ条約、International Labor Organization instruments relating to migrant workers も the UN

International Convention on the Protection of the Rights of All Migrant Workers and their Families も危機にある移民には言及せず、避難の条項もない。危機の際、非市民を保護し援助する責任が明らかになっていない。誰が責任を持つのか、今ある条項では明確になっていない。

(29) *ibid.*, p. 45-46.

(30) 海外に働く多数の労働者がいる国は、危機の際、労働者を保護するために、現場で実行可能な保護の方策や行動指針、脱出、帰国手続きを含む基準を作るべきであろう。リスク評価の部署の設置も考えられる。移民労働者には、出発前に危機に対処する出発前の訓練や、危機に備えた保険への加入も有効と思われる。

(31) Gregg and Pettitt, 2017, pp. 80-81.

(32) *ibid.*

(33) Betts and Collier, 2017, p. 7.

(34) United Nations Office for the Coordination of Humanitarian Affairs, 2014, p. 6.

第2章

(1) Crisp, 2008, p. 6.

(2) Fielden, 2008, p. 16. ソマリア・モガディシュでは、国際人道機関は同市内で深刻な暴力事態が発生したため、都市ＩＤＰへの接触がきわめて限られてきた。加えて、都市ＩＤＰのかなりの割合の人々は、親類・縁者等の家に寄宿するため、国際援助機関には殆ど彼らの存在が見えない。彼ら都市に住むＩＤＰは、一般に自給状態におかれている。

(3) Feinstein International Center, 2012, pp. 2-3. 都市での生計計画の実施手段として考えられるものには、次のものがある。①研修計画や訓練期に、雇用主に補助金を支給する。②反外国人に抗するキャンペーンを支援する。③帰還や送還の際に、銀行ローンを保証する。④ローンや信用で、庇護国と母国を結び付ける銀行の仕事を支援する。⑤新着民と、最も資金を必要とする家族へ、一時的に貸与補助金を与える。⑥技術訓練計画の評価を実施する。⑦スポーツと結び付けた技術訓練計画を策定する。⑧難民による通訳・翻訳サービスを開発し、翻訳作業で難民を雇用する。⑨文化活動の需要を見出し、活動を支援する。⑩以前の証明書の認定と、熟練技術や起業のために他の必要書類を作成する。⑪

難民が働けるよう、難民児童及び地元児童のための託児所を開設する。⑫職場に的を絞った語学訓練を支援する。

（4） Chimni, 1998, p. 359.

（5）「難民の世紀」といわれた二〇世紀の初めからの避難の多くは、資本主義の地理的拡大と帝国主義政治で引き起こされてきた。ここでの「帝国主義」とは、搾取と支配が持続させられることによる、南北間での関係の全体性を指している。これには、二つの世界大戦での避難と、一九六〇年代の反植民地戦争による避難、とがある。難民の大量流出につながる近年の紛争の多くは、帝国主義政治の遺産か、それに関連するものである。

（6） Weiner, 1996, p. 178.

（7） *ibid.* オーストラリアの白豪主義は、単に白人選好を反映したものではなく、黒人、アジア人、その他の非白人への反感だ、と言われる。対照的に、ある民族集団への国民の選好性は、コミュニティの感覚を維持したい、という願いや必要性で、ある程度、正当化されている。

第3章

（1）「移動」と「移住」の用語を同義として、併用する。移動は、理論的、抽象的な文脈で使用し、移住は、より実際的な場面を意識して使うことにする。

（2） asylum seekers は、「庇護を求める人」（庇護民）とするが、状況に応じ、「庇護申請者」とする。

（3） King, Russell, Black, Richard *et al.*, 2010, p. 61.

（4） 一九九〇年代半ばまで、冷戦期のアフリカでの反植民地闘争、米ソの代理戦争に代わり、旧ユーゴやルワンダのような〝複合的緊急事態〟(complex emergencies) と呼ばれる多様な原因による戦争が発生した。難民数は莫大に増加したが、同年代半ば以降、武力紛争の終結や体制の変化で、かなりの数の難民が帰還した。ルワンダ（一九九六年）、旧ユーゴ（一九九六～一九九九年）、アフガニスタン（二〇〇二年以降）。ただし、アフガン難民の全帰還民数五〇〇万人は累積的数字で、実際の避難者の数より多い。難民は一度以上帰還するし、国外で生まれた子供たちも、帰還者数に含まれている。その他の国々でも、難民は、公式の帰還計画によらず、経済的、家族的理由などで独自に帰還している。

（5） 研究によれば、今日の殆ど全ての紛争の特徴は、①国内で民族的、宗教的立場に従って発生し、国家間の戦いではない。②戦争は非公式で私的なもので、正規軍ではなく、民兵や傭兵による戦いである。③戦闘員同士の殺し合いから、市民の殺害へと移っている。死傷者の九〇％が市民である。④紛争は永続化し、再発する（特にアフリカ）。兵の動員解除は、職業機会の欠如、社会からの強い嫌悪感、除隊者による攻撃的態度などで、しばしば失敗している。⑤戦争に難民が関与させられる割合が高い。その理由としては、民族浄化のように人々の追い出しが戦争の目的となっているからである。近代兵器の殺傷能力は高く、また地雷の敷設で人々は土地を離れざるを得なくなる。

（6）近年、多くの国々（主に先進国ドナー）は、主としてアメリカ政府の圧力で、人身売買の研究に資金を提供してきた。そのため例えば、南アフリカでは政策担当者や国際移住機関（ＩＯＭ）のような国際機関が、人身売買の問題に高い優先度をおいてきた。

（7）Koser, 2007, p. 85.

（8）欧州での庇護民については、人数の多さの他にまた、いくつかの特徴があった（Koser, 2007, p. 85）。①事前の許可なく到着する。彼らには、一般に〝spontaneous asylum seekers〟の用語が使われた。欧州は一九七〇年代、八〇年代に難民を定住させているが、人数、出身地、入国の仕方を受け入れる国が、それぞれ管理することができていた。それに比べ、近年の庇護民は、アフガニスタン、ソマリア、スリランカなど、遠い国から突然に到着する。②過去の定住難民と比べ、庇護を申請する人の多くは事実上、難民ではなかった。欧州では一九八〇年代、移民の入国を制限したので、労働移民には庇護申請が数少ない入国経路となった経緯がある。③到着する人々は、〝南〟から〝北〟への大量移動の前兆という懸念が広まったこと、がこれまでと異なる点としてあげられている。

（9）Koser, 2007, p. 86. 欧州での難民・庇護民への厳格な管理政策の影響については、かなりの論議がある。申請数が減少した理由にも様々な説があり、アフガニスタン、ソマリア、スリランカを含む、主な紛争国での紛争がおさまったこと、ＥＵの管理政策が成果をあげたという説の一方には、彼ら移動民は依然流入を続けており、ただその形態が不規則になっただけで、不規則移動が庇護移動に変わっただけだという説もあり、定まっていない。

（10）King, Russell, Black, Richard *et al.*, 2010, p. 68.

（11）Chimni, 2009, p. 20.

（12）それは例えば、war-affected populations, torture victims, temporarily protected persons, stateless people, climate migrantsなど、である。

（13） King, Russell, Black, Richard *et al.*, 2010, p. 65. 二〇〇四年、アメリカ難民・移民委員会（the US Committee on Refugees and Immigrants）は、難民が持つ権利の侵害に目を向け、解決の緊急性を訴えるために、"anti-warehousing" キャンペーンを始めた。

（14） Adelman, 2001, p. 20.

（15） *ibid.*, p. 7.「人間の安全保障」は、ＵＮＨＣＲの他に研究者、政策担当者が力点をおく問題となっており、その意味で、歴史的転換と言える。

（16） *ibid.*

（17） *ibid.*, p. 11.

（18） Chimni, 2009, p. 22.

（19） Helton, 2001, p. 194.

（20） *ibid.*

（21） 国連の枠外で国際的に調整の話をする時、赤十字の活動は重要である。赤十字は、アフリカ・ビアフラ戦争（Biafra war）の時、大規模な援助活動をしたことで著名である。赤十字は、赤十字国際委員会（the International Committee of the Red Cross, ICRC. 一八六三年設立）と国際赤十字・赤新月社連盟（the International Federation of Red Cross and Red Crescent Societies, IFRC）の二つがある。

（22） 国連災害救済調整官事務所（一九七一年設立）が一九九一年に国連人道問題局（ＤＨＡ）に統合され、一九九八年にＤＨＡを再編する形で、ＯＣＨＡが設立された。委任事項は、人道援助の供与、特に国連制度の中で活動を調整することであった。背景には、一九九一年のイラク北部で起きた人道危機のように、並外れた規模と複雑さに対処する、強い調整機能が必要とされたことがある。ＯＣＨＡは、ニューヨークとジュネーヴの双方に本部を持ち、ジュネーヴ本部は、現場支援を担当し、自然災害に対応する事務所がある。大枠を決める戦略的調整は、両本部の会議で行なわれ、計画実施上の調整は、現場の会議で話し合われている。

（23） ＩＡＳＣのメンバーは、ＦＡＯ、ＯＣＨＡ（当時はＤＨＡ）、ＵＮＤＰ、ＵＮＩＣＥＦ、ＵＮＨＣＲ、ＷＦＰ、Ｗ

ＨＯ。常任の招待者は、ＩＣＲＣ、ＩＣＶＡ、ＩＦＲＣ、InterAction、ＩＯＭ、ＩＤＰ事務総長特別代表、世界銀行である。

(24) Helton, 2001, p. 201. ヘルトン（Arthur C. Helton）によれば、ドナーの調整は、以下の五つの方法で行なわれる。①国際機関（ＵＮＨＣＲ、ＵＮＩＣＥＦ、ＵＮＲＷＡ、ＷＦＰ、ＩＯＭ）を通じる、②非政府の多国間組織（ＩＣＲＣ、ＩＦＲＣ）を通じる、③比較的影響力は弱いが、国際開発機関（ＥＣＯＳＯＣ、ＯＥＣＤ－ＤＡＣ）を通じる、④特定の人道危機、国家危機で、救援事業を経験した高官を通じる、⑤人道援助の主要ドナーによる現場での調整、がある。

(25) 以前に比べ活動が増えたのは、人権組織である。国連人権高等弁務官事務所（the United Nations High Commissioner for Human Rights, UNHCHR）は、ＩＤＰ国連事務総長特別代表の仕事を支援し、現場の係官が保護に関与するようにした。

(26) 人道機関と開発機関の接点は、復興、再建、帰還事業である。救援から開発への移行事業を調整する困難さのほかに、各機関の任務上の違いが、紛争後の状況で直面させられる問題の一つとなっている。一九九九年、ＵＮＨＣＲと世界銀行の手で組織された「円卓会議」では、緊急援助と（長期的）開発の二分法は、不確かで、流動的で、複雑な紛争後の被災社会のニーズには合わないとした。

(27) Martin, 2001, p. 233.

(28) Helton, 2001, pp. 204–205.

(29) Black, 2001, p. 58.

(30) Harrell-Bond, 1998, p. 5.

(31) Black, 2001, p. 57.

(32) Chimni, 2009, p. 14.

(33) Black, 2001, p. 58.

(34) Colson, 2004?, pp. 4-5. 人類学は当時まだ、消滅しつつある文化を持つ、安定した比較的小さな社会を対象としていた。

(35) Adelman, 2001, pp. 19–20. 国家の安全を確保するために、人々の人口交換と強制除去は国際的に承認されていた。

根底には、難民は第一に、国家による抑圧の産物ではなく、一般に国家間の戦争の産物と見られていた。例えば第一次世界大戦に続く、ギリシア・トルコ紛争は、人口交換は許可されなかったが、時の国際秩序により是認された。人口交換は、肯定的な道徳価値さえ与えられていた。

ユダヤ人にとって、人口移動は仮想ではなく、現実であった。ドイツ・ユダヤ人はドイツから追い出され、彼らは行く所がどこにもなかった。欧州の他国のユダヤ人は、高まる反ユダヤ感情の渦中にいた。国際的に是認された人口交換のイデオロギーは、第二次世界大戦後でさえ、問題への有力な解決策であった。その精神は、第二次世界大戦後も継続したが、新しい考え方では、難民を強制して移動させるよりも、彼らの保護を強調することになった。国家の安全から、個人の保護へと考え方が転換した。ＵＮＨＣＲは、難民の法的保護という委任事項を与えられたが、民族紛争の問題を解決するような委任事項はない。

(36) Black, 2001, p. 58.

(37) Colson, 2004?, p. 7.

(38) Black, 2001, pp. 58–59.

(39) 創設者の一人であるバーバラによれば、大学施設である Queen Elizabeth House 内にＲＳＰができた当時は、まだ十分に大学の一部ではなかった (Harrell-Bond, 1998, p. 2)、という。彼女は、ＲＳＰを世界中の難民研究者同士のネットワークにしようと考えた。また、難民の発生する場所はグローバルなので、研究センターは、世界のあらゆる場所にあるべきだとした。彼女の望みどおり、研究センターは、現在は先進国はもとより、バングラデシュ、インド、ケニア、タンザニア、ウガンダ、モザンビーク、南アメリカ、モロッコ、エジプト、パレスチナ、ヨルダンその他多くの場所にあり、研究と教育が行なわれている。

フォード財団は、『難民と移民――問題と計画による対応』(*Refugees and Migrants: Problems and Program Responses*) を出版し、研究者に刺激を与えた。同財団の出版物は、危機に対応するというよりも、難民・移民の問題に長期的に目を向けるべき、と結論づけていた。ＲＳＰにとって、フォード財団のような資金提供者は、研究分野の発展に決定的な影響を与えた。

(40) ＪＲＳが創刊された時、投稿された論文の大半は、アメリカ、カナダの学者によるベトナム難民関連のものだった。

初代編集長のゼッター（Roger Zetter）は、寄稿者と学問分野が各々偏らず、グローバルで学際的になるように努めた（Harrell-Bond, 1998, p. 3）、という。

（41）同センターは、カナダ国際開発庁（the Canadian International Development Agency, CIDA）により、卓越した学術センターと認定されている。大学内での政策志向の研究は、学問の独立と知的厳密さの維持のために、絶えず格闘を迫られている。他方同時に、政策的関心に応じて適切な研究を行なうことは、政府や民間団体から資金を入手するために重要な事柄となっている。

（42）フォード財団は他にも、「アメリカ難民委員会」（ＵＳＣＲ）や「難民政策集団」（ＲＰＧ）のような非営利団体を支援している。ＵＳＣＲは、フォード財団の取り組みに先行していたが、財団により一九八〇年代に再活力を与えられて、世界中の国々の難民状況の現地報告のほか、年刊の『*World Refugee Survey*』を出している。一方ＲＰＧは、一九八一年に設立され、政策研究に従事した。特に、インドシナ難民の定住に焦点を合わせ、多大な難民を入国させたアメリカやその他の国々の問題を分析した。彼らはまた、途上国での難民援助に関連して、救援から開発への移行の問題や、途上国及び先進国での難民・庇護民の保護を研究した。

（43）Martin, 2001, pp. 236–237.

（44）Colson, 2004?, p. 1.

（45）*ibid.*, p. 16. 人道機関は数量的に増加し、より力が強くなっている。現場では、「事実上の政府」として新しい権威を獲得している。

（46）Chimni, 2009, p. 11.

（47）研究成果と政策変化の間のつながりを示すのは難しい。しかし、いくつかの変化が国際機関や政府の政策に反映されているのが散見される。例えば、研究成果により、一九七〇年代末、一九八〇年代、イギリスでは難民定住で個人に否定的な影響をもたらす強制的な「地理的分散策」を止めることができたが、ドイツ、スウェーデンのような他国への波及効果を与えることはできなかった。そのイギリスも「一九九九年移住・庇護法」の成立で導入された分散策には、抗することができなかった（Black, 2001, p. 70）。

（48）Black, 2001, pp. 61–62.

(49) International Migration Institute, 2006, p. 8.

(50) Chimni, 2009, p. 23.

(51) Black, 2001, pp. 61-62.

(52) Koser, 2007, p. 76.

(53) 欧米では例えば、Exceptional Leave to Remain（ELR）の名で、難民ではないが、帰国できない人に法的資格が与えられている。

(54) Koser, 2007, pp. 71-72.

(55) Black, 2001, pp. 63.

(56) Chimni, 2009, p. 16.

(57) *ibid.*

(58) Bakewell, 2008, pp. 442-447. ベイクウェルは、UNHCR等の難民基準が全く該当しない中で、そもそも「定住」といった紋切り型の用語で、特定の人々を難民と結び付ける必要があるのか、と述べている。ザンビアの自主定住の難民の事例では、〝難民である〟という素性を明らかにすることは、非常に微妙な問題であって、難民の分類が何を意味するかについての合意は全くない。民族とか言語は、国籍や難民の地位への確かな指針ではない。ザンビアの国としての統治能力は非常に限られ、多くの難民は国への届け出なしに移動する。彼らの存在は、地方の有力者が把握している。多くの人が国境を越え、公式文書なしに居所を定める。身分証明書は、彼らの地位の証明には全くならない。

(59) International Migration Institute, 2006 p. 8.

(60) Bakewell, 2008, p. 450.

(61) 一九九〇年代初め以降、難民条約の条項にある帰還は、「自発的」という部分の侵害を問う声が次第に小さくなり、国家や国際機関の力の前に押し切られていった。研究の多くは、こうした動きを正当化し、支える役目を果たした。こうした現実を見ると、難民条約の条項を改善し、改定する可能性は全くない（Chimni, 2009, p. 15）、と指摘されている。

(62) Bakewell, 2008, pp. 437-438.

(63) *ibid.*, p. 438.

（64）Adelman, 2001, p. 15.

（65）Chimni, 2009, p. 25. 知識は常に両刃ではあるが、そうした選択的採用を可能にするのは、研究自体の論理的弱さのためと考えられる。

（66）Black, 2001, p. 69. こうした状況下では、負担分担、難民条約の改正のような提言も、西欧各国の担当者がわずかな注意を払っただけであった。

（67）二つの大学で難民研究センターが開設された一九八〇年代初期、参加型の研究、ジェンダー・アプローチ（gender-sensitive approach）は、まだ出がけであった。現場で活動する多くの機関に、その方法はあまりに時間を要し、難民の緊急事態で実行するには、非現実的だとして拒絶された。しかし一〇年後には、研究蓄積も増え、調査に基づくロビー活動で、ＵＮＨＣＲには少なくとも原則上、受け入れられるようになった（Black, 2001, p. 69）。

（68）Colson, 2004?, p. 9.

（69）*ibid.*, p. 11.

（70）Bakewell, 2008, p. 442.

（71）Koser, 2007, pp. 78–79.

（72）Collinson, 2009, p. 3.

（73）Martin, 2001, p. 231.

（74）Chimni, 1998, pp. 352–353. その理由としては、①国際法での支配的な伝統の存在（特に欧州）。②国際法を普及する主要機関がＵＮＨＣＲであったこと。政治から法を分離し、非政治的委任事項に理想的に合致していた。③この慣習は、冷戦政治には最も良く適合していたこと、があげられる。

（75）*ibid.*, p. 353.

（76）Collinson, 2009, p. 3.

（77）Chimni, 2009, p. 11.

（78）Black, 2001, pp. 66–67.

第4章

（1）Fielden, 2008, pp. 10-11.

（2）Marfleet and Chatty, 2009, p. 12. イラクは、ＩＤＰだけでなく、国外からの帰還者にも、殆ど何の支援もしていない。ＵＮＨＣＲが二〇〇九年に行なったシリア、ヨルダン、レバノン在住の難民の調査では、避難者はイラク政府に深い疎外感を感じ、国を離れたので自分たちは見捨てられたと感じていた。

（3）教育は、逃亡・避難した人々に、社会に統合される知識や必要な技術を教え、問題を解決する上で、非常に重要である。しかし、現実は厳しい。例えばスーダン・ハルツームのキャンプでは、都市ＩＤＰｓには教育自体はあるものの、非常に限定され、そのうえイスラムを基礎としたアラビア語で教えられている。ハルツームの都市ＩＤＰｓの大半は、英語を話すキリスト教系の南スーダン人である。ハルツームの学校教育では、将来の帰還も統合も進めることが難しい。教師の給与は非常にわずかなため、なり手がおらず、人数自体も不足している。生徒の親は学費が払えず、また子供は住居を他人の手から守るために在宅が必要であったり、子供の労働が生存のために欠かせず、親は子供を学校に行かせない。二〇〇六年、学齢期児童の約四八％がハルツーム所在のキャンプの学校に行っていなかった。学校には、椅子も机もなかった（Fielden, 2008, p. 10）。

（4）Fielden, 2008, p. 16.

（5）*ibid.*, p. 11.

（6）Loescher, 2001, p. 52.

（7）*ibid.*

（8）Martin, 2001, p. 240.

（9）Marfleet and Chatty, 2009, p. 10. アメリカの政策が、重点をイラクからアフガニスタンに移す中で、メディアの関心も移動。イラク危機への国際的な関心は下降し、イラク難民・避難民は周縁的な問題となっている。二〇〇七年には、イラクの一八行政区のうち、一一区でＩＤＰが流入しないように、境界が閉じられた。二〇〇九年二月、避難・移住省（the Ministry of Displacement and Migration, MODM）は命令を発出し、ＩＤＰの新規登録作業を終了させている。移動した人々は、種々の便宜が受けられないことになって、移住者には大きな圧力となった。ＩＤＰが住んでいた非公式な定住地はその後、自分たちの力を誇示したい民兵、政党、地方・中央の軍隊が、敷地を取りあう場となった。

(10) 同国の難民を管轄する省によれば、国内にはＩＤＰ二四万七〇〇〇人がおり、その大半はトビリシ（Tbilisi)、ズグジジ（Zugdidi)、クタイシ（Kutaisi）の都市部にいる。

(11) Fielden, 2008, p. 4.

(12) *ibid.*, p. 9. 都市ＩＤＰｓといわれる人々は、男性で自給可能で、援助は必要がない、という思い込みがあり、それがサービスを制限する理由となっている。

(13) 現状を打開するため、二〇〇六年にはノルウェー難民評議会の国内避難監視グループが、ハルツーム（スーダン)、アビジャン（コートジボワール)、サンタマリア（コロンビア）で、都市ＩＤＰｓに関するパイロット・プロジェクトを始めた。調査は、都市ＩＤＰｓの人数を推定し、人道ニーズと保護の必要物を見出し、介入を行なうための具体的な提言をすることであった。

(14) いつ国内避難を終わらせるかの方法はいくつかあるが、実際上で関係者の合意が得られない。得られる合意はただ、都市ＩＤＰｓの問題の解決には、緊急援助からひき続いて、真に長続きする解決策を生み出すべきだ、ということが言われるだけである。避難がいつ終わるかについては、避難終結を決めるうえでの明晰さがなく、解決策は見えていない。いつ終わるのかの問題は、援助側にとっては、いつ、どのように、全体的アプローチに転換すべきかの決定に関わってくる。

(15) Fielden, 2008, p. 1.

(16) *ibid.*, p. 7.

(17) 例えば、二〇〇九年半ば、国際移住機関（ＩＯＭ）がイラクＩＤＰにたずねた調査によれば、約六〇％の人が帰宅を希望したが、三一％は現在の土地か、他所への移動を希望した。これは、帰宅と再統合について、多くの問題があることを示している。帰還する元の地域での治安問題、移動上の危険、仕事の喪失と深刻な職業機会の欠如、教育機会・各種配給等の喪失、財産の差し押さえや、他人による住居の占拠がある。四〇％以上の人が、自宅は占拠か破壊されたと考えており、帰還した人の三八％は、財産が盗まれたり、ひどく破壊されていた、と証言している（Marfleet and Chatty, 2009, p. 10)。

(18) Marfleet and Chatty, 2009, p. 15.
(19) Loescher, 2001, p. 49.
(20) *ibid.*
(21) Chimni, 1998, p. 364.
(22) *ibid.*, pp. 364-365.
(23) Lindley, 2008, p. 8.
(24) *ibid.*, p. 5.
(25) Feinstein International Center, 2012, p. 5.
(26) Lindley, 2008, p. 14.
(27) Marfleet and Chatty, 2009, p. 2. イラク難民について言えば、イラク国内にあるＵＮＨＣＲ事務所は前述のように依然、公式的に大量の人々の早急な帰還を準備しているが、イラクへ戻る人は殆どいない。この状況で最も驚くべきことは、戻ることに難民が気乗り薄なことである。イラク難民を受け入れている中東の受け入れ国は、彼らを一時的なお客か、訪問者と見ている。今日、イラクを分ける基本的な問題（石油、領域、権力の分有・共有）について、トップが政治的に合意しない限り、暴力事態は解決しない。
(28) *ibid.*, p. 3.

第5章

(1) 入管協会（2012）『国際人流』第二九九号、二四頁。
(2) 申請は何度でもできる。乱用のおそれはあるが、それ以外に手のない「真の難民」もいる。難民の間で、申請すれば、在留資格、就労許可などで有利になると、口コミで広まったためと思われる。
(3) 二〇一一年は、日本が難民条約に加入して三〇年目にあたるが、法務省入管局の統計によれば、これまでの申請数、認定者数は、次の通りである。「申請数」は、総計一万一七五四人。主な出身国は、ビルマ四二一五人、トルコ一四八九人、スリランカ八五三人、パキスタン八三六人、イラン六〇五人などである。「認定数」は、総計五九八人。ビルマ三〇七人、イラン六九人、ベトナム五九人、カンボジア五〇人、ラオス四八人など。「人道配慮数」は、総計一九九四人。主に、ビルマ一五五八人、中国八〇人、アフガニスタン五六人、イラン四一人、トルコ三一人などである。

(4) ビルマ人の富裕層は、ビルマでの教育(首都ヤンゴン中心部の大学は、政府による分割、管理のため、校舎は郊外へ移転)を見限り、子弟を海外へ送り出す。中には、家を売却して学資送金をする人もいる。

(5) 手段としてはきわめて限られるが、船員になったり(ただし登録の必要があり、人数に限りがある)、コンテナへの潜りこみ、韓国からの密航、成田でのカウンター越えまである(ある援助団体スタッフの話)。日本に行けば稼げるという認識が広まり、借金して来日する人もいる。ビザ取得には保証人が必要なので、①ビルマ戦友会の日本人に保証人になることを依頼、②ビルマ国内の日本人旅行者に近づき、現地での世話と引き換えに保証人を依頼する、などの例がある。

(6) 留学生や定住者のビザを持つ人なら、生活が困窮していれば、国から生活保護が受けられる。

(7) 一五〇人ほどのチン族の人たちが千葉に暮らしているし、ロヒンギャ族の人たちに至っては、同じビルマ人とは言っても、ビルマでも日本でも、他のビルマ人グループとの接触はそれほどない。ロヒンギャの人々は大部分が、東京を離れた群馬県館林に住んでいて、自動車部品製造や塗装関連の仕事をしている。彼らは、直接ビルマからではなく、逃亡先のバングラデシュから日本に来ると、難民認定の対象からは外される。

(8) 一九八二年七月に、国による難民事業の行政監察があり、行政管理庁の「難民行政監察結果に基づく勧告」が出された。同勧告により、認定申請者には保護措置として、保護費を支給する制度が始められた。

(9) 難民対策連絡調整会議は、法務省、外務省、厚生労働省、文化庁など一一省庁からなる。内閣官房が連絡・調整業務を行なっている。

(10) 同会議は同日、「条約難民に対する定住支援策及び難民認定申請者への支援に関する当面の具体的措置等について」を決定した。

(11) 参議院総務委員会、参考人質疑(二〇〇九年六月二六日)。例えば二〇〇八年だと、許可率が九%弱で、一割を切っている。

(12) 在留カードは、ICチップがついており、顔写真や氏名、国籍、住所、在留資格の他、就労が可能かも明示され、不法就労も見抜ける仕組みとなっている。

(13) 法務省によれば、〝不法滞在〟には、不法残留(超過滞在)と不法入国(上陸許可なく、つまり在留資格なく入国。または偽造旅券での入国)がある。不法残留は、コンピューターで割り出せるが、不法入国は偽造旅券、船舶による密航などと多様化して、人数の把握ができない。

(14) 二〇〇五年の法改正以前は、認定を受けても別途在留許可の手続きが必要だったが、認定された人には煩雑さと混乱が起こったため、法務省は認定と在留の判断を同時に行ない、法的地位の安定化を図ることにした。〝不法滞在〟、非正規入国の場合でも、短期滞在の在留資格の場合でも、通常長期滞在や就労可能な定住者資格が与えられることになった。

(15) 「定住者」とは、法務大臣が特別の理由を考慮し、一定の在留期間を指定して居住を認める人、とされている。インドシナ難民や難民認定者、日系三世、中国残留邦人など、が該当する。

(16) 「仮滞在許可」は、在留資格を持たない〝不法〟な外国人から申請があった時に、入国後六ヵ月以内に申請をしたこと、退去強制令書が出されていない、迫害のおそれのある地から直接日本に入国したなどの要件を満たす時に、仮に日本滞在の許可を認める制度である。許可されると、一時的に退去強制手続きが停止され、許可終了まで日本に滞在できる。期間は原則三ヵ月、住居や行動範囲が制限され、就労は禁止である。現実に、仮滞在は許可されるようになったが、認められない場合も多い。

(17) 「仮放免」は、法務省の説明によれば、「自費出国またはその準備のため、もしくは病気治療のためなど、身柄を収容するとかえって円滑な送還が望めない場合や、その他人道的配慮を要する場合など、一定の条件を付した上で、一時的に身柄の解放を認める制度」だという。

仮放免と仮滞在は異なり、仮の滞在者に一律に就労を認めることは仮放免制度の乱用、悪用を誘発するおそれがあるというのが、当局者の説明である。現在の法律の下では、審査中を通じて在留資格は得られないままである。

(18) 他に在留資格ではないものに、「一時庇護上陸許可」など、いくつかある。

(19) ビルマ人の援護をする弁護士によれば、空港での申請は、二〇〇七年四七人、二〇〇八年六四人(八人が仮滞在許可取得)であった。彼らは庇護を求めているので逃亡のおそれは少ないが、空港に留め置かれて収容された。殆どのケースで、仮滞在の審査に数ヵ月かかっている。日本では、船舶や航空機の外国人乗員や外国人乗客に対し、一定の条件を満たす場合に限り、査証を求めることなく、簡単な手法で一時的に上陸を認めている。この許可は、「特例上陸許可」と言われている。この許可には六種類あるが、その一つとして規定されているのが「一時庇護のための上陸の許可」である。これは、領土的庇護の緊急措置として与えられている。

(20) 「在留特別許可」とは、在留資格がない(〝不法滞在〟)外国人に、法務大臣が特別の事情を認めて在留を許可する(定住者の在留資格)制度と言われる。略して、「在特」という。在特では、①滞在を認められる年数が短い、②日本国籍を取得しにくい、③家族を日本に呼びにくいなど、難民認定の場合に比べ、制約が多いことが、その特徴である。

(21) 全国難民弁護団連絡会議(全難連)事務局、杉本大輔氏(二〇一一年一〇月二一日)。同氏によれば、ビルマ人が裁判で勝てるのは、①援護体制が整っている、②ビルマと日本との間で外交問題にならない、ことだという。

(22) 入管協会(2010)『在留外国人統計』。

(23) 東京都の外国人統計、二〇一一年一〇月一日現在。

(24) 新宿自治創造研究所(2012)『研究所レポート2011~外国人WG報告(3)』二〇-二一頁。

(25) 主な理由として考えられるのは、二〇〇三年一二月、政府の犯罪対策閣僚会議で決定された「犯罪に強い社会の実現のための行動計画」で、五年間で不法滞在者を半減することが目標と定められたことがある。これを受けて、入管、東京都、警視庁は、全国で当時二六万人いた〝不法外国人〟を五年間で半減するという目標を掲げて摘発。厳格な入国事前審査、個人識別(指紋、顔写真)、偽造文書の鑑識の強化が行なわれた。難民認定申請者の収容も増えた。超過滞在の取締りが厳しくなって、一時は一万人を越えた在日ビルマ人の数が減少した。彼らは、駐日ビルマ大使館の恩赦で、金を支払って帰国した。

(26) 難民に認定されずとも、在留を特別に許可する場合には、「特定活動」が付与されている。難民認定者は定住者、在留特別許可者は特定活動となった。定住者は、特定活動者と異なり、就業制限はなく、生活保護の申請も可能である。

(27) 新宿自治創造研究所(2012)『研究所レポート2011~外国人WG報告(3)』二〇頁。

(28) 新宿自治創造研究所(2012)『研究所レポート2011~外国人WG報告(2)』一八-一九頁。

(29) 同上、一八頁。

(30) 同上、一六頁。

(31) 同上、一七頁。資料によれば、二〇〇九年一二月、在日ビルマ人難民申請弁護団が人道配慮に基づく在留許可で「特定活動」を得ていたビルマ人三七名の「定住者」への資格変更許可を申請した時に、東京入国管理局が資格変更基準として示したのは、①正規・非正規を問わず、在留が一〇年以上、②特定活動で三年以上在留すること、であった。

(32) 同上、一九頁。二〇〇〇年代初め、二〇〇八年以降と、新宿区ではビルマ人の増加とともに、同区での人口が増加した。ビルマ人の集住地域は現在、高田馬場が中心である。一丁目から四丁目全てで人口が増加している。

(33) 新宿自治創造研究所（2012）『研究所レポート２０１１～外国人ＷＧ報告（３）』二一頁。

(34) 川村千鶴子（2008）「ディアスポラ接触――地域が日本を超えるとき」川村千鶴子編著『「移民国家日本」と多文化共生論』明石書店、七五－一〇九頁。

(35) 稲葉佳子（2008）「受け継がれていく新住民の街の遺伝子」川村千鶴子編著『「移民国家日本」と多文化共生論』明石書店、六六頁。不動産屋の客の七〇～八〇%が外国人。新宿区の住居は、共同住宅が約一五万二〇〇〇戸と八割強を占める。うちマンション（分譲と賃貸し）は、約一〇万三〇〇〇戸。マンションは、区の住居の主流形態である。居住者像は多様で、居住実態は不明。家賃は七～一〇万円（二九㎡以下）が約五〇%で最も多い。他の区と比較すると、新宿区は家賃が、やや高めである（新宿自治創造研究所（2011）『研究所レポート２０１０～集合住宅ＷＧ報告（１）』No. 3, 一頁と二〇頁）。

(36) 川村千鶴子（2008）「ディアスポラ接触――地域が日本を超えるとき」川村千鶴子編著『「移民国家日本」と多文化共生論』明石書店、八〇頁。

(37) 同上、八一頁。

(38) 新宿区では一九九一年、外国籍住民に居住差別をなくす条例を全国に先駆けて制定し、不動産業者を通じて、「協力店制度」を発足させた。新宿区は先進的な取り組みをしていると、各自治体が見ている。外国人顧客を専門にした不動産業者が出現し、社員に外国人を雇い、多言語の契約書や説明書きを揃えて、「外国人歓迎」の看板が目に付く。マンション組合も多言語で対応し、トラブルを未然に防ぐ努力をしている。町内会も、多文化共生に積極的に応じている。ＮＧＯの活動が活発で、特に外国人を支援するＮＧＯが多数存在している。

（39）　難民支援協会（2009）『２００９年度 年次報告書』。

（40）　Ainsworth, 2007, p. 35. 要因とは、通常なら問題にならないが、申請者にとって生活上越えねばならない課題としてあらわれ、それが越えられない時には、リスクとなる。申請者にとって、決定を下し、次いで行動を迫られる要因を指す。

（41）　外国人ハウスは、アパートや一軒家などを利用した、外国人専用の簡易宿泊施設である。居住空間が非常に狭く、安定的な住居とは言い難い。

（42）　住居を借りるのに保証人がいるが、一五万円払えば、日本人で保証人になってくれる人もいる（あるビルマ難民）。

（43）　堀内康史（2007）二二九‐二四〇頁。日本語能力が高い人ほど、より正確で豊富な情報を得て、加入するきっかけになる、という。情報・知識の問題と、それがどう利用され蓄積されるかは、申請者にはとても重要である。

（44）　東京都のハローワークでは、外国人コーナー等の専用窓口が設けられており、英語等の通訳サービスも受けられる。他に外国人を対象に、就職情報を提供する公共サービス機関に「東京外国人雇用サービスセンター」（Tokyo Employment Service Center for Foreigners）がある。しかし、その存在を知らない場合も多い。申請者によってはビルマ語のみで、英語も十分ではなく、意思疎通ができないこともある。

（45）　新宿区地域文化部文化国際課（2008）七二頁。

（46）　保護費として、月額八万五〇〇〇円を上限（単身者）に、生活費日額一五〇〇円、住居費月額四〜六万円、医療費は実費が、原則四ヵ月与えられる。就労が認められないことが多いために、在留資格を失った場合も支給される。医療費が後払いのため、受給者からは、先払いの要請が強い。二〇一一年の一ヵ月あたりの受給者数は、平均三八七人。不正受給がマスコミにも取り上げられたが、ＲＨＱには調査権はない、という。

（47）　難民申請をした人のうち、ＲＨＱの調査に基づいて、外務省が困窮者と認めた人に保護費は与えられるが、いくつか要件がある。①難民申請前には、受給の申し込みはできない、②原則保護期間は四ヵ月、③二度目以降の難民申請の人は対象外、④シェルター利用は、上陸後の期間が短い場合のみ、と制約がある。

（48）　アジア福祉教育財団（2011b）『愛』総集編、および同財団（2011a）『愛』第三五号、六二頁。

（49）　同上。

(50) 経営支援と事業融資を組み合わせ、マイクロファイナンスによる経済自立をめざしている。最高一〇〇万円程度の少額融資だが、難民の経営する料理店などへの融資が可能である。
(51) 同協会は、法律サービスと社会カウンセリングが活動の主体。後に生活支援も重要な活動となっている。UNHCRとの協働事業計画を締結し、UNHCRの難民登録事業の代行、電話相談、支援金の支給などをしている。委託金には限りがあるので、他の団体に照会したり、そのネットワーク作りが課題だという（難民支援協会担当者）。
(52) 例えば、NPO法人「ビルマ文化福祉協会」（板橋区）は、三階建てのビルを買い取り、一階は集会室、二階は仏間、三階がビルマから招請した僧侶の居室になっていた。協会にはボランティアがつめていて、専従者はいない。会費制ではなく、お金のある人が出すという。
(53) 新宿自治創造研究所（2012）『研究所レポート2011～外国人WG報告（3）』二一頁。
(54) 難民旅行文書で、アメリカ、イギリスには行けるが、タイは認めないので、日本への「再入国許可証」を使うという。韓国は、日本の「再入国許可証」自体を係官が見たことがなく、説明が必要だった（あるビルマ難民）、という。
(55) 新宿自治創造研究所（2012）『研究所レポート2011～外国人WG報告（3）』二二頁。
(56) 新宿区地域文化部文化国際課（2008）二八〇－二八一頁。
(57) 新宿自治創造研究所（2012）『研究所レポート2011～外国人WG報告（3）』二二頁。
(58) 同上。
(59) 新宿区地域文化部文化国際課（2008）九七頁。例えば新宿区の調査で、ビルマ人の母数が三五人と少ないが、「あいさつ程度」六五・七％、「全くつきあいがない」二二・九％であった。日本人に、自分たちができると思うことをたずねたら、「あいさつなど声をかけあう」六七・五％、「気軽におしゃべりする」三一・一％で、年齢による大きな違いはなかった（同、一九八頁）。
(60) 一ヵ月間でビルマ人たちが寄付した金額は、一五〇万円。そのお金を彼らは、東日本大震災被災者のために、日本赤十字社に寄付した。二〇一一年四月三〇日、ビルマ人九五名が宮城県・石巻と多賀城に出かけて、炊き出しと泥かきをした。同年六月一八日には、ビルマ人一五〇名が石巻に行った。知りあいの日本人が「ビルマ人はなぜそんなにやっているんですか」と聞いた。答えは「自分が住んでいる所で大変なことがある時、できることは何でもやって助けたい気持ちがあるからだ。それが人間らしい生き方だ」であった。

（61）新宿区地域文化部文化国際課（2008）一〇八頁。

（62）Refugee Studies Centre, 2005, p. 52. 必要なことは、難民・難民認定申請者に、旅行文書、労働許可証、写真付きのIDを含む、適切な証明書を与えること、地方自治体、企業に難民への彼らの責任を自覚させるようにすること、分権化の中で自治体は、保健、住居、就学に責任を持つので、これらに難民を含まれるようにすることなど、である。企業、そして特に公共団体は、難民の雇用を通じて、社会的責務を果たすことができる。

（63）東裕里（2005）六頁。

（64）阿部浩己、二〇一一年日本平和学会での発表。

第6章

（1）『朝日新聞』二〇一五年五月二二日付け。

（2）Brende and Burkhalter, 2015, p. 4. その代表的なものは、例えば二〇〇四年のインド洋津波で、二三万一〇〇〇人が死亡か行方不明。被災した一二ヵ国で、一〇〇万人以上が避難した。二〇〇五年、アメリカのカトリーナ・ハリケーン（Hurricane Katrina）では、一五〇万人が一時的に避難。そのうち、三〇万人は元の家に戻らなかった。

（3）Kolmannskog, 2009, p. 2.

（4）Zetter and Morrissey, 2014, p. 345. ただし、土地所有者には海老養殖は儲けがあり、環境による被害の影響はない。しかし土地なしの人々には、海老養殖への転換は労働機会がなくなり、不十分な収入がさらに半分になっている。経済力学は、地方エリートの力と伝統的な支配層の力を強めている。

（5）Heine and Petersen, 2008, p. 49. しかし、土地の人々はまだ、雨季の雨は少し多すぎるだけ、乾季には少ないだけ、と感じている。大半の人々は、日々の生活への気候変動の問題とは捉えていない。

（6）Boano, Zetter and Morris, 2008, p. 15. 他に危険なデルタがある国は、タイ、インドネシア、パキスタン、モザンビーク、ガンビア、セネガル、スリナム等。島嶼国のモルジブ、キリバス、ツバル、マーシャル諸島のほか、カリブ海諸国も、同様の危険に直面している。

(7) Kelman, 2008, p. 20. 及び Brende and Burkhalter, 2015, p. 4.

(8) Loughry and McAdam, 2008, p. 51. 二〇一五年五月には、南太平洋の島嶼国一四ヵ国の首脳が集う「太平洋・島サミット」が福島県いわき市で開かれ、主要議題の一つは、気候変動、地球温暖化であった。日本は気候変動や防災対策、持続可能な開発への支援を全面に押し出した。

(9) Burson and Bedford, 2015, p. 54. ところで一方、海洋資源への影響の程度は不確かである。ある場所では、数が減少し種が絶滅するが、他の多くの種は移動する。島の中には、以前より多くの魚や他の資源を得た所もあるが、その一方でそれまで依存していた食料を失った。熱帯地域では、真水は既に島での入手は限られ、多くの島々では乾燥状況にある。熱帯性低気圧の嵐が水をもたらしても、被害のために水の恩恵を上回ってしまう。

(10) Kelman, 2008, p. 20.

(11) ＩＰＣＣは世界気象機関（the World Meteorological Organization, WMO）と国連環境計画（ＵＮＥＰ）により、一九八八年に作られた。ＩＰＣＣは、人間が引き起こした気候変動のリスク、その潜在的可能性や影響の緩和・適応を理解するために、科学的、技術的、社会経済的な情報を評価する。一九九〇年の最初の評価報告書では、気候変動の最も重大な影響は、人間移動だとしている。そして、基本的な問題は、人々がどこで、どのようにして避難させられ、誰が、どのくらいの人数で、どう保護されるかであった。

(12) Loughry and McAdam, 2008, p. 51.

(13) Piguet, 2008, p. 6.

(14) *ibid.*, p. 5.

(15) Boano, Zetter and Morris, 2008, p. 4.

(16) Zetter and Morrissey, 2014b, p. 343.

(17) ナンセン・イニシアチブは二〇一二年後半、ノルウェーとスイス政府により打ち出された。その目的は、気候変動の影響につながる災害状況を含む、国境を越えて避難した人々の保護と援助について、カギとなる原則や要因について国際的な合意を得ることであった。同イニシアチブは、国家が主導し、政府、市民社会、国際組織や専門家の幅広い代表を一堂に集め、一連の地域協議を組織してきた。運営グループは、オーストラリア、バングラデシュ、コスタリカ、ドイツ、ケニア、メキシコ、ノルウェー、フィリピン、スイスの代表で、ＵＮＨＣＲと国際移住機関（ＩＯＭ）が恒常的に招待されている。イニシアチブは、作業過程で三つの枠組み上の問題を区別した。①国内と国外の区別、②急激に始まる場合と緩慢に始まる場合の区別、③避難と移住の区別、である。協議は各々の分野で、全体的に対象となる分野が拡大した。

（18） Brende and Burkhalter, 2015, p. 4.「保護の課題」（the protection agenda）は、二〇一五年一〇月に開催された政府間協議（ジュネーヴ）に提出され、論議された。詳しくは、後述。

（19） Zetter and Morrissey, 2014b, p. 342.

（20） *ibid.*

（21） Sriskandarajah, 2008, p. 61.

（22） Boano, Zetter and Morris, 2008, p. 4. それらは、environmental migrants, forced environmental migrants, environmentally-induced forced migrants, environmentally motivated migrants, climate refugees, climate change refugees, climate change induced refugees, environmentally displaced persons, disaster refugees, environmental displacee, eco-refugees, ecological displaced persons, environmental refugee-to-be などである。mobility（移動性、可動性）は、migration よりも、より柔軟に使いうる用語だと言う人もいる。

（23） Piguet, 2008, p. 4. 今日では、環境要因が明らかに決定的な役割を果たす場合に、environmentally induced population movements（EIPM）と environmentally displaced persons（EDP）が、一般的な分類で使われているが、必ずしも最良というわけではない。なお、移動につながる五つのプッシュ要因は、以下のものである。①自然災害、②緩慢な環境悪化、③開発プロジェクト、④産業汚染・公害、⑤紛争による環境への影響。このうち、①と②は、比較的に短期の人間活動からは独立して、気候変動につながる。他方、③、④、⑤は直接、人間活動につながる要因である。

（24） Collyer, 2014, p. 116.

（25） Black, 1998, p. 11. ただし、ブラック（Richard Black）は、語の最初の使用は、「国際・環境と開発研究所」（International Institute for Environment and Development, IIED）の一九八四年一二月の文書だ、というキブリアップ（Gaim Kibreab）の説を合わせて紹介している。

（26） Piguet, 2008, p. 1.
（27） Zetter and Morrissey, 2014b, p. 343.
（28） Dun and Gemenne, 2008, p. 10.
（29） Black, 1998, p. 13.
（30） *ibid.*, pp. 13-14.
（31） Kolmannskog, 2009, pp. 2-3. 新マルサス派とコルヌコピアン派（cornucopian）。新マルサス派の代表は、ホーマー・ディクソンで、人口増加と資源の欠乏が暴力的な争いになる、という。コルヌコピアン派は、人間の巧みな役割と欠乏に打ち勝つ協力を強調する。紛争よりも協力が、環境問題への反応であり、軋轢があっても暴力事態には至らない。紛争を導く資源の欠乏よりも、むしろ資源の過多にあるという。反乱勢力は、天然資源の私的流用から資金を作り出し、貴重資源の管理をめぐる争いだ、としている。
（32） Warner and Affifi, 2014, p. 199. イェーガー（Jäger, J）たちは二〇〇九年、「環境変動と強制移動シナリオ・プロジェクト」（Environmental Change and Forced Migration Scenarios Project）の結果を発表。プロジェクトは、世界の二三地域を選び、環境変化と移住を調べた、最初の世界的調査となった。
（33） Black, 1998, p. 14.
（34） Stavropoulou, 2008, p. 11. 例えば、オランダのＮＧＯ「環境難民のための生活空間」（the Living Space for Environmental Refugees, LiSER）は、モルジブ、ツバル、その他の小さな島嶼国家に是認されて、定義の拡大を提案している。ＬｉＳＥＲは、環境難民を難民条約の中に組み込むための作業グループの設置を目的としている。彼らの目的は、難民条約の難民の定義にある、「十分根拠のある怖れ」の中に、深刻な環境による影響のため、あるいは国家や民間企業による残留物、廃棄物への怖れのために、生命の危険や生活への害・損害の怖れを含めることである。
（35） Boano, Zetter and Morris, 2008, p. 4.
（36） *ibid.*, pp. 7-8. ＵＮＨＣＲの定義を要約すると、「生命、生活や福祉が、有害な環境的、生態的、もしくは気候過程とその出来事の結果として、深刻な危険におかれたために、通常の居住場所から避難させられたり、離れざるを得ないと感じた人」。他の範疇の人々との混乱を避けるため、国境越えの移動には言及せず、迫害、武力紛争、人権侵害に関連する避難にも、言及していない。

（37）Refugee Studies Centre, 2010, p. 12.

（38）Black, 1998, p. 11. キブリアップ（Gaim Kibreab）は、国際的な著名人は、用語の意味の説明や予想される意義については的外れだったが、現象自体を広める上では貢献した、と言う。彼は、北の先進国の政策担当者は、庇護法とその手続きを制限したいと望み、かくして用語は、避難の原因を少なくとも部分的に、非政治化されて作り出され、国家は庇護供与の義務を免れようとした、と辛辣なコメントをしている。

（39）Fernández, 2015, p. 43. 次の段階は、被災した国とともに、地域的か二国間で、解決を図ることである。それは、より広範な国際努力への一歩となる。

（40）Piguet, 2008, pp. 5-6.

（41）Collyer, 2014, pp. 115-116. ただしＧＩＳには、徐々に克服されつつあるとはいえ、利用上でいくつかの技術上の障害がある。①ＧＩＳのソフトは高価で、かつ効果的な運用には技術的な専門知識がいる。一方、グーグル・アース（Google Earth）のようなウェブ上のＧＩＳは、無料で、操作は比較的簡単である。②今ある地図に、変化後付け加えようとする際、新しいデータが必要になることがある。特に、地震、津波、洪水といった自然災害では、風景が一変する。

（42）*ibid.*, p. 116.

（43）Betts, 2015, p. 72.

（44）Collyer, 2014, p. 117. これまでの地理学のアプローチとは違う、次の四点から分析を行なっている。①避難民の数の推定数の違いに注目し、推定数を得る論理性を問題とする。②異なる移動動機の間の相互関係を重視し、環境を移動の個別の原因として分離することをやめる。③環境要因に関連する移動の潜在的な目的地を調査する。④環境難民の用語の適切さを、彼らの保護の視点から見直す。

（45）Refugee Studies Centre, 2010, p. 12. ＩＯＭは二〇〇九年、これまでに発見した事物をひとまとめにした報告の中で、移住の流れと気候変動、もしくは環境悪化の間の関係についての明確なデータ不足を強調している。

（46）ＯＣＨＡは、前述の通り the UN Office for the Coordination of Humanitarian Affairs（国連人道問題調整事務所）

の略称。ＩＭＤＣは、the Internal Displacement Monitoring Centre of Norwegian Refugee Council（ノルウェー難民評議会国内避難監視センター）の略称である。

(47) Kolmannskog, 2009, pp. 1-3.

(48) *ibid.*, p. 3.

(49) Boano, Zetter and Morris, 2008, pp. 13-14.

(50) Warner, Dun and Stal, 2008, p. 13. モザンビークでは、二〇〇一年、二〇〇七年、そして二〇〇八年、大量の降雨で、中部のザンベジ川沿いに洪水が引き起こされた。二〇〇七年の洪水はサイクロンのため、状況は一層悪化した。多くの人々が家を失った。河口の三角地帯や海岸地帯は、特に洪水と浸食度が高い危険な地域である。政府が移転用の定住地を造成しており、定住は洪水の危険を取り除くが、他の環境的、社会的、経済的困難を作り出している。自給農民や漁業者は、河岸の肥沃な土地から高地の旱魃気味の土地へ移動させられる。何人かは土地の所有権を守り、農民としての生活のため、低地の川岸の土地へ定期的に耕作に戻る。定住はしばしば、生活を失わせ、政府や国際援助にほぼ完全な依存状態を生み出している。

(51) Black, 1998, p. 19. 先のキブリアップは、スーダン東部での自身の調査から、機械化した商業的な人工雨による食糧生産、トラクターを利用するための植生の除去、都市住民用の薪や炭の商業生産が、資源枯渇の主要な原因だとしている。難民が薪の採取で、よく非難されるが、難民にとっても不注意なやり方の結果は痛ましいものになるので、むしろ最貧者である難民は、より慎重になり、保守的な資源の使い方をする、という。難民にとって、土地保全で誘因が働かないのは、所有権がないためであり、保全活動への難民側の気持ちを抑制する原因となっている。

(52) 一九三〇年代に、アメリカ中南部の大草原地帯で、断続的に発生した土砂嵐による被害。自然災害というより、人災に近く、何十年にわたる不適切な農業技術の使用が原因であった。なおアメリカでは、一九二七年のミシシッピ・デルタの洪水で、七〇万人が北部の州へ移動。その大半は貧しい黒人だったが、彼らの移動の決断には、多くの事例で、環境からの圧迫と、転地による将来への切望が入り混じっていた。

(53) Piguet, 2008, p. 1.

(54) *ibid.*, p. 2.

(55) 研究は学際的だが、今後は、①過去の研究で見出された事実を体系的に評価することが必要である。これは新しい研究方法とアプローチの仕方を見つけるためである。②グローバルな調査を行なう。共通の計画で、現地調査を詳細に行なう。③情報と知識の管理を行なう。ネットワークとデータベース、ウェブを使い、情報の共有を図る。経験と成功例を交換することが重要である。

(56) Zetter and Morrissey, 2014, p. 180.

(57) 具体的に言えば、要因としては、過去と現在の移住と避難パターンとプロセス、政府の行動と言説を特徴づける事柄、人権への政府の制度と対策の程度、移動、特に国内移動に影響する当該国の社会経済状況と開発状況、移動の政治的特徴などが考えられる。

(58) 事例の主なものは、Zetter, Roger and Morrissey, James (2014a), "Environmental Stress, Displacement and the Challenge of Rights Protection" と、Zetter, Roger and Morrissey, James, (2014b), "The Environment-Mobility Nexus: Reconceptualizing the Links between Environmental Stress, (Im) Mobility and Power" に拠っている。

(59) Zetter and Morrissey, 2014, p. 194.

(60) Kolmannskog, 2009, p. 10.

(61) 『朝日新聞』二〇一五年五月一七日付け。

(62) Loughry and McAdam, 2008, p. 51. キリバスは、一つの共通言語を持ち、世界最大のサンゴ環礁を持つ。島はサンゴの堆積で出来ている。約五万人が首都サウス・タラワ (South Tarawa) に住む。住民の大部分は、漁業やバナナ、コプラを生産する自給農業。漁場は豊かで、コプラと魚が、生産と輸出の大部分を占める。国全体が低地で、高地移転ができず、収入の道はなく、人口が一つのサンゴ礁に集中している。

(63) *ibid.*

(64) Cameron-Glickenhaus, 2008, pp. 52–53. そのための対策が、現在進行中である。例えば、西太平洋のパラオ諸島 (Palau) では、サンゴ礁の三分の一を超える破壊がある。パラオでは、様々な方法で対策を図っている。①サンゴ礁の保全。健康なサンゴ礁は、重圧を持つサンゴ礁より、異常な海水高温でも破壊されない。地元の潜水業者と政府が共同で保護している。パラオはまた、サンゴ礁を守るため、マーシャル島、ミクロネシア連邦、グアム、北マリアナ諸島と共同して取り組んでいる。パラオは、持続性漁業の先導役である。②国際サンゴ礁センター（International Coral Reef Center）で、サンゴ礁の成長を早めたり、回復させる方法や海温の上昇に対し、サンゴ礁を強靭にする要因を調査・研究中である。③国際的に気候変動による破壊を減らす試み（例えば、サンゴ礁を破壊する底引き網の中止）。④気候変動によるサンゴ礁破壊の国際的な理解を促進するため先頭に立って、安全保障理事会、国連総会のような場での論議と、決議文の採択に力を尽くしている。

(65) Kelman, 2008, p. 20. Cameron-Glickenhaus, 2008, p. 53. サンゴ礁を持つ国に助言されているのは、①漁業への壊滅的影響を与える、化学物質の流出を抑え、サンゴ礁の環境をそこなうストレスを減らす。②食料として魚類以外にも幅を広げ、食料供給を多様化する。③極貧生活の漁業者やその家族に対し、一時的な食料援助の計画を立てる。サンゴ礁の白骨化は、海水温の上昇で、数週間のうちに発生する。サンゴ礁の回復を助けるため、漁業回数を減らす。④大量のサンゴ礁破壊が、地元経済や食料の安全を脅かす場合、二国間及び多国間での緊急避難計画を立てる。⑤上記の計画に、地元民の参加と支援を求める。可能なら、人々に避難という選択肢を考えてもらう。⑥避難計画は、人々が避難後、自活できるよう、いずれも職業訓練を含む、ことである。

(66) Cameron-Glickenhaus, 2008, p. 52.

(67) Kelman, 2008, p. 21.

(68) Connell, 2015, p. 46. タイの地元ＮＧＯは、津波で推定一二万七七一四人がビルマから避難してきて、タイの津波被災県に居住。そのうち、二万二五〇四人（一八％弱）が、タイ当局に登録されていた。多くの人が不確かな法的地位のため、津波に伴う公的な援助への資格がなかった。

(69) Burson and Bedford, 2015, p. 55.

(70) 『朝日新聞』二〇一五年五月二二日付け。

(71) Zetter and Morrissey, 2014b, pp. 347–349.

(72) Chatty and Sternberg, 2015, p. 25.

(73) Kolmannskog, 2009, p. 6.

(74) The Nansen Initiative Global Consultation, 2015, pp. 16–17.

（75） McAdam, 2014, p. 203.

（76） 例えば、「経済的、社会的及び文化的権利に関する国際規約」（the 1966 Covenant on Economic, Social and Cultural Rights）、「市民的及び政治的権利に関する国際規約」（the 1966 International Convention on Civil and Political Rights）、「すべての移住労働者とその家族の権利の保護に関する国際条約」（the 1990 International Convention on the Protection of the Rights of All Migrant Workers and Members of Their Families）、「児童の権利に関する条約」（the 1989 Convention on the Rights of the Child）、「女子に対するあらゆる形態の差別の撤廃に関する条約」（the 1981 Convention on the Elimination of All Forms of Discrimination against Women）、「先住民の権利に関するＩＬＯ条約」（the 1991 ILO Convention on the Rights of Indigenous People）がある。基準や指針は、国連機関間常任委員会（UN Inter-Agency Standing Committee）の「人権と自然災害についての指針」（Guidelines on Human Rights and Natural Disasters）や国際赤十字・赤新月社の「活動規範」（the Code of Conduct）、災害救援のＮＧＯ、保護する責任の「調停と国家主権に関する国際委員会」（the International Commission on Intervention and State Sovereignty）の文書や「スフィア・プロジェクト」（the Sphere Project）の人道憲章などがある。

（77） McAdam, 2014, p. 204.

（78） 補完的保護（complementary protection）は、難民条約の枠外にある人の国際保護の必要性を基礎に、国家が与える保護である。そうした保護は、市民的及び政治的権利についての国際人権規約、拷問禁止条約や、通常の暴力事態を逃げ出す人々を援助する、一般的な人権原則のようなものに基づいている。それは人権法の下で、ノン・ルフールマンの原則を拡大する前提とされている。条約難民と補完的保護の人には、同じ法的地位を与える傾向が出てきているが、これには反論もある。見方の違いは、難民法を人権法の部分集合と見るのか、難民という特別の地位を守るべく個別的に扱い分離した制度にするかで、論争がある。人権学者は、難民と補完的保護の人の保護は、同じであるべきとの立場をとっている。

（79） Black, 1998, p. 12. 世界環境開発財団（the World Foundation on Environment and Development）の報告や、ノルウェー難民協議会（Norwegian Refugee Council, ノルウェー政府の一部門）は、環境難民の保護制度の確立を求めた。一方、ＩＯＭやアメリカの難民政策集団（Refugee Policy Group）もまた、国際的な政策で無視されている集団への保護と援助を与える、新しい国際法規が必要だ、と結論づけている。

(80) ここでは、「権利擁護」と「権利保護」は、同じ意味で使用する。なお、「避難」(displacement) と非自発的移動 (involuntary migration) は、移住(移動)の一部である。移住は、既述のように複雑な移住動機により特徴づけられる。一方、避難は非計画的で、非自発的な現象を、より意味している。

(81) Refugee Studies Centre, 2010, p. 12.

(82) Piguet, 2008, p. 7.

(83) Betts, 2015, p. 72.

(84) *ibid.*, p. 73.

(85) *ibid.*

(86) *ibid.*, pp. 73-74. 国連人道問題調整事務所(ＯＣＨＡ)と、その長である緊急援助調整官 (the Emergency Relief Coordinator, ERC) は紛争と自然災害の中で、活動を調整する責任を持っている。ＥＲＣは、国連駐在国常駐代表 (UN Country Representatives) に訴えかけることができ、国連の開発援助枠組みのような一連のソフトな仕組みを利用できる。国連国際防災戦略事務局 (the UN Secretariat for International Strategy for Disaster Reduction, UNISDR) は、二〇一五年以降の災害リスク削減の枠組みの開発を進める重要な役割を担っている。「気候変動に関する国際連合枠組み条約」(the UN Framework Convention on Climate Change, UNFCCC) は、ナンセン・イニシアチブの重要な問題を論議にのせる重要な場であった。

(87) Connell, 2015, pp. 46-47. 環境変化を受け、例えばバングラデシュ、ビルマ、マレーシアのような国に住んでいる無国籍者はどのような影響を受け、非市民としての彼らの地位が、サービス利用にどう影響しているかの調査は殆どない。まず過去の経験を調査する必要があるが、論点は、以下の通りである。①環境避難は、人々を無国籍にするのかどうか。②無国籍者を避難させたり、移動を動機づける上で、環境要因が果たす影響の程度。③異なる状況下での、移動の状況と無国籍者が援助要請で直面する障害は何か。④災害に伴う人道的援助を受け取り、さらに復興過程で、財政的及び物質的支援を受ける上で、排除される点。

(88) Piguet, 2008, p. 8.

（89） Boano, Zetter and Morris, 2008, p. 20.

（90） Clark, 2008, p. 22.

（91） Kolmannskog, 2009, pp. 6–9.

（92） Clark, 2008, p. 22. 世界には、国内紛争のリスクが高いとされる国が二五ヵ国ある。その大半がアフリカにあるが、今後二〇年のうちに、内戦に入る高い危険性がある、と言われている。これらの国々は、一人当たり低収量の狭い農地しか所有していない。

（93） Edwards, 2008, pp. 23–24. Boano, Zetter and Morris, 2008, pp. 22–23.

（94） Clark, 2008, p. 22.

（95） 例えば、青年人口の急増、急激な都市の成長、低収穫地の数量の変化や水の入手具合が、指標となる。この視点からすれば、アフリカ、そして幾分、状況は下がるが、中東が、急速な人口成長と環境ストレスで生じる、緊張と紛争の主要な地域となっている。他は、アジアと南アメリカ北部地域である。

（96） Clark, 2008, p. 22. フィリピンでは、政府が大規模農業を進めた。これは、土地なし農業労働者を大量に増やすことになった。そのため、多くの人が、急峻で生態的に脆弱な山の斜面を開拓し、自給自足の貧しい農業に転じた。住民の間に、政府への反発が生じ、政府の治安維持力を越えた。

（97） Boano, Zetter and Morris, 2008, pp. 21–22.

（98） *ibid.*, p. 21. 中には、環境への重圧が、紛争の発生と混じり合った事例はあるが、その場合は移住が先行していた。そして、ある事例（エルサルバドルとグアテマラ）では、冷戦のイデオロギー対立で、紛争が拡大していた。

（99） *ibid.*, p. 22.

（100） Kolmannskog, 2009, p. 7.

（101） *ibid.*

（102） *ibid.*, p. 9.

（103） *ibid.*, p. 12. インタビューを受けたブルンジ人の話では、何人かの人々はウガンダへ移動し、働いたり、キャンプで難民として保護を求めている。彼によれば、「普通、人には家を離れる際には、多くの理由がある。主に飢えで家を離れた人は、保護を与えるＵＮＨＣＲなどが受け入れやすいように、人権にかかわる別の理由を話す」と述べたという。避難した人々は、環境的な理由と政治的な理由の二つを使い分けて話す。

(104) 例えば、「すべての移住労働者とその家族の権利の保護に関する国際条約」(the 1990 International Convention on the Protection of the Rights of All Migrant Workers and Members of Their Families) は、移民労働者にいくらかの保護を与えているが、入国許可や国内での継続的な滞在の権利は与えていない。

(105) 一時保護 (temporary protection) は、人の大量流入が発生した時に採用され、多くの異なる状況や国々で、これまで適用されてきた、数十年の歴史を持つ概念である。一時保護では、個別に難民の地位の決定は困難であるが、それが起こり得る筋書は、四つある。①庇護申請者の大量流入、もしくは他の同様な人道危機での大量流入。②船での漂着と海上での救助を含む、複雑で移民と難民が入り混じった、国境越えの移動。③流動的で、過渡的な状況。④安全で誇りをもっての帰国を妨げたり、本国が国際社会からの援助を必要とする、その他の例外的かつ一時的な状況。

人道危機の際には、援助側には、柔軟で、一致した対応が、必要とされる。しかしＵＮＨＣＲによれば依然、概念の範囲や意味に混乱が見られる。

(106) Kälin, 2015, p. 6. ナンセン・イニシアチブは、被災した人々のために、保護と移住の広範な方策を見出した。これらは、人道ビザの発行、国外追放の延期、例外的に難民の地位を付与、人々の自由な移動について二国間ないし地域内での取り決めを図る、正規の移住経路の設定、労働許可証の発行など、である。国境越えの避難民が滞在、もしくは入国許可が与えられた時には、受け入れ国とその社会の能力を考慮に入れて、滞在期間に応じて、彼らの権利と責任が明確にされる必要がある。一時保護、ないし滞在の手配が、とりあえずの対策である。

(107) *ibid.*, p. 5.

(108) Türk, 2015, pp. 40–41. 指針はまた、一時的保護・滞在から、他の地位での滞在や解決への時間を要請している。一時保護を終わらせるのは、状況にもよるが、保護の上限を三年とし、最低限の制限を設けないこととした。

(109) Boano, Zetter and Morris, 2008, p. 24.

(110) Fair, 2015, p. 58. しかしＮＧＯの中には、オセアニアで全てが失われているわけではないとして、この態度を拒絶し、脅威に直面した社会に対する、現実的なもう一つの展望を出そうとする団体もある。

(111) 詳しくは、次を参照。Zetter and Morrissey, 2014, pp. 186–187.

(112)『朝日新聞』二〇一五年一二月一七日付け。

(113) Marsh, 2015, p. 69.

(114) Warner, Dun and Stal, 2008, pp. 13–14. 洪水と移住の間のつながりで見られたのは、①洪水の季節、季節労働に出かけ、生計を助けるために都市へ出稼ぎする。②洪水の連続で、作物は破壊され、生計手段を求めて移住を行なう。③隣接地域への人身売買は、家族対策の一つである。④洪水管理と環境衛生対策の一部として、政府は、川沿いの脆弱地に住む人々に定住計画を実施している、ことであった。

(115) Loughry and McAdam, 2008, p. 51.

(116)『朝日新聞』二〇一五年五月二二日付け。

(117) McNamara, 2015, p. 62.

(118) 詳細は、Flores-Palacios, 2015, pp. 59–61.

(119) 幾分詳細に述べれば、移動には四つの型がある。①村内での移動。この数十年で、かなりの数の家族が内陸部に移動した。道路が作られ、移動が便利になったことがある。沿岸部の浸食や津波（二〇〇九年）、サイクロン（二〇一二年）の影響もある。②循環的な移動。収入獲得のため、村と首都の間を行ったり来たりする。③農村から都市への移動。村人は移住の主要な促進因として、経済・社会要因を言うが、自給的な農業が不安定な気候に影響されて、十分な収入が得られない。④国外への移民。ニュージーランドやオーストラリアへの移住の場合には、就業機会、教育を求めて、あるいは家族再会が、その主な理由である。国外の機会は、主に若い人々をひきつけ、彼らは、村での生活は益々、困難になる、と感じている。

(120) 方向としては、以下の点がめざされている。①気候変動の影響を理解するには、異なる知識体系を組み合わせる必要がある。②移住は、気候変動への適応戦略であり、政策の次元で対処する必要がある。③伝統的な知恵が、政策に統合される必要がある。④政策は、村の次元で始められる必要がある。

(121) 詳細は、Cometti, 2015, p. 14.

(122) 詳細は、Kelman, 2008, pp. 20–21.

(123) Kolmannskog, 2009, p. 11.

(124) Collyer, 2014, p. 118. ミャンマー（ビルマ）では、出稼ぎは大半が、近隣の都市である。より少数の人々が、海外に出かける。大多数の人々は、村から出た理由に環境変化をあげ、同じく職業機会の欠如、次いで低い収入をあげる。移住の原因は複雑だが、移住の決定では、経済要因が中心的な役割を果たしている。人々は環境変化に対処し、村での生活を続けるためには、雇用機会を多様化し、信用貸しの利用上での改善や、政府からの援助を望んでいた（Marsh, 2015, pp. 68-69）。

(125) Warner and Afifi, 2014, pp. 212-213. 彼らは移住という方法が使えず、そのまま現在の土地で生存のために苦闘する人々（trapped populations）である。貧困地域に住む土地なしか、土地の少ない家族が該当する。主要な稼ぎ手は既に家を出ており、家族内に残るのは、子供、高齢者、障害者のみ。収入を多角化する選択肢はなく、移住という選択肢は限られる。移住という選択肢は、非常に高価で、危険度が高い。彼らは、繰り返し起こる環境悪化のため、資産を崩し続ける。

(126) Zetter and Morrissey, 2014b, p. 349.

(127) あるブルンジ人の未亡人は言う。「旱魃か、洪水が来たら、被害にあう。留まらざるを得ない。どこにも行く所がない」（Kolmannskog, 2009, p. 10）。

(128) Connell, 2015, pp. 46-47.

(129) Zetter and Morrissey, 2014a, p. 181.

(130) McAdam, 2014, p. 211.

(131) Zetter and Morrissey, 2014a, pp. 181-182. 保護のためには、物質的及び構造的要因が関連する。人道機関と政府は、「物資優先」と「即座の対応」の二つの点から、保護の概念を言う。しかしこれは、権利の物質的な側面である。つまり物質的な点から、保護が必需品と考えられている。例えば災害で、一時的に避難させられた人々に、物質的な援助や住居を手配することである。この場合、保護は対応であり、治療行為と似ている。また、災害を減じる措置や耐震建築などが該当してくる。環境関連の避難で現在、権利保護の考えの主流を占めているのは、この考え方である。構造的な点では、保護は次元が高くなり、自立や災害後の定住のような、生活面での決定に関して、地元社会が参加するように促すことである。構造的な保護の実現過程、特に移民の保護の場合には、問題自体が高度に政治化される。

（132） Collyer, 2014, p. 117. 気候変動への対処法の一つは、被害国の住民が移住し、適切な技術と仕事を得て、母国へ送金することである。キリバスは、オーストラリアとの間で、看護師を三〇〇人程度育成する「看護戦略」を行なっている。彼らが海外で働き、母国へ送金する。労働力の流動性を利用して、技術を身に付け、国内消費を支えるために送金させている（『朝日新聞』二〇一五年五月二二日付け）。その際、特に重要なのは、〈南－南〉の送金の流れである。ただし、適応の手助けとなる送金の仕組み・働きについては、まだ殆どわからない。国内での適応計画でも、このことについての言及はない。

（133） Warner and Afifi, 2014, p. 205.

（134） *ibid*., p. 200.

（135） 詳細は、以下を参照。Warner and Afifi, 2014, pp. 209–212.

（136） Refugee Studies Centre, 2015, p. 12.

（137） Banerjee, Bisht and Mahapatra, 2015, pp. 66–67.

（138） Warner and Afifi, 2014, p. 217.

（139） Boano, Zetter and Morris, 2008, p. 18.

（140） Banerjee, Bisht and Mahapatra, 2015, p. 66.

（141） 詳細は、以下を参照。Upadhyay, Kelman and Mohan, 2015, pp. 65–66.

（142） Kolmannskog, 2009, p. 15.

（143） *ibid*.

（144） Loughry and McAdam, 2008, p. 52.

（145） Martin, 2015, p. 13.

（146） 二〇一〇年のメキシコ・カンクンで開かれた「気候変動に関する国際連合枠組み条約の会議」（the United Nations Framework Convention on Climate Change（UNFCC）Conference of the Parties in Cancun, Mexico）の中で、「カンクン合意」の一部として採択された。

(147) Brende and Burkhalter, 2015, p. 4.

(148) Warner, Kälin, Walter, Martin and Nassef, 2015, p. 8. 国別の適応計画は、「国家適応行動計画」(the National Adaptation Programmes of Action, NAPAs) となり、ＵＮＦＣＣの前に、最貧国の手で作られている。その内容は一般に、農業改善、遊牧地の管理、堤防・沿岸部の防壁のような、インフラ、漁業法の管理で、弱体な生態系への圧力を軽減し、そのことで、人々を今いる土地に留めようとするものである。ＮＡＰｓは今後、新しく発展させられねばならない。ＮＡＰｓは、適応戦略としての計画的移転の必要性と移住を予想し、移住もしくは避難の圧力を減らすことで、気候変動に関連する移住問題に対処しようとしている。ＮＡＰｓはまた、特に海面上昇という状況での適応手段として、個人の計画的移転に対応している。

(149) Betts, 2015, pp. 74-75. ただし、この「指針原則」を教訓とするには、少数の個人の尽力という、特別の事情を見逃すわけにはいかない。ブルッキングス研究所や少数の支援国、ロベルタ・コーヘン (Roberta Cohen) やフランシス・デン (Francis Deng) といった個人の支援があり、知識や主張を広げるのに役立ったことがある。彼らは、「国内避難民の人権に関する事務総長特別代表」(the Special Representative of Secretary-General, 現在は、特別報告者 (Special Rapporteur on the Human Rights of Internally Displaced Persons)) の創設にかなりの力を発揮し、国内避難民の制度的な枠組みの創設にもつながった。

(150) Zetter and Morrissey, 2014a, pp. 182-183. 国連大学は、環境避難の事柄が、人道機関や人道枠組みの規定の中に組み入れられていないことをただすよう訴えている (Boano, Zetter and Morris, 2008, p. 25)。他方、地域段階では、例えばカンパラ条約のように、災害と気候変動の中での国内避難を認めている。カンパラ条約の問題点の一つと言われるのは、環境悪化が家族の家計に影響を与え、部分的に移住の決定に関わっているという認識がある点である。つまり、環境悪化を、非自発的な避難よりも、労働移住のきっかけと見ている点である。労働移住の権利を認めてしまうと、環境関連の条約や取り決めが逆に、伝統的に維持されてきた難民の保護を弱めてしまう怖れがある。国際社会は、労働移住の考えには合意しない、と見られている。

(151) *ibid.*, p. 181. 例えば、一九九二年のリオ宣言の第二原則は、資源開発への主権は、国境を越えて他国、他地域の環境への損害を与えてはならないとして、各国の責任を明記している。また第三原則は、開発権は、将来の世代の開発と環境ニーズに、公正さをもって実施されねばならないとしている。これらの原則は、環境変化による被災民の便益を守る必要を意味しているが、権利ではない。

（152）Betts, 2015, p. 75. ベッツ（Alexander Betts）は、「自然災害と気候変動の状況下での避難民の人権に関する特別報告者」（Special Rapporteur on the Human Rights of Persons Displaced in the Context of Natural Disasters and Climate Change）を考えている。方法としては、既存の委任事項の拡大である。他に想定される案は、国連事務総長の特別代表（もしくは特別顧問）を設置することである。既存の制度の枠外に作る利点は、人権問題だけでなく、問題自体を広範に進め得る点である。難点は、新しく役割を作ることに伴い、国連事務総長や主要国による特別の支援が必要な点である。

（153）The Nansen Initiative, 2015, p. 16.

（154）Brende and Burkhalter, 2015, p. 4.

（155）『朝日新聞』二〇一五年五月二二日付け。

（156）Sriskandarajah, 2008, p. 61.

（157）Loughry and McAdam, 2008, p. 52. キリバスでは、オーストラリアやニュージーランドの海外援助機関と協働して、世界銀行やEUが、適応プロジェクトに出資している。キリバスの人々の気候変動への意識を高め、海岸に高く、強固な防護壁を作るインフラを支援している。現在、まだ機能していないのは、現実的な選択肢を論議する適切なフォーラムであり、キリバスの人々を援助する委任事項を持つ、国際組織がないことである。

（158）Refugee Studies Centre, 2010, p. 14.

（159）Kelman, 2008, p. 21.

（160）Brende and Burkhalter, 2015, p. 4.

（161）Betts, 2015, p. 72.

（162）Kälin, 2015, pp. 5–6.

（163）Boano, Zetter and Morris, 2008, p. 27.

（164）Kälin, 2015, p. 6.

(165) The Nansen Initiative Global Consultation, 2015, p. 19. ナンセン・イニシチブの報告書は結論として、将来の行動の優先分野として三点をあげて、これまで相対的に未調整だった、国内、域内、国際段階での行動・協力の促進を求めている。すなわち、①必要なデータ収集と知識の向上、②域内での活動調整により、人道的保護措置の改善、③原因国での災害リスク管理の強化、である。大半の災害避難は、国内で発生するので、国内避難民の保護は、特に重要である。国家による災害への備えと団結、協力が、必要とされるとした。

(166) Betts, 2015, p. 75.

(167) Fitzpatrick, 2015, p. 63. 政府の土地確保の能力は損なわれ、国有地での定住候補地の決定に際しても、地元社会と相談をしていない。地元社会との争いを減じる方策も乏しい。定住地の土地確保で自発的に合意するためには、国の土地制度に登録することが望まれている。慣習的な区域内で、移住が比較的成功した例としては、二〇〇九年の津波後、サモア人家族が、内陸に定住した例がある。さらに近年、海岸部の浸食で、フィジーのオノ島（Ono Island）のナリコソ村（Narikoso）の人々が、移転し定住している。

(168) Warner, Kälin, Martin and Nassef, 2015, p. 9.

(169) Piguet, 2008, p. 9.

(170) Heine and Petersen, 2008, p. 48. 多少、実務的になるが、具体的には、三つの段階がある。やり方は、地域社会、国内、地域内でも同じである。第一段階は、対象社会の脆弱性と生態系をつかむために、気候の影響を予測する明確な図を描くことである。災害リスク管理ではないので、直接的な災害や脆弱性の評価を超えて行なう必要がある。将来の動向や予想される気候変動の範囲・幅の評価が含まれる。第二段階は、実行可能な適応方策を導き出すために、気候の影響を脆弱性で比較する。費用対効果分析で、財政的、経済的コストを調べ、優先順位をつける。第三段階では、管理面を決定する。どの機関がどの分野に、どんなリスク管理で取り組むか、である。

(171) Betts, 2015, p. 74. いくつかあげると、第一は、ＵＮＨＣＲ－ＩＯＭの活動での調整。ＩＯＭは、移住関係とその実施面で、相対的に優位性がある。他方、ＵＮＨＣＲは、避難と保護の面が強い。ＵＮＨＣＲ－ＩＯＭ関係は近年、かなり改善され、両者は二〇一一年の「リビア人道避難計画」（the Libya Humanitarian Evacuation Programme）でも、緊密に提携して事業を行なった。第二は、人の移動と自然災害に関連した、広範囲の機関間の仕組みを設けるもの。輪番でまとめ役を務め、小さな事務局を持つ。この方法の利点は、問題を常に俎上にのせておくことができ、ＵＮＤＰ、ＵＮＩＳＤＲ、ＵＮＦＣＣＣ、ＵＮＥＰ、ＯＣＨＡのような機関を、関与させることができる。第三は、機関間の事務局である統合支援部署（Joint Support Unit）を設置する。事務局は、国家間の論議に直接責任を持つ。この方法は、冷戦直後の中央アメリカ難民に解決策を見出す「中央アメリカでの国際難民会議」（the International Conference on Refugees in Central America）でも使われ、ＵＮＨＣＲ－ＵＮＤＰの合同事務局が作られ、会議に関わった。

(172) Boano, Zetter and Morris, 2008, pp. 2-3 & p. 30. 制度改革と政策対応、及びその能力を促進するには大略、①国際制度の責任の明確化。②難民条約の精神を損なうことなく、環境関連の強制移動民に包括的で、具体的な定義を開発する。③権利、ニーズ、安全を守る適切な保護条約の開発。④対処戦略、適応、持続性に圧力となる気候変動の移住に際し、潜在的な影響に対応する、事前対策的な開発政策の採用。計画には、強靭化戦略を組み込み、強化する。⑤適応手段は、持続的で、地元の状況に即したもの。⑥地元民参加を主眼とし、地元に焦点を合わせたアプローチであること。⑦紛争や強制避難状況の中で、救援、復興、開発計画を対応させ、政策の統合を図る。⑧途上国に、気候変動の影響とその対策を貧困削減計画や紛争防止計画へ統合するように要請する、が考えられている。

(173) *ibid.*, p. 30.

(174) Clark, 2008, pp. 22–23.

(175) Martin, 2015, p. 12. Boano, Zetter and Morris, 2008, p. 2. 基礎となる知識を強固なものにし、理解を共有するには、次の点が重要になる。①環境悪化やその社会経済的影響と、環境に関連した強制移動の間の多様な因果関係に関連した、概念、知識、語彙、経験の理解を進めるために、政策担当者など関係者との間で、高次元の対話をもつようにする。②洗練された類型論を開発する。③人数について、正確で、信頼できるデータを集め、整理し、公表する。④潜在的な危険地を見出し、地図を作成する。災害発生にいたる限界点と移住動向を把握する。⑤環境悪化と移住圧力のある地域のために、対応モデルの研究を進める。⑥生活の強靭化と適応、十分な備えと、地元民による対処戦略の知識のレベルを高める。⑦環境変化と紛争の関係理解を深める調査を支援する、などである。

(176) Crisp, 2008, p. 3.

(177) Kolmannskog, 2009, p. 13.

（178） Piguet, 2008, p. 6. ただし、バングラデシュの場合は、自然災害が強制移動の主要な原因であり、重要な例外であった。しかし世界的に見れば、一般的な結論として、長期及び長距離移動を引き起こすハリケーンや豪雨の影響の可能性は限られる。

（179） Kälin, 2015, pp. 6-7. イニシアチブで見出された方策は今後、地域的及び世界的な交渉の場面で、大きな影響力を持つことが期待されている。世界的には二〇一五年三月、「２０１５－２０３０年仙台防災枠組み」（the Sendai Framework for Disaster Risk Reduction 2015-2030）の中で、国内及び国外の避難の双方が、災害避難の部分に挿入された。さらに、ＣＯＰ21の交渉に影響を与えた。そして、「二〇一六年世界人道サミット」（the 2016 World Humanitarian Summit）の協議に、活発に関与することになった。

（180） Fernández, 2015, p. 43. 過去に十分な理由があって、制定された効力のある法に、何らかの変化を与えることは、この二一世紀の初めに、これまで達成され蓄積されてきた、進歩と経験を危険に陥れるという危惧がある。しかし近年、避難民の数は増え、その数はさらに増え続けている。被害を受けた人々の人権と尊厳の点で、改善が加えられないなら、法の目的に沿わなくなるのも確かである。

（181） *ibid.*, pp. 42-43.

●第７章

（１） Alpes, Blondel, Preiss and Sayos Monras, 2017, p. 77. 国や国際機関は、申請を却下され送還された人の人権状況の情報を体系的に集めていない。送還後の監視活動は、少なくとも三つの点で、難民政策の改善につながると考えられる。①被送還者の支援を可能にする。②被送還者が感じる迫害への恐怖が十分理由のあるものか確認し、記録することができる。③被送還者を受け入れた国の情報について、重要な資料となる。

（２） Betts and Collier, 2017, pp. 5-6.

（３） *ibid.*, p. 5.

（４） Betts, 2014, p. 79.

（５） *ibid.* 実施上では多分に規範や仕組みが既にあって、十分には実施されなくとも、国家は人権規範に署名しており、危機移動に対応すべき明らかな意味を有している。

（6）United Nations Office for the Coordination of Humanitarian Affairs, 2014, p. 26.

（7）Deblon and Gutekunst, 2017, p. 69.

（8）*ibid.*, p. 71.

（9）Crisp, 2008, pp. 7-8.

（10）*ibid.*, p. 8.

（11）United Nations Office for the Coordination of Humanitarian Affairs, 2014, p. 7.

（12）Betts and Collier, 2017, p. xiii.

（13）United Nations Office for the Coordination of Humanitarian Affairs, 2014, p. 6.

（14）*ibid.*

（15）Betts and Collier, 2017, p. 10.

（16）United Nations Office for the Coordination of Humanitarian Affairs, 2014, p. 21. 例えば援助側の思い込みで、人道物資は閉鎖的で、きわめて統制的な規則により、あらかじめ決められたグループからのみ入手される。援助の調整や物資の調達では、最も効率的、効果的な供与者かどうかにかかわらず、主に国連機関や国際ＮＧＯといった少数の集団に特権を与える傾向がある。これらの組織・団体は、ほかに援助可能な人よりも、特権をもった供給者となっている。

（17）Koser, 2014, p. 45. ＩＯＭは、世界の指導的な移住機関だが、保護という委任事項はない。近年、危機を想定した「移住危機作業骨子」（Migration Crisis Operational Framework）を開発している。

（18）Betts and Collier, 2017, p. 9.

（19）United Nations Office for the Coordination of Humanitarian Affairs, 2014, p. 19.

（20）Martin, Weerasinghe and Taylor, 2014, pp. 7-8.

●あとがき

（1）United Nations Office for the Coordination of Humanitarian Affairs, 2014, p. 27.

（2）『朝日新聞』二〇一六年一月一九日付け。
（3）トランプ政権の誕生以来、アメリカから国境を越えてカナダに入る難民認定の希望者が急増している。カナダ入国管理当局は二〇一七年三月、アメリカにいったん入国後、国境をこえてカナダで難民申請する移民が、同年に入ると急増している、と発表した。ハイチ人約六万人が、二〇一七年一月に取得した短期滞在ビザの期限がきれることに関連していた。アメリカ国土安全保障省は、二〇一〇年の大地震で被災したハイチ人に、ビザ失効後もアメリカ国内で就労できる資格を与えていたが、半年の延長しか認めなかった。
（4）Betts and Collier, 2017, p. 8.
（5）Gregg and Pettitt, 2017, p. 80.

あとがき
――人が絶えず移動する世界、移住と社会変動――

難民、不法移民、人身売買、移住、避難は、新聞見出しの中心的な話題である。読者の反応は様々で、時には変化するが、虐待への怒り、犠牲者である個人や集団への同情から、外国からの侵入者・じゃま者と見ての敵意、治安への不安、文化の侵食への怖れ、雇用上の関心まで幅が広い。

難民・移民のイメージが広く流布され増殖し、メディア、特にソーシャル・メディアで新しい緊急事態が報じられると、政治的な風向きを大きく変える力がある。グローバルな新自由主義の中で、将来の資源としての難民を怖れ、イスラム嫌いをつくりだしている。

シリア国内の危機は、いつ終わるかという予測はつかず、国際社会はシリアを逃れた人が滞留避難になることを益々懸念している。中東では、歴史的に域内協力が行なわれたという記録がない。シリア危機は、地域に大量の無国籍者をうみだす危険性がある。受け入れられた国で、避難中生まれた子供は、シリア大使館でも地元当局にも、登録が許可されない。難民キャンプや定住地で、新生児の法的登録の手段をつくりだすことが早急に求められている。

難民、移住、人身売買の分野で働く援助機関は、自分たちの事業を行なう上で、分類上の競合をさけることができない。法的な定義は、援助の機会と条件を定めるが、他方一般の人々の感覚の点からいえば、ことば次第で寄せられる資金の量が大きく影響をうける。援助計画でドナーは、説明責任を重要視し、援助される人々の明確な分類を必要とする。しかし援助の実際の場面では、難民、移民、人身売買の人々の間の厳密なちがいは怪しくなる。

難民、移民、人身売買の間の概念のちがいや分類上の差異、そしてそれらがもたらす影響は不確かである。国際条約では、原因（紛争、災害など）、出身地、年齢、性別で区別するが、分類上では重複する。難民個人は、世論、国、援助機関による分類法に直面した時、自分たちの力・能力、自分の考えを状況に対し、どのように、そしてどの程度まで言い表わすことができるのだろうか。答えは今のところ、かなり否定的である。

この、難民、移民、人身売買というラベルに関連して、世論はどのように感じ、形作られるのであろうか。国内で政策立案者や世論は明瞭な分類を求め、グループと個人に、項目上で（難民はこう、移民はこうと）互いに排他的なラベルをはる。こうしたラベルは、一般に人々にはわかりやすい。しかし実際の状況は、実に多様で複雑なことを十分に理解することをさまたげてしまう。そうした分類上の重複が、関係する個人の犠牲のうえにたって行なわれている。この法的、概念的な枠組みに組み入れられた人が、他から貼り付けられたラベルに用心するのは驚くことではない。

苦境の人々の様子を迅速に知ることは人道活動では基本的なものだが、正確な情報をどう集め、共有し、分析するかが重要になる。私たちはSNSと携帯電話で、お金が転送され、大量のデータが使用できるようになっている。望めば即座にたくさんの情報が手に入る。しかし新しい技術にはリスクもある。「誰が難民か」に関して、情報が正確につかわれるよう、入手した情報の評価の際は、慎重でなければならない。情報が、倫理的に安全に使用されるよう、ガイドラインを参照することは必要である。携帯電話は技術がすすみ、安価となって入手しやすくなり、二〇一四年末には使用人口が三〇億人と推定されている(1)。

他方、情報を利用する難民自身の場合は、どうであろうか。入国規制が強まる中で、彼らのまわりに益々増え続ける複雑な官僚的な仕組みと、情報サービスをどのように管理し、弁護士や支援者からの援助が全くない場合、どのように対処すべきだろうか。これは、支援者の訓練、法的扶助、難民への教育の役割を検討することにつながってくる。「デジタル人道主義ネットワーク」（Digital Humanitarian Network, DHN）は、約二〇のボランティア組織がつくる世界的な連絡網で、緊急事態の際、必要な人に情報を適宜利用できるようにし、助言とコンピュータによるサービスを与えている。このネットワークは、難民・避難民と双方向でつながることができ、彼らが決定や解決策を見つけられるようにしている。

難民問題の今ある解決法は、一般に国家中心という前提のうえに立てられている。援助や保護の面で、民間企業、被災集団、地元民、自治体関係者のような国家ではない関係者が現われ、目立つようになっているにもかかわらず、依然として事態は、国家中心の観点から問題を解決しようとすることが続いている。

移住する人が資源でありえても、その移住を抑制し管理するのが国家なら、その影響は避難移動する人にふりかかる。移動を制限する移住政策、特に勾留や国外追放については、今や広く語られている。日本では送還はどうなっているのだろうか。直接に難民というわけではないが、法務省によれば、不法入国や在留期間がすぎた不法滞在のため強制送還された人は、二〇一四年は五五四二人。二〇一三年七月からは送り先の国ごとにまとめて、民間のチャーター機を使いはじめている。「集団送還」は二〇一三年に二回、二〇一四年に一回、二〇一五年に一回、実施されている、という。(2)

人の国際移動に関して次第に管理が強まり、移動が制限されるようになっている。先進国の国境が徐々に閉じられ、難民保護が危機状態にある。自由の国アメリカでの入国制限で、二〇一七年八月突然、カナダで難民認定を求めて流入する移民が急増した。東部ケベック州ラコール（Lacolle）の国境検問所では一日五〇〇人ちかくが国境を越えた。当局は緊急の受け入れ施設の確保におわれた。ケベック州モントリオールの五輪スタジアムも開放された。約九割はハイチ人で、トランプ政権がビザ発給を厳格化したことによる余波であった。(3)

カナダの二〇一一年世論調査によれば、カナダ人の五人に一人が外国生まれ。同政府の統計では、二〇一五年一一月～二〇一七年初めまでに、三万九六七〇人をこえるシリア難民が受け入れられている。ドイツは二〇一二年～二〇一五年、「定住と人道的入国計画」で四万人以上を受け入れた。さらに二〇〇六年～二〇一五年、二六万六〇〇〇人の難民認定申請者に定住を許可した。二〇一五年には、八九万人の難民申請書が提出されている。

現代の危機移動の中心部分である、グローバル化、可動性、トランスナショナリズムを見る時、人の避難移動と保護について、私たちの思考と概念はどのように変化するのだろうか。私たちは、前提とされている、空間、場所、構造と働きを、どのように設定できるのだろうか。

欧州および世界各地で、難民を受け入れている国々では、排除の気持ちを強く持つ人々のほかに、難民を自分たちの社会に包摂しようとする市民社会側の動きもある。包摂と排除という、この相反する社会的・政治的動きの背後にある力学を理解することは、避難した人々に保護の場を設けるカギとなる。

理想的には、難民は最終的に元の家に戻ることだが、時としてそれはかなわない。少なくともごく短期間のうちにかなうことはない。その場合、定住計画の実施は緊急になすべきことになる。歴史的には、難民には異なる解決策が、異なる時期に行なわれてきた。冷戦中は、〝東〟からの難民は、西側に永住すると一般に思われていた。冷戦後、焦点は、人々が帰国できるようにするための状況をつくりだすことに変更された。

今日、永続する解決策とされる道は見えず、難民は庇護国に滞留する状況が続いている。二〇一五年現在、世界の難民の二％弱しか長期的な展望を持つ解決策に至っていない。(4) 最低レベルの援助は得られるが、難民キャンプには将来への見通しがない。キャンプは荒涼とした不毛の地にあることが多い。悪名高きヨルダンのザアタリ・キャンプ（Za'atari）では、国境をはさんでシリア側の迫撃砲の音が聞こえている。世界中のキャンプで一般に、経済活動は制限され、生活する難民の八〇％以上が五年以上、キャンプに閉じ込められている。難民の多くは、武力紛争、迫害、災害のために、家から逃亡後、重大な心理的、社会的ストレスの下にある。危機の間、彼らは地位を失い、社会的、経済的な支援を失う。国境のもつ意味、受け入れ国での社会経済関係、そして自らのアイデンティティの模索。イギリスに住む成人の難民の二七％は、拷問からの生存者である[5]。多くの人が拷問による後遺症と長期にわたる逃避行のために、外界への対処能力がこわれて心身ともに弱体化し、耐久力は時とともに弱まっている。彼らは、物理的に心理的支援を必要としている。

難民の多くが、そのことに現実的に対応し、家族や同族団体から支援を得て、驚くべき回復力を示す一方、より弱い状況にある人は、心的な問題を発症する危険性がある。このような状況下で起きた、社会的、心理的問題は、苦痛を拡大し、閉じこもりなど否定的な症状となって現われ、精神障害を悪化させる。

難民の法的地位、物理的状況、そして社会の受け入れ状況は、空間的にも時間的にも一様ではなく、変化し続けている。対象とされるのは、庇護申請者、難民認定された人、難民認定を却下された人など、様々な人がいる。彼らの権利と資格を確認する作業は、直線的にすすむ仕事ではない。国際法、域内法、国内法が相互に作用し、法的地位や国籍をもとに、権利や資格が異なる人々をつくりだしている。政府、国際機関、NGO、市民社会組織は、それにしたがって業務を行ない、そしてこの事柄で最も重要な当事者である、庇護申請者や難民自身が、権利や資格で明確に区分されたものにしたがって生きている。

非常に重要な問題として、子弟教育の問題がある。シリア難民危機では、何百万人もの生徒や学生が教育を中断された。EUのいくつかの国々は、政府、大学、市民社会を通して、主としてシリア難民に焦点をあわせて、有能な難民学生に奨学金計画を行なってきている。高等教育機関への奨学金は、難民には、ヨーロッパに安全に到着できる合法的な道となる。そうした機会が増えれば、難民はより良い未来への希望を持ち、経済的自立の機会を高め、市民社会への参加が可能となる。ヨーロッパ以外では、カナダが同種の計画を持ち、長い歴史がある。日本も人数は少ないが、参加・受け入れを表明している。

紛争と差別を逃れた人々の多くは、自分たちが影響を受けるだけではなく、彼らを受け入れる地域社会にも影響を与えている。それを受けて、地域社会がどう対応するかは、難民の定住と統合に深い影響を持っている。

世界各所で、市民を動員し、関わりを持つ新しい形が現われてきている。役割が国から市民に転換し、従来の人道主義の形は時代遅れで「援助の民営化」が始まり、広まっている。難民・移民が主体となる活動が強化され、庇護民・難民と市民の連帯がある。

より地域に密着し、地域社会に根をおろした人道組織が存在している。それは、国際社会の支援を受けて、国家、市民社会、被災集団の能力と責任をはたすテコとなっている。危機のリスクに応じて、リスクをへらす働きをしている。援助は効率よく現地化され、持続性を持っている。援助の配布から人々のニーズが終わるまで、人道と開発のへだたりをなくし、今あるすき間をうめることができるかもしれない。市民社会や地方自治体に参加してもらえば、危機を管理するうえで、国家の活動は負担が軽減され、従来とはちがった新たな関与を他から引き出せれば、状況が改善する大きなきっかけになる。

よく多文化主義と言われるが、留意すべき点もある。多文化主義の政策で時として起こるのは、実施すると、一つの文化の成員の目印となる違った点が大写しになり、少数者としてのアイデンティティにかかわる「守らねばならない何か」と特別に考えられてしまう危険性である。これでは益々、少数者が孤立してしまう。

また、新しい国に来て新しいアイデンティティが益々強められるときに、元の国の文化習慣であった女性の隷属のかたちとどう両立するかには矛盾点がある。これは当人が帰国になれば、元の隷属に戻ることになる。

その他、個人に対し、例えば受け入れ国の法律で、選択の自由や元の文化をはなれることに対する保護を保障してさえ、そうすることが実際上妨げられている。家庭内での家族の長の私的なきまり等、いくつもの要因と圧力があるためである。

ジェンダーと文化とのかかわりは非常に複雑で、多文化主義がもたらす一つの矛盾点である。多文化主義は、包摂の面（ちがった文化を共存させる）と排除の面（ちがいを促し、ちがいを孤立化させる）の両面を持つと考えられる。

最後に目を転じて、もう一度、現代世界をながめてみたい。世界は異なる利害関係と能力・容量をもった多彩な国々の集まりである。協力行動を見出すのはなかなか難しい。そうした世界がどうしたら、避難のニーズにあうよう行動できるのか。人が苦難を逃れ苦境に陥っている場合、救援は人としての義務だという単純な認識が原点である。単に粛々と義務を果たすということが、現代の難民危機では見失われている。状況をただちに変革して大きな構造・制度をつくりだすことは簡単ではないが、たえずこの問題を考え、政治的に関心をよせ続けることが重要であろう。

本書を作成する上で、ナカニシヤ出版編集部の米谷龍幸氏には大変お世話になった。同氏の温かい見守りと的確な助言がなければ、本書は世に出ることはむずかしかったかもしれない。記して、感謝の言葉を表したい。

なお、本研究書は、JSPS科学研究費基盤研究（A）「都市難民の基本的ニーズの解明と国際比較研究」（研究代表者・小泉康一　課題番号 22251014）の成果の一部を使用した。

本書の出版にあたっては、大東文化大学特別研究費研究成果刊行助成をいただいた。厚く御礼を申し上げたい。

二〇一八年一月

民国家日本」と多文化共生論』明石書店
川村千鶴子編著（2008）『「移民国家日本」と多文化共生論』明石書店
川村千鶴子・宣元錫編著（2007）『異文化間介護と多文化共生――誰が介護を担うのか』明石書店
小泉康一（1998）『「難民」とは何か』三一書房
――――（2005）『国際強制移動の政治社会学』勁草書房
――――（2009）『グローバリゼーションと国際強制移動』勁草書房
――――（2013）『国際強制移動とグローバル・ガバナンス』御茶の水書房
新宿区新宿自治創造研究所（2010）『研究所レポート 2010 年』，No. 1，No. 2，No. 3.
――――（2011）『研究所レポート 2011 年』，No. 2，No. 3.
――――（2012）『研究所レポート 2011 年～外国人 WG 報告（2）』
――――（2012）『研究所レポート 2011 年～外国人 WG 報告（3）』
新宿区地域文化部文化国際課（2008）『平成 19 年度新宿区多文化共生実態調査報告書』
田嶋淳子（1996）「都市地域社会とアジア系外国人」『都市と都市化の社会学』〈岩波講座　現代社会学　第 18 巻〉岩波書店
田辺寿夫（2008）『負けるな！在日ビルマ人』梨の木舎
難民支援協会（2008，2009，2010）『年次報告書』
――――（2011a）『ニュースレター』，Vol. 5 & Vol. 6.
――――（2011b）『新たな難民受け入れと新宿区――第三国定住にあたって私たちができることを考える』国際シンポジウム報告書
入管協会（2010）『在留外国人統計 平成 22 年版』
――――（2012）『国際人流』，第 299 号，第 301 号，第 302 号
法務省（2010）「第 4 次出入国管理基本計画（案）」
法務省入国管理局（2006）『難民認定手続き案内』
堀内康史（2007）「高齢化する外国人の社会保障，その現在と未来――新宿区のデータから」川村千鶴子・宣元錫編著『異文化間介護と多文化共生――誰が介護を担うのか』明石書店
森谷康文（発行年不詳）「日本で生活する難民・庇護希望者の医療・健康問題」

empirical research", *Forced Migration Review*, No. 31, Refugee Studies Centre, University of Oxford, pp. 13-14.

Warner, Koko, Kalin, Walter, Martin, Susan and Nassef, Youssef (2015), "National Adaptation Plans and Human Mobility", *Forced Migration Review*, No. 49, Refugee Studies Centre, University of Oxford, pp. 8-9.

Weiner, Myron (1996), "Ethics, National Sovereignty and the Control of Immigration", *International Migration Review*, Vol. 30, No. 1, the Center for Migration Studies of New York, pp. 171-197.

Women's Commission for Refugee Women and Children (2006), *Beyond Firewood: Fuel Alternatives and Protection Strategies for Displaced Women and Girls*, New York.

Zetter, Roger (2008), "Legal and normative frameworks", *Forced Migration Review*, No. 31, Refugee Studies Centre, University of Oxford, pp. 62-63

Zetter, Roger and Morrissey, James (2014), "Environmental stress, displacement and the challenge of rights protection", *Forced Migration Review*, No. 45, Refugee Studies Centre, University of Oxford, pp. 67-71.

Zetter, Roger and Morrissey, James (2014a), "Environmental Stress, Displacement and the Challenge of Rights Protection", *Humanitarian Crises and Migration: causes, consequences and responses*, edited by Martin, Susan F., Weerasinghe, Sanjula and Taylor, Abbie, Routledge, pp. 179-198.

——— (2014b), "The Environment-Mobility Nexus: Reconceptualizing the Links between Environmental Stress, (Im) Mobility and Power", *The Oxford Handbook of Refugee and Forced Migration Studies*, edited by Fiddian-Qasmiyeh, Elena, Loescher, Gil, Long, Katy and Sigona, Nando, Oxford University Press, pp. 342-354.

アジア福祉教育財団（2001）『難民申請者等に対する生活状況調査』

———（2002）『難民申請者の住環境に関する状況調査』

———（2009）『愛』第33号

———（2011a）『愛』第35号

———（2011b）『愛』総集編

———（2011c）『生活ハンドブック 改訂版』

東裕里（2005）「国際規範からみた日本の難民政策——難民申請者へのセーフティーネット構築に向けて」

稲葉佳子（2008）「受け継がれていく新住民の街の遺伝子」川村千鶴子編著『「移

Oxford, p. 61.
Stavropoulou, Maria (2008), "Drowned in definitions", *Forced Migration Review*, No. 31, Refugee Studies Centre, University of Oxford, pp. 11–12.
The Nansen Initiative Global Consultation (2015), *Conference Report, 12–13 October 2015*, Geneva.
Troeller, Gary (2008), "Asylum Trends in Industrialized Countries and Their Impact on Protracted Refugee Situations", in *Protracted Refugee Situations: Political, Human Rights and Security Implications*, edited by Loescher, Gil, Milner, Newman and Troeller, Gary, United Nations Press, pp. 43–68.
Tunaboylu, Sevda and Alpes, Jill (2017), "The EU-Turkey deal: what happens to people who return to Turkey?", *Forced Migration Review*, No. 54, Refugee Studies Centre, University of Oxford, pp. 84–87.
Türk, Volker (2015), "Temporary protection arrangements to fill a gap in the protection regime", *Forced Migration Review*, No. 49, Refugee Studies Centre, University of Oxford, pp. 40–41.
Turner, Greg (2017), "Facilitating 'reasonable hope' with refugees and asylum seekers", *Forced Migration Review*, No. 55, Refugee Studies Centre, University of Oxford, pp. 72–74.
UNHCR (2012), *The State of the World's Refugees: In Search of Solidarity*, Oxford University Press.
United Nations Office for the Coordination of Humanitarian Affairs (2014), "Humanitarian Innovation: The State of the Art, Ocha Policy and Studies Series", Occasional Policy Paper No. 9, Geneva.
Upadhyay, Himan, Kelman, Ilan and Mohan, Divya (2015), "Everyone likes it here", *Forced Migration Review*, No. 49, Refugee Studies Centre, University of Oxford, pp. 65–66.
Warner, Koko and Afifi, Tamer (2014), "Enhancing Adaptation Options and Managing Human Mobility in the Context of Climate Change", in *Humanitarian Crises and Migration: causes, consequences and responses*, edited by Martin, Susan F., Weerasinghe, Sanjula and Taylor, Abbie, Routledge, pp. 199–220.
Warner, Koko and Laczko, Frank (2008), "A global research agenda", *Forced Migration Review*, No. 31, Refugee Studies Centre, University of Oxford, pp. 59–60.
Warner, Koko, Dun, Olivia and Stal, Marc (2008), "Field observations and

of Oxford, pp. 68-69.

Martin, Susan F. (2001), "Forced Migration and Professionalism", *International Migration Review*, Vol. 35, No. 1, the Center for Migration Studies of New York, pp. 226-243.

———(2015), "The state of the evidence", *Forced Migration Review*, No. 49, Refugee Studies Centre, University of Oxford, pp. 12-13.

Martin, Susan F., Weerasinghe, Sanjula and Taylor, Abbie (2014), "What is crisis migration?", *Forced Migration Review*, No. 45, Refugee Studies Centre, University of Oxford, pp. 5-9.

Martin, Susan F., Schoenholtz, Andrew I. and Fisher, David (2005), "The Impact of Asylum on Receiving Countries", in *Poverty, International Migration and Asylum*, edited by Borjas, George J. and Crisp, Jeff pp. 99-120.

McAdam, Jane (2014), "Human Rights and Forced Migration", in *The Oxford Handbook of Refugee and Forced Migration Studies*, edited by Fiddian-Qasmiyeh, Elena, Loescher, Gil, Long, Katy and Sigona, Nando, Oxford University Press, pp. 203-214.

McNamara, Karen E. (2015), "Cross-border migration with dignity in Kiribati", *Forced Migration Review*, No. 49, Refugee Studies Centre, University of Oxford, p. 62.

Milner, James and Loescher, Gil (2011), "Responding to Protracted Refugee Situations: Lessons from a Decade of Discussion", *Forced Migration Policy Briefing*, No. 6, Refugee Studies Centre, University of Oxford.

den Otter, Vera (2007), "Urban Asylum Seekers and Refugees in Thailand", *Forced Migration Review*, No. 28, Refugee Studies Centre, University of Oxford, pp. 49-50.

Piguet, Etienne (2008), "Climate change and forced migration", *NEW ISSUES IN REFUGEE RESEARCH*, Research Paper No. 153, UNHCR.

Refugee Studies Centre (2005), *Forced Migration Review*, No. 23, University of Oxford.

———(2010), *Forced Migration Research and Policy: Overview of current trends and future directions*, University of Oxford.

———(2015), "Disasters and displacement in a changing climate", *Forced Migration Review*, No. 49, Refugee Studies Centre, University of Oxford.

Sriskandarajah, Dhananjayan (2008), "Changing climate, changing policies?", *Forced Migration Review*, No. 31, Refugee Studies Centre, University of

Jacobsen, Karen and Landau, Loren (2005), "Recommendations for Urban Refugee Policy", *Forced Migration Review*, No. 23, Refugee Studies Centre, University of Oxford, p. 52.

Kälin, Walter (2015), "The Nansen Initiative: building consensus on displacement in disaster contexts", *Forced Migration Review*, No. 49, Refugee Studies Centre, University of Oxford, pp. 5-7.

Kelman, Ilan (2008), "Island evacuation", *Forced Migration Review*, No. 31, Refugee Studies Centre, University of Oxford, pp. 20-21.

King, Russell, Black, Richard *et al.* (2010), *The Atlas of Human Migration: Global Patterns of People on the move*, Earthscan, UK, pp. 61-71.

Kolmannskog, Vikram (2009), "Climate change, disaster, displacement and migration: initial evidence from Africa", *NEW ISSUES IN REFUGEE RESEARCH*, Research Paper No. 164, UNHCR.

Koser, Khalid (2004), "Reconciling Control and Compassion?: Human Smuggling and the Right to Asylum", in *Refugees and Forced Displacement*, edited by Newman, Edward and van Selm, Joanne, United Nations Press, pp. 181-194.

——— (2007), *International Migration: A Very Short Introduction*, Oxford University Press, pp. 70-89.

———(2014), "Non-citizens caught up in situations of conflict, violence and disaster", *Forced Migration Review*, No. 45, Refugee Studies Centre, University of Oxford, pp. 43-46.

Lindley, Anna (2008), *Conflict-Induced Migration and Remittances: Exploring Conceptual Frameworks*, Working Paper Series, No. 47, Refugee Studies Centre, University of Oxford.

Loescher, Gil (2001), "The UNHCR and World Politics: State Interests vs. Institutional Autonomy", *International Migration Review*, Vol. 35, No. 1, the Center for Migration Studies of New York, pp. 33-56.

Loughry, Maryanne and McAdam, Jane (2008), "Kiribati: relocation and adaptation", *Forced Migration Review*, No. 31, Refugee Studies Centre, University of Oxford, pp. 51-52.

Marfleet, Philip and Chatty, Dawn (2009), "Iraq's Refugees: Beyond 'Tolerance'", *Forced Migration Policy Briefing*, No. 4, Refugee Studies Centre, University of Oxford.

Marsh, Jessica (2015), "Mixed motivations and complex causality in the Mekong", *Forced Migration Review*, No. 49, Refugee Studies Centre, University

Advocacy, Tufts University.

Fernández, María José (2015), "Refugees, climate change and international law", *Forced Migration Review*, No. 49, Refugee Studies Centre, University of Oxford, pp. 42-43.

Fielden, Alexandra (2008), Ignored Displaced Persons: the Plight of IDPs in Urban Areas, *NEW ISSUES IN REFUGEE RESEARCH*, Research Paper No. 161, Policy Development and Evaluation Service, UNHCR.

Fitzpatrick, Daniel (2015), "Land, disasters and mobility in the South Pacific", *Forced Migration Review*, No. 49, Refugee Studies Centre, University of Oxford, p. 63.

Flores-Palacios, Ximena (2015), "Samoa: local knowledge, climate change and population movements", *Forced Migration Review*, No. 49, Refugee Studies Centre, University of Oxford, pp. 59-61.

Gregg, Lucy and Pettitt, Jo (2017), "Proving torture: demanding the impossible", *Forced Migration Review*, No. 55, Refugee Studies Centre, University of Oxford, pp. 80-81.

Harrell-Bond, Barbara (1998), *Refugee Studies at Oxford: Some History*, Presented at the Conference, The Growth of Forced Migration: New Directions in Research, Policy and Practice, Wadham College, University of Oxford.

———(2006), "Along the way home", *Politics*.

Harris-Rimmer, Susan (2010), Refugees, Internally Displaced Persons and the 'Responsibility to Protect', *NEW ISSUES IN REFUGEE RESEARCH*, Research Paper No. 185, Policy Development and Evaluation Service, UNHCR.

Heine, Britta and Petersen, Lorenz (2008), "Adaptation and cooperation", *Forced Migration Review*, No. 31, Refugee Studies Centre, University of Oxford, pp. 48-50.

Helton, Arthur C. (2001), Bureaucracy and the Quality of Mercy, *International Migration Review*, Vol. 35, No. 1, the Center for Migration Studies of New York, pp. 192-225.

International Migration Institute (2006), *Towards a New Agenda for International Migration Research*, James Martin 21st Century School, University of Oxford.

Jacobsen, Karen (2006), "Editorial Introduction", *Journal of Refugee Studies*, Vol. 19, No. 3, Oxford University Press, pp. 273-286.

———(2014), "Geographies of Forced Migration", in *The Oxford Handbook of Refugee and Forced Migration Studies*, edited by Fiddian-Qasmiyeh, Elena, Loescher, Gil, Long, Katy and Sigona, Nando, Oxford University Press, pp. 112-123

Colson, Elizabeth (2004?), *Imposing Aid*, pp. 1-25.

Cometti, Geremia (2015), "The necessity for an ethnographic approach in Peru", *Forced Migration Review*, No. 49, Refugee Studies Centre, University of Oxford, p. 14.

Connell, Jessie (2015), "Statelessness and environmental displacement", *Forced Migration Review*, No. 49, Refugee Studies Centre, University of Oxford, pp. 46-47.

Crisp, Jeff (2003), "Refugees and the Global Politics of Asylum", in *The Politics of Migration: Managing Opportunity, Conflict and Change*, edited by Spencer, Sarah, the Political Quarterly Publishing, pp. 75-87.

———(2008), Beyond the Nexus: UNHCR's Evolving Perspective on Refugee Protection and International Migration, *NEW ISSUES IN REFUGEE RESEARCH*, Research Paper No. 155, Policy Development and Evaluation Service, UNHCR.

——— (2008), Globalization, poverty and mobility: an introduction to the developmental dimensions of international migration, *NEW ISSUES IN REFUGEE RESEARCH*, Research Paper No. 164, Policy Development and Evaluation Service, UNHCR.

Dun, Olivia and Gemenne, François (2008), "Defining 'environmental migration'", *Forced Migration Review*, No. 31, Refugee Studies Centre, University of Oxford, pp. 10-11.

Deblon, Yvonne and Gutekunst, Patrick (2017), "Cash transfer programming: lessons from northern Iraq", *Forced Migration Review*, No. 55, Refugee Studies Centre, University of Oxford, pp. 69-71.

Edwards, Scott (2008), "Social breakdown in Darfur", *Forced Migration Review*, No. 31, Refugee Studies Centre, University of Oxford, pp. 23-24.

Fair, Hannah (2015), "Not drowning but fighting: Pacific Islands activists", *Forced Migration Review*, No. 49, Refugee Studies Centre, University of Oxford, pp. 58-59.

Feinstein International Center (2012), *Refugee Livelihoods in Urban Areas: Identifying Program Opportunities, Recommendations for Programming and*

Oxford, pp. 52–56.

Boano, Camillo, Zetter, Roger and Morris, Tim (2008), *Environmentally displaced people: Understanding the linkages between environmental change, livelihoods and forced migration*, Refugee Studies Centre, University of Oxford.

Bowerman, Emily (2017), "Risks encountered after forced removal: the return experiences of young Afghans", *Forced Migration Review*, No. 54, Refugee Studies Centre, University of Oxford, pp. 78–80.

Brende, Børge and Burkhalter, Didier (2015), "Foreword", *Forced Migration Review*, No. 49, Refugee Studies Centre, University of Oxford, pp. 4–5.

Burson, Bruce and Bedford, Richard (2015), "Facilitating voluntary adaptive migration in the Pacific", *Forced Migration Review*, No. 49, Refugee Studies Centre, University of Oxford, pp. 54–55.

Buscher, Dale (2011), "New Approaches to Urban Refugee Livelihoods", *Refuge*, Vol. 28, No. 2, the Centre for Refugee Studies, York University, pp. 17–29.

Cameron-Glickenhaus, Jesse (2008), "Palau: coral reef protection", *Forced Migration Review*, No. 31, Refugee Studies Centre, University of Oxford, pp. 52–53.

Chatty, Dawn and Sternberg, Troy (2015), "Climate effects on nomadic pastoralist societies", *Forced Migration Review*, No. 49, Refugee Studies Centre, University of Oxford, pp. 25–27.

Chimni, B. S. (1998), "The Geopolitics of Refugee Studies: A View from the South", *Journal of Refugee Studies*, Vol. 11, No. 4, Oxford University Press, pp. 350–374.

——— (2009), "The Birth of a 'Discipline': From Refugee to Forced Migration Studies", *Journal of Refugee Studies*, Vol. 22, No. 1, Oxford University Press, pp. 11–29.

Clark, William A. V. (2008), "Social and political contexts of conflict", *Forced Migration Review*, No. 31, Refugee Studies Centre, University of Oxford, pp. 22–23.

Collinson, Sarah (2009), *The Political Economy of Migration Processes: An Agenda for Migration Research and Analysis*, Working Paper No. 12, International Migration Institute, University of Oxford.

Collyer, Michael (2005), "The Search for Solutions: Achievements and Challenges", *Journal of Refugee Studies*, Vol. 18, No. 3, Oxford University Press, pp. 247–257.

参考文献

Adelman, Howard (2001), "From Refugees to Forced Migration: The UNHCR and Human Security", *International Migration Review*, Vol. 35, No. 1, the Center for Migration Studies of New York, pp. 57–78.

Ainsworth, Peroline (2007), *Refugee Diet in A Context of Urban Displacement*, FMRS Working Paper No. 8, Forced Migration and Refugee Studies Program, the American University in Cairo.

Alpes, Jill, Blondel, Charlotte, Preiss, Nausicaa and Sayos Monras, Meritxell (2017), "Post-deportation risks for failed asylum seekers", *Forced Migration Review*, No. 54, Refugee Studies Centre, University of Oxford, pp. 76–78.

Bakewell, Oliver (2008), Research Beyond the Categories: The Importance of Policy Irrelevant Research into Forced Migration, *Journal of Refugee Studies*, Vol. 21, No. 4, Oxford University Press, pp. 432–453.

Banerjee, Soumyadeep, Bisht, Suman and Mahapatra, Bidhubhusan (2015), "Building adaptive capacity in Assam", *Forced Migration Review*, No. 49, Refugee Studies Centre, University of Oxford, pp. 66–68.

Betts, Alexander (2014), "The global governance of crisis migration", *Forced Migration Review*, No. 45, Refugee Studies Centre, University of Oxford, pp. 76–79.

——— (2015), "Governance questions for the international community", *Forced Migration Review*, No. 49, Refugee Studies Centre, University of Oxford, pp. 72–75.

Betts, Alexander and Collier, Paul (2017), *Refuge: Transforming a Broken Refugee System*, Allen Lane, pp. xi–11.

Black, Richard (1998), *Refugees, Environment and Development*, Addison Wesley Longman, Harlow UK, pp. 1–22.

——— (2001), "Fifty Years of Refugee Studies: From Theory to Policy", *International Migration Review*, Vol. 35, No. 1, the Center for Migration Studies of New York, pp. 57–78.

Black, Richard and Collyer, Michael (2014), "Populations 'trapped' at times of crisis", *Forced Migration Review*, No. 45, Refugee Studies Centre, University of

マ行

ヤ行

ラ行

国名・地名・地域名索引

人名索引

は行

ま行

さ行

か行

事項索引

■著者略歴
小泉康一（こいずみ・こういち）
1948 年　仙台市に生まれる
1973 年　東京外国語大学インドシナ科卒業
1977 年　東京外国語大学大学院修士課程修了
国連難民高等弁務官事務所（UNHCR）タイ駐在プログラム・オフィサー，英オックスフォード大学難民研究所客員研究員，ジュネーヴ大学国際関係高等研究所客員研究員
現　在　大東文化大学国際関係学部教授
専　攻　難民・強制移動民研究
主　著　『「難民」とは何か』（三一書房，1998 年），『国際強制移動の政治社会学』（勁草書房，2005 年），『グローバリゼーションと国際強制移動』（勁草書房，2009 年），『国際強制移動とグローバル・ガバナンス』（御茶の水書房，2013 年），『グローバル時代の難民』（ナカニシヤ出版，2015 年），Koichi Koizumi and Gerhard Hoffstaedter (eds), *Urban Refugees: challenges in protection, services and policy*, Routledge, London, 2015, 『多文化「共創」社会入門』〔共編著〕（慶應義塾大学出版会，2016 年），『グローバル・イシュー：都市難民』（ナカニシヤ出版，2017 年），他

変貌する「難民」と崩壊する国際人道制度
——21 世紀における難民・強制移動研究の分析枠組み——

2018 年 2 月 27 日　初版第 1 刷発行

著　者　小　泉　康　一
発行者　中　西　　良
発行所　株式会社　ナカニシヤ出版
〒 606-8161　京都市左京区一乗寺木ノ本町 15
TEL　(075)723-0111
FAX　(075)723-0095
http://www.nakanishiya.co.jp/

装幀／白沢 正　印刷・製本／創栄図書印刷

ISBN978-4-7795-1228-5　Printed in Japan.